中华现代学术名著丛书

春秋史

童书业 著

图书在版编目(CIP)数据

春秋史/童书业著.—北京:商务印书馆,2010(2022.10 重印)
(中华现代学术名著丛书)
ISBN 978-7-100-07460-5

Ⅰ.①春… Ⅱ.①童… Ⅲ.①中国—古代史—春秋时代 Ⅳ.①K225

中国版本图书馆 CIP 数据核字(2010)第 202405 号

权利保留,侵权必究。

本书据中华书局 2006 年版排印

中华现代学术名著丛书
春 秋 史
童书业 著

商 务 印 书 馆 出 版
(北京王府井大街36号 邮政编码100710)
商 务 印 书 馆 发 行
北京通州皇家印刷厂印刷
ISBN 978-7-100-07460-5

2010 年 12 月第 1 版　　开本 880×1240 1/32
2022 年 10 月北京第 5 次印刷　印张 10¾ 插页 1
定价:59.00 元

童 书 业

(1908—1968)

撷阳先生传

先生不知何许人也，亦不详其姓字，尝寓撷阳，因以为号焉。先生性孤僻，如狗堕书，共偃卧边，误执书至画一夜。先生恬甲乙丙部之书，疑方成癖，亦能通世情，时有辩乞。於寿欢，左兔传，有杜诗之好，书书立后。能画，画纸著编。先生教授诚恳，不治家事，恳以妻肉助。如待文，惟乏之甚少，时有以画买肉，为囷傍而解。先生出世旗，羽足以囷里珠著，有文名，多接遊。年周衣甲，乃里昆侔，其致不知所诊云。

作者手迹

出版说明

百年前,张之洞尝劝学曰:"世运之明晦,人才之盛衰,其表在政,其里在学。"是时,国势颓危,列强环伺,传统频遭质疑,西学新知亟亟而入。一时间,中西学并立,文史哲分家,经济、政治、社会等新学科勃兴,令国人乱花迷眼。然而,淆乱之中,自有元气淋漓之象。中华现代学术之转型正是完成于这一混沌时期,于切磋琢磨、交锋碰撞中不断前行,涌现了一大批学术名家与经典之作。而学术与思想之新变,亦带动了社会各领域的全面转型,为中华复兴奠定了坚实基础。

时至今日,中华现代学术已走过百余年,其间百家林立、论辩蜂起,沉浮消长瞬息万变,情势之复杂自不待言。温故而知新,述往事而思来者。"中华现代学术名著丛书"之编纂,其意正在于此,冀辨章学术,考镜源流,收纳各学科学派名家名作,以展现中华传统文化之新变,探求中华现代学术之根基。

"中华现代学术名著丛书"收录上自晚清下至20世纪80年代末中国大陆及港澳台地区、海外华人学者的原创学术名著(包括外文著作),以人文社会科学为主体兼及其他,涵盖文学、历史、哲学、政治、经济、法律和社会学等众多学科。

出版说明

出版"中华现代学术名著丛书",为本馆一大夙愿。自1897年始创起,本馆以"昌明教育,开启民智"为己任,有幸首刊了中华现代学术史上诸多开山之著、扛鼎之作;于中华现代学术之建立与变迁而言,既为参与者,也是见证者。作为对前人出版成绩与文化理念的承续,本馆倾力谋划,经学界通人擘画,并得国家出版基金支持,终以此丛书呈现于读者面前。唯望无论多少年,皆能傲立于书架,并希冀其能与"汉译世界学术名著丛书"共相辉映。如此宏愿,难免汲深绠短之忧,诚盼专家学者和广大读者共襄助之。

商务印书馆编辑部

2010 年 12 月

凡 例

一、"中华现代学术名著丛书"收录晚清以迄20世纪80年代末,为中华学人所著,成就斐然、泽被学林之学术著作。入选著作以名著为主,酌量选录名篇合集。

二、入选著作内容、编次一仍其旧,唯各书卷首冠以作者照片、手迹等。卷末附作者学术年表和题解文章,诚邀专家学者撰写而成,意在介绍作者学术成就、著作成书背景、学术价值及版本流变等情况。

三、入选著作率以原刊或作者修订、校阅本为底本,参校他本,正其讹误。前人引书,时有省略更改,倘不失原意,则不以原书文字改动引文;如确需校改,则出脚注说明版本依据,以"编者注"或"校者注"形式说明。

四、作者自有其文字风格,各时代均有其语言习惯,故不按现行用法、写法及表现手法改动原文;原书专名(人名、地名、术语)及译名与今不统一者,亦不作改动。如确系作者笔误、排印舛误、数据计算与外文拼写错误等,则予径改。

五、原书为直(横)排繁体者,除个别特殊情况,均改作横排简体。其中原书无标点或仅有简单断句者,一律改为新式标点,专名号从略。

六、除特殊情况外,原书篇后注移作脚注,双行夹注改为单行夹注。文献著录则从其原貌,稍加统一。

七、原书因年代久远而字迹模糊或纸页残缺者,据所缺字数用"□"表示;字数难以确定者,则用"(下缺)"表示。

吕思勉序

自来言古制度者，多据《周官》、《王制》等书，若传记诸子中整齐有条理与此类者。诸书之说，固非无所据依，然率以异时异地之事相糅杂，又以作者之意损益之，非古制之真也。且如封建之制，今文说大国百里，古文则为诸男之封，大国扩至五百里。案孟子言今鲁方百里者五；管子言齐地，亦曰方五百里；而孟子言齐地，则曰海内之地，方千里者九，齐集有其一矣。盖周初大国之封，仅等秦汉时之一县，其后开拓，浸至倍蓰。凡著书者之见地，率较其时代少旧。今文多春秋时说，其所心仪者，盖周初之制，故其说如此；《周官》则战国时书，其所心仪者，乃在春秋之时，其时鲁、卫诸邦，疆域五倍于其初者，已无从削而小之，亦不必削而小之，故其说如彼也。举此一端，余可类推。然则读经传说记若诸子之书者，必以其所据之制度，及其人所生之时世，若其所怀抱，参伍错综而考之，然后可以知史事之真，径据其说，以为古制如此则缪矣。其一笔抹杀，以为一切制度，皆古人冯亿为说，托古所改，则又矫枉而过其正者也。郵童君丕绳，笃学好古，于乙部书尤邃。年来专治春秋史，最其所得，成此一编。其体例极谨严，而文字极通俗。征引古书，率多隐括其辞，出以己意，盖今世史家之例然也。其考证所得，著其立说之所以然，与此编相辅而行者，则取崔东壁之书之名以名之曰《春秋考信录》。其言古事，多据金石刻辞及《诗》、《书》、《左》、

《国》中散见之文，而不径用经传说记诸子之成说。大体以金石刻辞证《春秋经》，以经定传，以传正说；于《左氏》，取其纪事，而舍其释经之辞；则其法之可言者也。以余所见，言春秋者，考索之精，去取之慎，盖未有逾于此书者矣。风尘澒洞，同客海滨，杀青之时，喜得先睹，敢识数言以告读者。

一九四一年十二月，武进吕思勉。

目　录

自序 ··· 1
第一章　西周史略 附注 ·· 4
第二章　从西周到春秋时的经济和社会情形 ···················· 54
第三章　从西周到春秋时的政治制度和宗教学术 ··············· 85
第四章　种族疆域与列国世系追述 ······························ 116
第五章　黄河下游诸国的争雄 ····································· 131
第六章　齐桓称霸前的国际形势 ·································· 140
第七章　齐桓公的霸业 ··· 148
第八章　秦晋的崛起与晋文称霸前的国际形势 ················ 166
第九章　城濮之战与晋文襄的霸业 ······························ 176
第十章　楚的强盛与狄的衰亡 ····································· 189
第十一章　晋国的复霸 ··· 208
第十二章　弭兵之约的完成与中原弭兵时期各国内政
　　　　　的变迁 ··· 222
第十三章　社会制度的变迁 ·· 235
第十四章　孔子的出现 ··· 242
第十五章　北方政局的终结 ······································· 248
第十六章　南方的混战与吴的衰亡 ······························ 259

第十七章　春秋史结论 …………………………………… 269

知非简谱 ……………………………………………………… 273
童书业著述目录 ……………………………………………… 286
童书业和他的《春秋史》 ………………………… 童教英 311

自 序

这部《春秋史》,原稿本是顾颉刚师在北平燕京、北京两大学所用的讲义,当时虽由我着笔,然宗旨完全是秉承顾师的(所以书中议论有与本人不合处)。事变之后,我带着这部讲义避地到安庆,又由安庆带到上海,虽在十分为难的时候,也不曾离开它。去年夏间,接着顾师从成都来的信,命我替齐鲁大学撰写《春秋史》,我当时回信说:《春秋史讲义》的体裁尚好,当年写的时候也曾用过一番力,如把它就此废弃,未免可惜;不如就讲义修改,另撰考证,这样可兼收普及和专门之效。顾师复信同意这一点,不过他说:这书本是你所写,现在我们分处遥远的两地,无从仔细商讨,就用你一人名义出版罢!我即遵命于去冬开始着手修撰,因人事的牵缠,直到今年六月才得勉强竣事;凡原稿缺略处,已大致补充;错误处,也已大致修正;体例次序等也略有变更。虽不能说十分惬意,但总算尽过一番心了(原稿文字有稍嫌繁赘处,因曾经顾师阅定,除必须修改处外,一概仍旧)。

本书分"正文"、"考证"两部分,正文部分约十六万言,考证部分预定三十万言;正文用叙述体(必要处也参考证),文字以浅显为主,除必不得已处,不引原文。考证部分拟仿崔东壁《考信录》的体例,定名《春秋考信录》(可作为《考信录》的续编看),与正文可分可合。这考证部分的材料已大致搜集完备，正拟着笔，而时局人事都不允许我在短期内完功，只好暂时搁置了。好在正文本是独立成书的，先行出版，亦无不可。

正文中只有第一章有附注，这因第二章以下都另有考证，为免除重复起见，所以从略（考证部分既定名为《春秋考信录》作为崔氏《考信录》的续编，则春秋以上便不必追述，所以只得把这部分的考证附在正文中作注。因本是考证而不是注，故稍嫌繁琐；其用文言文写，也因此故）。我向来主张：凡著通史，每一件大事都应该详其来龙去脉；每一个时代的前后关系，不可割断。为贯彻这个原则，所以本书以春秋的历史为中心，而附带述及太古至西周（愈前愈略）的历史（第一章定名为"西周史略"者，以西周史事较详之故）。我本另撰有"战国史略"一章附正文的最后，因友人杨宽正先生（宽）也正在替齐鲁大学撰写《战国史》，体裁完全和这部《春秋史》相同，可以合成一书，故我把已写成的"战国史略"和附注约二万余言统统删去，以免重复。

本书纪年除最重要的大事外，不用公历纪年，这因战国以前的年代颇不易确实考定，不如仍用中国史上的纪年比较稳妥而易查检原书。好在现在年表一类的书很多，较小的事情读者如想知道人们所假定的公历年月，一查便得，本书尽可免注以省麻烦。至于本书中地名重要而大致可以推定的，均注今地于下；其不甚重要和旧说未安的，大致从略。

正文与考证的内容议论亦有许多不同处，这因正文注重普及，凡一家私见而未能成定论的，除必不得已者外，一概不入。至旧说太嫌不安,必须用新假定者,不在此例。考证中新说较多,因为这本是发表个人的见解的。

以上数点需要解释,略述凡例,用代序言。

一九四一年十二月童书业记于上海

第一章　西周史略 附注

传说中的古史述略　周代以前的中国历史,我们实在已不能详确知道。据书本上说:最古有盘古氏,他是一位天地开辟时的神人①。盘古氏之后有三皇,三皇之后有五帝;这三皇五帝是哪些人,异说纷纭②。最古的说法:三皇是天皇、地皇、泰皇③。五帝是黄帝、颛顼、帝喾、尧、舜④。最普通的说法:三皇是天皇、地皇、人皇⑤。五帝是伏羲、神农、黄帝、唐尧、虞舜⑥。三皇五帝之中,最出名的是黄帝、尧、舜三个人。黄帝据说是中国民族的始祖,中国国家的建立者;他曾打败苗族⑦,创制中国最早的文化⑧。尧、舜是上古最伟大的圣人,他们能把"天下"看做不是一家的私产,主张应该让顶有道德的人占居天子的高位。据说尧曾把天子的位子让给舜,舜也曾把天子的位子让给禹,这就是所谓"禅让"之制。三皇五帝之后有"三代",三代是夏、商和周。夏代的第一朝君主便是禹,他所以有受舜的禅让的资格,是因为他曾治平当时"滔天"的洪水,有大功德于民的缘故。禹也曾想把天子之位让给他的臣下益,但因为他的儿子启很是贤能,受臣民的拥戴,继位为天子,因之"公天下"之制就一变而成"家天下"之制了。从启三传到帝相,因累代嗣位的天子都不贤明,夏朝的天下就被另外一个国家有穷氏夺了去⑨。有穷氏的国君唤做后羿,他打倒了夏朝之后,因荒于田猎,又被他的臣下寒浞所谋杀。寒浞杀羿之后并灭夏帝相,夏朝从此中绝。夏帝相的儿子唤做少康,寄寓在诸侯之国有虞氏,收集夏朝的余众,攻灭有穷氏,恢复夏朝的天下,这就是所谓"少康中兴"。

以上这些传说,经近代史家的考证,已知其完全不确⑩。大约夏代以前(包括夏代)的历史大部分只是些神话的变相,而少康以前尤不可信⑪。就是少康以后的夏代帝王,究竟有无其人,也不可知⑫。据传说:少康十一传到桀,因为虐待百姓,被商国的国君成汤所败,夏朝就灭亡了。

夏氏族的推测 夏代的真相究竟怎样,我们虽不得而知,但似乎也有些可以推测的地方:第一,"夏"这个氏族一定发展在黄河中游,就是现在河南省的西部和山西省的西南部一带地方。据古书的记载:后来晋国的所在就是"夏虚"⑬,晋国初封在今山西省的西南部翼城县一带。又今河南省的西部伊、洛两水流域也传为夏人的故居⑭。从种种方面考察,河洛一带确是夏氏族建国的根据地,虽然他们或许是从西北方的"塞外"地方迁来的⑮。第二,夏氏族的文化一定是相当野蛮的。据现在考古学家考古的成绩,有文字可以确实证明的夏代遗物一件还没有,虽说或许隐藏在地下,但何以至今还不曾出现一件呢?所以我们假定:夏代或许还没有文字,即有文字,一定很幼稚而通用未广,这似乎不是很武断的结论!

商代的传说 商代,虽已有遗物和遗文发现,但其历史仍是相当的茫昧难明。据传说:商人的始祖唤做契,他的母亲唤做简狄,吞了燕鸟的卵,产生出他来。契住在殷的地方,武力很盛,许多国家都来归附,于是他便建立了商国⑯。契再传到相土,武功更盛,迁居到商丘地方(今河南商丘县)⑰。相土四传到振,亦称王亥,被有易国所杀。他的儿子上甲微攻灭有易,是商初的一位中兴之主⑱。上甲微六传到成汤,建都于亳(在今山东曹县附近),任用贤相伊尹，国势大兴，连灭韦、顾、昆吾等国，进兵灭夏，于是成为共主。汤三传到他的孙子太甲[19]，被伊尹所放，后来又复天子之位。太甲十五传到盘庚，其间有兴有衰，迁都凡有五次。盘庚迁到黄河北岸的殷地（今河南安阳县）定居，直至商亡不再迁都[20]。盘庚三传到武丁，任用贤臣傅说、甘盘，国势复兴，曾征伐鬼方，称殷中叶中兴之主。武丁八传到纣，沉迷酒色，行为暴虐，任用小人，民心离散，西方新兴的周国就起来把商国灭了。

商人的文化 商人的建国根据地大致是黄河的下游，就是现今的河南、山东、河北等省交界一带地方[21]。他的文化，据近今考古家的考究，已相当的高尚，农业已经发明，畜牧渔猎的事业还很兴盛。重要的食物是谷类和肉类；喝酒的风俗最为盛行[22]，据说商朝人喝醉了酒，成夜呼叫，甚至拿白天当作晚上，同现在吸鸦片烟的人差不多，这当是商族亡国的一个重要原因[23]。商人穿衣已知用丝织品等[24]。居住似有穴居、室居两种[25]，用器有石器、陶器、骨器、铜器等，制造和雕刻都相当的精细[26]，货币用贝（？）。大约殷代已由石器时代进为铜器时代，畜牧时代进至农业时代，穴居时代进至室居时代了。

周氏族的起源 言归正题，现在要谈到周人的历史了：周人姬姓，是起于西方的。据传说：周王室的始祖唤做后稷，他的母亲唤做姜嫄，她因为没有儿子，去祭祀祷告，在野地上看见一个大人（上帝）的脚迹，有意践踏上去，若被感动，便怀了孕，生出来的儿子就是后稷[27]。后稷出世之后，有许多灵异的事迹；在幼小的时候，就懂得种植的方法，长大后教导人民耕种，在有邰（今陕西武功县附近）地方建立了国家[28]。

关于后稷的故事，自然全是神话，但有几点我们应该注意：第一，"姜嫄"似是拟名，从这名字上可以知道周人推其种源于姜姓，姜即是羌㉙，是周人和羌人必有血统关系。第二，"后稷"乃是农神或农官之称㉚，周人推他为祖，则周氏族必是以农业兴起的。第三，后稷建国于有邰，有邰地在西方，无甚异说，足见周人是西方的氏族。据近人的考究，他们或许与夏族是一大族下的两派分支㉛。

周氏族的发展　周王室真正的始祖大概是不窋。不窋据说是后稷的儿子，也有人主张是后稷的裔孙㉜。他当夏衰的时候，杂居于戎狄之间，没有什么事迹可以称道。不窋的儿子唤做鞠。鞠的儿子唤做公刘。公刘迁居豳地（在今陕西豳县附近），国势渐大㉝。公刘子庆节。庆节子皇仆。皇仆子差弗。差弗子毁隃。毁隃子公非。公非子高圉。高圉子亚圉。亚圉子公叔祖类，公叔祖类子太王㉞。据传说：太王一称古公亶父，他因避狄人的侵略，离开豳地，跨过梁山，迁居岐山下面的周原。休养生息，国力日强，就有"翦商"之志了。

看上面的叙述，可见周人原起于戎狄之间，立国似是很晚的。据古书的记载，从他们的始祖后稷算起，到代商而兴的文、武两王，还只有十几代，比了商国从汤到纣已有三十王左右的还要减少一半，这是很可怀疑的事㉟！所以我们假定周氏族立国的时代就在夏末或商初㊱。至于周国的兴盛，我们以为始自太王。太王与古公亶父是否真是一个人也颇成疑问：因为据《诗经》说，古公亶父的初年还是住在窑洞里的㊲，而公刘迁豳时已经服用皆备，绝不像穴居的情形了㊳。而且《诗经》上说太王"居岐之阳，实始翦商"。岂有在其迁岐之前还住在窑洞里的道理？我们以为：避狄迁岐自是古公亶父事。太王时周势已强,只有"翦商"的野心,而无"避狄"的怯志了。

周人东侵的开始　太王有三个儿子:长子唤做太伯,次子唤做虞仲,少子唤做季历。太王想把君位传给季历,太伯和虞仲避居吴地[39]。太王死,季历嗣位,是为王季。王季的时候,周国更加开发[40]。王季起兵伐西落鬼戎,俘虏了二十个"翟王"。又伐燕京之戎,周兵大败。又攻克余无、始呼、翳徒等戎族。与商国开始发生了关系[41]。大约那时商王看见周国日盛,心存猜忌,据说王季是被商王文丁杀死的[42]。王季死后,子昌嗣位,是为文王。文王时周国已成为西方的伯主[43]。文王修治国内政事非常勤劳,并亲自耕田,以倡农业[44]。国内既富庶,就向外用兵,先后征伐昆夷、密须等国。虞(在今山西平陆县)、芮(在今陕西大荔县)两国先来归附,文王便渡河东征,攻克黎国(在今山西黎城县)和邘国(在今河南沁阳县),进逼商国的王畿,商人颇为震动。此后又攻灭崇国(在今陕西鄠县),迁都丰邑[45](即崇国所在。至武王时又定镐京,镐京在今陕西长安县附近),势力日渐东进了。

　　大约王季的时候和文王的初年,周人正在统一西方,所谓西落鬼戎和燕京、余无、始呼、翳徒等戎以及昆夷、密须、虞、芮等国都在西方,东不过汾水流域(这是我的意见)。及到文王"戡黎"、"伐邘",周人的势力才发展到商国王畿的附近。到文王灭崇迁丰后,周人的势力已不可遏止,而商国的危机也就渐渐临头了。传说有文王被商纣拘于羑里的故事,似乎不甚可信[46],如果可信,那末恐怕和"文丁杀季历"的事是出于同一的作用的。

　　周人的灭商　文王时周的国力已大盛,古书称他"三分天下有其二",本可一举灭掉商国㊼,但大功未成而死。子发嗣位,是为武王。武王先东征"观兵"于盟津(在今河南孟县),不久就率领西方诸侯大举伐商,从盟津渡河,与商军在牧野(在今河南淇县附近)地方开战,勇将师尚父奋力战斗,就把商国灭了㊽。

武王虽一战胜商,但商人似乎尚未完全屈服,所以他仍封商纣的儿子武庚于殷故地,命自己的兄弟管叔鲜、蔡叔度和霍叔处监视着他。不久武王去世,他的儿子成王诵年幼,便由成王的叔父周公旦摄政㊾。在这个时候,周室的内部忽然发生变乱,原因是管叔、蔡叔们妒忌周公摄政,造出谣言,说周公要想自己坐天下,引得全国起了猜疑。于是纣子武庚就乘机联络管叔、蔡叔和商的与国淮夷、徐、奄等举兵反周,声势很是浩大。周公亲自率领大兵东征,打了好几年的仗,结果把敌人完全扑灭,东方也因此而平定;周人的王业这才算完成了㊿。

周人的东方封建　周公东征胜利以后,就在东方大封同姓和功臣为诸侯以镇压商民㊿。其中最大的封国,在今山东省境内的有鲁和齐:鲁是周公的儿子伯禽的封国,都今曲阜县㊿。齐是周室功臣师尚父的封国,都今临淄县㊿。在今河南省内的有宋和卫:宋是降周的殷宗室微子启的封国,都今商丘县。卫是周公的弟弟康叔封的封国,都今淇县。此外周人又灭了在今山西省西南部的唐国,封给武王或成王的弟弟叔虞,后世改号晋国,都今翼城县㊿。以上五国中,宋、卫两国所占的都是殷商的旧地;宋国所封的是河南的殷虚;卫国所封的是河北的殷虚(便是从盘庚到纣时殷都附近的地方)。鲁、齐两国所占的都是殷商与国徐、奄等的旧地:鲁国所封的是徐、奄的故虚㊿;齐国所封的是奄的同族蒲姑氏的故虚㊿。宋、卫、鲁、齐四国占据了殷商、徐、奄的旧土,服属东人和淮夷,于是周人东方之患才告平息。至于唐叔所封的晋国乃是河东的故夏虚,晋国的建立似是用以镇服戎狄的(戎狄的一部似是夏国的遗民)[57]。还有河南的故夏虚,周公在东征以后,把一部分顽抗的殷民迁了过来,叫他们在那里建筑雒邑(在今河南洛阳县),作为周室的东都,称为"成周",以与武王所定的西都镐京又称"宗周"的相对[58]。东都既定,就由周公留守[59]。终西周一代,雒邑常为会诸侯发政令的处所[60],这大约是因为镐京太偏于西,不易管辖东方,雒邑正居中土,容易统属诸侯的缘故。

宗法与封建制度的确立 传说周公建立东都后,曾制礼作乐,其事虽不甚可信,但周国的文化本很低下,灭商以后文化始大兴,则确是事实[61]。周代礼制中最重要的是宗法和封建的制度,据近人的考究,"宗法"制度大略是这样的:譬如天子世世相传,每世的天子都是以嫡长子的资格继承父位,奉戴始祖,是为大宗;他们的众子(包括嫡长子的诸母弟与庶子)封为诸侯,为小宗。每世的诸侯也是以嫡长子的资格继承父位,奉始祖为大宗;他们的众子封为卿大夫,为小宗。每世的卿大夫也以嫡长子的资格继承父位,奉始祖为大宗;他们的众子各有食地为小宗。凡大宗必是始祖的嫡裔,而小宗则或宗其高祖,或宗其曾祖,或宗其祖,或宗其父,而对大宗则都称为庶。诸侯对天子为小宗,但在本国则为大宗;卿大夫对诸侯为小宗,但在本族则也为大宗。据后世礼家的记载,宗法系统仅限于大夫以下,诸侯以上宗统与君统合,并不以宗法名[62]。在宗法系统中,"大宗百世不迁,小宗五世则迁"[63]。至于他们的详细情形究竟怎样,我们却不敢随意乱说。

据近人的研究,宗法制是从嫡庶制来的,商代以前没有嫡庶制。周人创立嫡庶之制,本为天子、诸侯等继统法而设;从继统法推到分封法,就产生出宗法制来⁶⁴。在宗法制之下,从天子起到士为止,可以合成一个大家族。这个大家族中的成员各以其对宗主的亲疏关系而定其地位的高低。封建制度以分封同姓为原则,天子的封诸侯,诸侯的封大夫,都依宗法系统而定;所以封建制度是由家族系统扩充而成政治系统。封建制度的继续是靠宗法制度维系的⁶⁵!(庶民以下似乎不在宗法系统的范围以内⁶⁶。虽然庶民在当时也有聚族而居的现象,但他们的宗族制大概是与贵族阶级两样的。据记载,庶人工商也有所谓"分亲"⁶⁷,至于他们的"分亲"制度怎样,没有一点材料,我们也不敢乱说。)

中国真正的封建社会在时间上是限于周代。那时候所谓全天下的土地,在名义上都是"王土";住在土地上的人民,在名义上都是"王臣"⁶⁸。但是实际上当时的天下却是被分割成无数块的经济和政治上的单位。周天子高高在上,把他势力所及的土地分封给他的亲族和姻戚,这就是所谓"诸侯"(小诸侯附属于大诸侯)。至于先朝的残余和本来独立的国家与部落,在名义上都被承认为周室统治下的诸侯。只有偏远和少数的野蛮部落,被鄙视为夷狄,而摈除于这个系统以外⁶⁹。

诸侯以下有卿大夫士,也各有领土受诸侯的封予。卿大夫的家里又有所谓"家臣"(大贵族的家臣下还有家臣的家臣)⁷⁰,受卿大夫的封予;他们或有食地,或无食地,大概都属于"士"阶层⁷¹。士以下有庶民工商:庶民是附属于土地的农民,也有在官府服役的低级人员⁷²。据说农民和庶人的在官者之所得也分为好几层等级呢⁷³。至于工商,大部分也是附属于官府的执事人员,他们的地位似乎稍高⁷⁴。也有私人从事于工商业的⁷⁵。士以上是贵族阶级,大致为有土有权的阶级;庶民工商为平民阶级,大致是无土无权的阶级。贵族与平民大致是世世代代继袭地位而不变的。平民以下还有奴隶阶级。关于奴隶阶级的情形，传下的史料不多，我们不能详细知道了⁷⁶。

成康的治绩 当周公建定东都时，就把政权奉还了成王⁷⁷。据说周公从摄政到归政，首尾共历七年⁷⁸，周室的基业也就在这时期内确立了。成王亲政后，也很能尽心勤劳国事，周国大定⁷⁹。成王死，子康王钊嗣位，克守先训，天下安宁⁸⁰。据说，成、康两王之际，刑罚停止了四十多年⁸¹，这话虽然过甚，但那时是周室的太平时期，则确是事实。

昭穆的南征 成、康两王时似是周室开国后休养生息的时代。康王以后，周室富强达于极点，于是就有南征的举动了。康王死，子昭王瑕嗣位。昭王亲自领兵南征荆楚，回军渡汉水时死在水中⁸²。关于这件事史料太少，已无从知其详细，据我们的推测，大约昭王伐楚，离开根据地太远，深入蛮荒境内，遭了敌人的暗算，致不得善终而死。《左传》载齐桓公伐楚时拿"昭王南征而不复"的事责问楚人，楚人答复道："昭王之不复，君其问诸水滨。"⁸³可见"昭王南征不复"的事必与楚国有关，而楚人所用以打击昭王的必是一种阴谋，所以能把这件事赖给汉水而自己不负责。出土的铜器有《宗周宝钟》，它的铭文说："南国的人蹂躏我们的土地，王起兵去迎击讨伐，南人就派'间'来迎'邵王'，南夷东夷来见的有廿六国。"（原文："南国𠨍孳敢陷虐我土。王辜伐其至，戠伐厥都，𠨍孳乃遣间来逆'邵王'，南夷东夷具见，廿又六邦。"）这铭文里的"邵王"有人解释为昭王，也有人解"邵"为"相导"的意思⁸⁴。如"邵王"确为昭王，那末昭王这次南征是很有成绩的。又铭文中的"间"字，如解为间谍，那末昭王的"不复"确是遭了南人的暗算。不过这铭文所指究竟是否昭王时事,还不能确定罢了。

昭王子穆王满嗣位,更大举征伐四夷。据记载:他曾征犬戎,得到四头白狼和白鹿⑱。又曾远巡西方,东方的徐戎作乱,穆王回军把他打破⑲。又有书说:那时徐戎的君主叫做偃王,能行仁义之道,割地往朝的有三十六国,犯了楚文王的忌,所以把他灭掉⑳。这件事是很可怀疑的㉑。我们至多只能承认周穆王有破徐的事罢了。《左传》说:"穆有涂山之会。"㉒涂山在今安徽省的寿县,这似是破徐后的举动,所以威服东南夷的。《左传》又说:"穆王周行天下。"㉓大约穆王确是一位勤于征伐巡狩的雄主。春秋时的管仲还说:"昔吾先王昭王、穆王,世法文武,远迹以成名。"㉔可见不但穆王是雄主,就是昭王也是一位能法文武而成名的令主。《尚书·吕刑篇》旧说为穆王训告四方刑法的话。《史记》又说穆王命令伯臩"申诫太仆国之政"㉕。如果可信,那末穆王不但有武功,并且有相当的文治了。

周室的中衰 穆王传子共王繄扈。共王传子懿王囏。懿王时据说王室衰弱,戎狄交侵㉖,曾迁都犬丘㉗(在今陕西兴平县)。懿王传弟孝王辟方,孝王时和睦西戎,西方暂告安定㉘。孝王传懿王子夷王燮。夷王有恶疾,行为暴虐,周室更衰㉙。传到厉王胡,周室就起大乱了。

厉王失位与共和行政 厉王是夷王的儿子,秉性暴虐专制。此时周室财政上似发生困难,厉王任用荣夷公为卿士,实行专利政策,弄得民怨沸腾,谤语大起。厉王得到一个"卫巫",命他"监谤",凡有谤王的人,即加刑杀,逼得国人不敢出言,在道路上大家以目示意。三年之后,国人作乱,厉王出奔彘地㉚(在今山西霍县)。

于是造成所谓"共和行政"的局面。"共和行政"有两说。一说大臣召公、周公行政，号为"共和"[98]。一说诸侯中有个唤做"共伯和"的摄行王政，故称"共和行政"[99]。两说均有问题，我们不能偏信[100]。《左传》上只说："诸侯释位以间王政。"[101]所以我们也只能承认厉王失位后由诸侯代行王政，至于究竟是周召二公，还是共伯和，我们便不敢武断了。据说，"共和行政"共十四年，厉王在彘地去世，太子静即位，是为宣王[102]。

厉王或是一位很有作为的君主。据说楚熊渠曾因怕惧厉王的征伐而去王号不敢称，熊渠时楚国的势力已很强盛，尚且这样怕惧周室，可见那时周室之强[103]；如厉王没有本领，楚人何至这样惧怕？我们以为，周厉王时实是王权和霸权交替的关键，正和晋厉公时是君权和卿权交替的关键一样。厉王厉行专制政治，厉公也厉行专制政治；厉公时晋势极盛，厉公之后尚有悼公的一度兴盛，厉王之后也尚有宣王的一度兴盛；厉王失位而"诸侯释位以间王政"，厉公被弑而晋卿族遂强；前后的史迹正是如出一辙的。又国人作乱，驱逐天王，这似是以前不曾有过的事。自从有了周厉王被"流"的先例，于是列国间逐君的事便不断地发生，这又是封建制度崩溃的先声了。

宣王中兴　周宣王号称中兴之主，其实并不见得有多大的了不得。古书上称述宣王失德的事情很多，例如：（一）不修亲耕之礼[104]。（二）杀无辜之臣杜伯[105]。（三）以私爱立鲁武公少子，以致鲁国内乱，王出师平乱，"诸侯从是而不睦"[106]。《国语》又称"厉、宣、幽、平而贪天祸"[107]，可见宣王未必能远胜其他三王，或竟尚不及厉王的英断，也未可知。《诗经》中《出车》、《六月》、《采芑》诸篇歌咏征伐狎狁、荆蛮的事，《江汉》、《常武》诸篇歌咏征伐淮夷、徐方的事,旧说多指为宣王时候的诗⑩,但诗中并无宣王时作的确证,并且《史记·周本纪》中也不记载。我们所可确知的,只有宣王命秦仲为大夫,征伐西戎,秦仲战败被戎所杀;宣王又命秦仲之子庄公等伐破西戎⑩。又宣王曾与姜氏之戎战于千亩,王师败绩⑩,"伐太原戎,不克","伐条戎、奔戎,王师败绩"⑪。又曾"丧南国之师,料民(计数人民)于太原"⑫。大约宣王时西戎已很强盛,大为周室之患,周室抵御他们已很吃力了。所谓"宣王中兴",最初似只不过指他能恢复王政⑬。至于宣王的武功,虽不见得完全没有,但至多也不过如晋悼公一般,表现强弩之末的余势罢了。

西周的灭亡 宣王死,子幽王宫涅嗣位,周室的危机就渐渐临头了。查西周的灭亡原因很多,可以考知的,大约有四:(一)黩武以致国力衰弱。周宣王时连年用兵,末年常遭失败,国家和人民的损失必很重大,以致戎狄猖狂,诸侯离散⑭。幽王时的诗人曾说"今也日蹙国百里"⑮,可见周室衰弱时受戎狄侵陵的厉害⑯。(二)天灾的流行。《诗经》上说幽王时有"百川沸腾,山冢崒崩,高岸为谷,深谷为陵"的情形⑰,这当是指一种大地震之灾。又说:"天笃降丧,瘨我饥馑,民卒流亡,我居圉卒荒"⑱。接连而来的天灾,使得人民流亡,边疆空虚,于是戎狄乘机而起,遂致"周余黎民,靡有孑遗"了。(三)社会的动摇和政治的腐败。《诗经》上说:"人有土田,女(汝)反有之;人有民人,女覆夺之;此宜无罪,女反收之;彼宜有罪,女覆说(赦)之。"⑲可见西周末年,贵族间已有兼并土地人民的事情发生,这是封建社会动摇的第一声。又刑罚不中更使人民无所措手足了。(四)君主的昏庸。幽王任用匪人⑳,宠信内妾,《诗经》上说:"艳妻煽方处。"㉑又说:"妇有长舌,维厉之阶;乱匪降自天,生自妇人;匪教匪诲,时维妇寺。"[122]又说:"赫赫宗周,褒姒威(灭)之。"[123]可见幽王信任妇寺们的谗言,以致发生内乱引起外患而亡国。

据古书上说,西周灭亡的经过是这样的:幽王宠爱庶妾褒姒,褒姒生子伯服,王废原来的申后和太子宜臼,而立褒姒为王后,伯服为太子。太子宜臼逃奔舅家申国,申国的国君申侯就联合缯国和西夷犬戎攻周,幽王被杀于郦山下,西周就此灭亡[124]。这种记载,虽未必完全荒诞,但可疑之处甚多[125]。此外还有许多传奇式的故事,那更不可信了。我们以为西周的灭亡大约兼有内乱外患的成分。《左传》上说:"至于幽王,天不吊周,王昏不若,用愆厥位。携王奸命,诸侯替之,而建王嗣,用迁郏鄏(即东都)。"[126]或许郦山之祸也同春秋时王子带之乱差不多,由周室内部发生变乱而召来外寇。最奇怪的:缯是姒姓之国,本应帮助褒姒的,为何也去与帮助太子的申国联合?这是很难解释的。我们现在姑且假定:褒姒与所谓"携王"是一党,他们作乱召来外寇缯人和犬戎,幽王实在是失败于携王和褒姒的。申侯辅助太子,乘机收拾周室,所以他与诸侯共立平王(太子宜臼)于申;而平王的党晋文侯更杀死携王,周室重告统一[127]。到诸侯拥平王立国于东都,周室就此东迁而在诸侯卵翼之下了。

西周史结论 统看西周史的大略,我们可以得到如下的结论:(一)周人武力是极强的,所以能以一个后起的小部落战胜为共主数百年的文化大邦,但其吸收文化的力量也很不弱,所谓"周监于二代,郁郁乎文哉",连孔子也不得不"从周"[128]。从近代出土的西周器物上看,西周的文化确已胜过殷人,而其宗法和封建的制度,尤为中国数千年来立国的基础。要了解中国,不能不先求了解周代的文化制度。(二)西周时代王室的统治力确不甚弱。终西周一代,除武庚、管、蔡等外,不闻有甚诸侯叛乱的事,且职责不缺,王室终臻于富裕[129]。又如周夷王的杀齐哀公,周厉王的威止楚人称王,周宣王的伐鲁更立鲁君而鲁人和诸侯都不敢抗,皆足表征西周王室统治力之强。(三)西周是西力东渐和北力南渐的时代。武王、周公的东征,"灭国者五十"[130],不必说了。就是昭、穆二王的东南征,和《诗经》中《江汉》、《常武》等篇所叙说的平定徐方、淮夷的功绩"于疆于理,至于南海"[131],西力的东南侵也就很可惊人了。古书上又载:"周幽为太室(即嵩山)之盟,戎狄畔之。"[132]是到幽王时还曾经营东方的。不但周人的势力东南侵,就是当时的蛮夷戎狄,也是向东南两方发展的:楚人本居今河南省西南部地方,西周中年以后,已渐向江汉流域发展去了[133]。徐戎和淮夷似乎本居今山东南部和淮水上游的,其后也渐窜向今江苏省北部淮水下游等地去[134]。至西戎姜戎、猃狁、犬戎(二者为一族)等族的屡次东侵,也是表示着这种趋势。结果,西周灭亡,王室东迁,仍是这种趋势的余波:民族的东迁[135]和文化的西渐,正是整个周代历史的使命。

注释:

① 盘古之说最早见于三国时吴人徐整之《三五历记》,文云:"天地混沌如鸡子,盘古生其中,万八千岁,天地开辟,阳清为天,阴浊为地。盘古在其中,一日九变,神于天,圣于地。天日高一丈,地日厚一丈,盘古日长一丈。如此万八千岁,天数极高,地数极深,盘古极长。"(《绎史》卷一引)此外,《述异记》、《五运历年记》(《绎史》卷一引)等书均有盘古之记载,云:"首生盘古,垂死化身。气成风云,声为雷霆,左眼为日,右眼为月,四肢五体为四极五岳,血液为江河,筋脉为地里,肌肉为田土,发髭为星辰,

皮毛为草木，齿骨为金石，精髓为珠玉，汗流为雨泽，身之诸虫，因风所感，化为黎甿。"(《五运历年记》)。《述异记》并有类此之文字。)是盘古又为万物之祖矣。

② 三皇之说有七：(一)天、地、泰三皇(《史记·秦始皇本纪》)。(二)天、地、人三皇(《春秋纬·命历序》等书)。(三)燧人、伏羲、神农(《尚书大传》、《礼纬·含文嘉》等书)。(四)伏羲、女娲、神农(《春秋纬·元命苞》等书)。(五)伏羲、神农、祝融(《白虎通义》等书)。(六)伏羲、神农、共工(《通鉴外纪》)。(七)伏羲、神农、黄帝(《伪古文尚书·孔安国序》、《帝王世纪》等书)。五帝之说有五：(一)黄帝、颛顼、帝喾、尧、舜(《大戴礼记·五帝德》、《史记·五帝本纪》等书)。(二)太皞、炎帝、黄帝、少皞、颛顼(《吕氏春秋·十二纪》、《礼记·月令》等书)。(三)黄帝、金天氏、高阳氏、高辛氏、陶唐氏、有虞氏(郑玄以为"德合五帝坐星者称帝……实六人而称五者。以其俱合五帝坐星也"。《礼记·曲礼上》《正义》引)。(四)少昊、颛顼、高辛、陶唐、有虞(《伪古文尚书·孔安国序》、《帝王世纪》等书)。(五)伏羲、神农、黄帝、唐尧、虞舜(《皇王大纪》)。

③ 《史记·秦始皇本纪》："古有天皇，有地皇，有泰皇，泰皇最贵。"

④ 《大戴礼记·五帝德》以黄帝、颛顼、帝喾、尧、舜为五帝，《史记》承之，其说盖本于《国语》及《吕氏春秋》，详缪赞虞先生(凤林)《三皇五帝说探源》(《三皇考》附录)。

⑤ 《春秋纬·命历序》等书以天皇、地皇、人皇为"三皇"，易泰皇为人皇。司马贞《补三皇本纪》承之。

⑥ 以伏羲、神农、黄帝、尧、舜为"五帝"之说始于宋胡宏之《皇王大纪》，盖本于《易传》。《易传》虽无"五帝"之名，但于叙述包羲氏、神农氏后接叙黄帝、尧、舜。《战国策·赵策》亦称："宓羲、神农，教而不诛；黄帝、尧、舜，诛而不怒。"

⑦ 《史记·五帝本纪》："轩辕之时，神农氏世衰，诸侯相侵伐，暴虐百姓，而神农氏弗能征。于是轩辕乃习用干戈，以征不享，诸侯咸来宾从；而蚩尤最为暴，莫能伐。炎帝欲侵陵诸侯，诸侯咸归轩辕，轩辕乃修德振兵，……教熊罴貔貅貙虎，以与炎帝战于阪泉之野，三战然后得其志。蚩尤作乱，不用帝命，于是黄帝乃征师诸侯，与蚩尤战于涿鹿之野，遂擒杀蚩尤，而诸侯咸尊轩辕为天子，代神农氏。"吕诚之先生(思勉)云："既

云神农氏世衰,诸侯相侵伐,暴虐百姓,弗能征矣,又云炎帝欲侵陵诸侯,其事弗类。《史记》此文略同《大戴礼记·五帝德》,而《五帝德》只有与炎帝战于阪泉之文,更无与蚩尤战于涿鹿之事。《贾子·益壤》云:'炎帝无道,黄帝伐之涿鹿之野。'《制不定》曰:'黄帝行道,而炎帝不听,故战涿鹿之野。'然则蚩尤、炎帝殆即一人,涿鹿、阪泉亦即一役。《史记》自'炎帝欲侵陵诸侯',至'三战然后得其志',凡五十六字,殆别采一说,而夺'一曰'二字;抑后人记识,与元文相掍也。"(案:此说并非吕先生首创,但以吕说为最精详,故引之。)《尚书·吕刑》云:"蚩尤惟始作乱,延及平民,罔不寇贼,鸱义奸宄,夺攘矫虔。苗民弗用灵,制以刑,惟作五虐之刑,曰法,杀戮无辜。……虐威庶戮,方告无辜于上。……皇帝哀矜庶戮之不辜,报虐以威,遏绝苗民,无世在下。"据崔适氏说,"皇帝"即"黄帝"(《史记探源》)。是蚩尤即苗民之酋长,黄帝征蚩尤,即征苗民也。

⑧ 据《世本》等书,衣裳、宫室、舟车、文字、历数、音律等皆黄帝及其臣下所创作。世又传有《黄帝内经》等书,为医学上最古典籍。

⑨ 《潜夫论·五德志》云:"启子太康、仲康更立,兄弟五人。皆有昏德,不堪帝事,降须洛汭,是为'五观'。"《左传》襄公四年云:"昔有夏之方衰也,后羿自钽迁于穷石,因夏民以代夏政。"后羿之代夏究在太康、仲康或帝相时,较古之书无明文,惟《伪古文尚书》以为在太康、仲康时。

⑩ 盘古之说,起于南蛮神话之始祖盘瓠(详夏曾佑《中国古代史》)。盘瓠之说又起于犬戎之神话(详杨宽正〔宽〕先生《中国上古史导论》,《古史辨》第七册)。"三皇"之说起于三才(详拙作《三皇五帝说探源跋》,《三皇考》附录)。天皇、地皇出于皇天后土(详顾颉刚师及杨拱辰先生合作之《三皇考》)及天主地主之神(详拙作《三皇考序》)。泰皇出于泰一之神(详《三皇考》)。天、地、人三皇起于天地人三统之说(同上)。"五帝"之说起于五行(详缪赞虞先生《三皇五帝说探源》及拙跋)。黄帝出于皇天上帝(详《中国上古史导论》)。颛顼、帝喾、尧、舜,亦皆出于上帝神话(同上)。黄帝征苗族之事出于"皇帝(上帝)遏绝苗民"之说(同上)。黄帝制器等说皆为杜撰(详齐思和先生《黄帝制器之故事》,《古史辨》第七册)。尧舜禅让之事起于墨家尚贤尚同之说(详顾颉刚师《禅让传说起于墨家考》,《古史辨》第七册)或上帝之神话(详杨宽正先生《读禅让传说起于墨家考》,同上)。舜禹禅让之事则为更后人所杜撰(详《禅让传说起于墨家考》所引拙说)。禹出于社神神话,本为西羌民族之

19

⑩ 宗神(详顾颉刚师及余合作之《鲧禹的传说》,《古史辨》第七册)。禹治水之说亦本为神话(详顾颉刚师《古史辨》第一册及《鲧禹的传说》)。益、启、三康、相、后羿、寒浞等故事亦皆出神话传说(详顾颉刚师及余合作之《夏史三论》及吕诚之先生《唐虞夏史考》,均载《古史辨》第七册)。

⑪ 少康以前之古史,事迹甚为详尽,皆出神话传说,不可信据,已详拙编《古史辨》第七册。少康以后之古史较近有史时代,或事迹简略,或说近情理,只可暂列之于存疑。

⑫ 《史记·夏本纪》:"帝少康崩,子帝予立。帝予崩,子帝槐立。帝槐崩,子帝芒立。帝芒崩,子帝泄立。帝泄崩,子帝不降立。帝不降崩,弟帝扃立。帝扃崩,子帝廑立。帝廑崩,立帝不降之子孔甲,是为帝孔甲。帝孔甲立,好方鬼神,事淫乱,夏后氏德衰,诸侯畔之。……孔甲崩,子帝皋立。帝皋崩,子帝发立。帝发崩,子帝履癸立,是为桀。"除孔甲与桀外,少康以后之夏朝帝王几均只存留个名字,其人之有无虽不可知,但单造几个名字,似乎无此需要。

⑬ 《左传》昭公元年:"昔高辛氏有二子:伯曰阏伯,季曰实沈,居于旷林,不相能也;日寻干戈,以相征讨。后帝不臧,迁阏伯于商丘,主辰,商人是因,故辰为商星。迁实沈于大夏,主参,唐人是因,以服事夏、商。……及成王灭唐而封大叔焉,故参为晋星。"据杨宽正先生考证,阏伯即商祖昭明,实沈即夏祖鲧,而高辛氏即上帝(均详《中国上古史导论》)。此实是氏族起源论之神话。晋虚即唐虚,亦即夏虚。定公四年《左传》亦云:"分唐叔以大路……命以《唐诰》,而封于夏虚。"此亦夏虚即晋国之证。(《史记·吴世家》又称:"乃封周章弟虞仲于周之北故夏虚。"是春秋时虞国之地亦在夏虚中也。)

⑭ 《逸周书·度邑篇》:"自洛汭延于伊汭,居易无固,其有夏之居。"《国语·周语》:"昔夏之兴也,融降于崇山(嵩山)。"韦注:"夏居阳城,崇高所近。"又:"昔伊洛竭而夏亡。"韦注:"禹都阳城,伊洛所近。"《史记·吴起传》:"夏桀之居,左河济,右泰华,伊阙在其南,羊肠(在今山西壶关附近)在其北。"

⑮ 《吕氏春秋·古乐篇》:"伶伦自大夏之西,乃之阮隃(昆仑)之阴。"《穆天子传》:"自宗周瀍水以西,至于河宗之邦,阳纡之山。三千又四百里。自阳纡西至于西夏氏,二千又五百里。自西夏至于珠余氏及河首,千又五百里。自河首、襄山以西南至于春山,珠泽、昆仑之丘,七百里。"《逸

周书·王会篇》:"禺氏騊駼,大夏兹白牛,犬戎文马。"又:"正北空桐,大夏,莎车。"《淮南子·地形篇》:"西北方曰大夏,曰海泽。"《史记·封禅书》:"(齐桓公)西伐大夏,涉流沙。"《山海经·海内东经》:"国在流沙外者,大夏,……月支之国。西胡白玉山在大夏东。"案:据《吕氏春秋》,古大夏本在昆仑之东。据《穆天子传》,自宗周(指东都雒邑)至西夏五千九百里,自西夏至昆仑之丘二千二百里,西夏似即大夏,当在今甘肃西部或新疆东部。《逸周书》之"禺氏"当即月氏。与大夏相近,月氏本居今甘肃西部。空桐亦在近塞之地。流沙即西北大沙漠,伐大夏而涉流沙,亦大夏在甘、新境内之证。汉有大夏县,在今甘肃临夏县;又有大夏川,亦在今甘肃境;或大夏之人曾居于此。《唐书·西域传》称:大夏即吐火罗。吐火罗国本在于阗附近;今塔哈尔马干沙碛,即吐火罗碛之讹变(王国维先生《西胡考》说,见《观堂集林》);则大夏或在今和阗附近。案:夏虚亦称大夏(见昭元年《左传》),汉时中亚之大夏国有妫水,妫为虞舜之姓,虞夏同称,则大夏、西夏或与夏有关系,或大夏之人东迁而建夏国,或夏人西迁而为大夏,均未可知也。

⑯《诗·商颂·玄鸟》:"天命玄鸟(燕),降而生商,宅殷土芒芒。"《长发》:"玄王桓(武)拨,受小国是达,受大国是达,率履不越,遂视既发。"《史记·殷本纪》:"殷契母曰简狄,有娀氏之女,……三人行浴,见玄鸟堕其卵,简狄取吞之,因孕生契。"案:《世本》云"契居蕃"(《水经·渭水注》引),王国维氏以为即《汉志》鲁国蕃县,在今山东滕县,是契所宅之殷在今山东南部也。

⑰《诗·长发》:"相土烈烈,海外有截。"《左传》襄公九年:"陶唐氏之火正阏伯居商丘,祀大火,而火纪时焉。相土因之,故商主大火。"案:《荀子·成相篇》云:"契玄王,生昭明,居于砥石迁于商。"杨宽正先生谓昭明即阏伯,是商自昭明时已迁居商丘矣。

⑱甲骨卜辞中有"高祖王亥"。《史记·殷本纪》:"冥卒,子振立(《索隐》"《系本》作'核'"),振卒,子微立。"据王国维考证,振即王亥(详《殷卜辞中所见先公先王考》)。《山海经·大荒东经》:"王亥托于有易、河伯仆牛。有易杀王亥,取仆牛。"郭注引《竹书》:"殷王子亥宾于有易而淫焉。有易之君緜臣杀而放之。是故殷主甲微假师于河伯,以伐有易,灭之,遂杀其君緜臣也。"《国语·鲁语》:"上甲微能帅契者也,商人报焉。"

⑲《孟子》："汤崩，太丁未立，外丙二年，仲壬四年。"(《万章上》)《史记·殷本纪》："汤崩，太子太丁未立而卒，于是乃立太丁之弟外丙，是为帝外丙。帝外丙即位二年崩，立外丙之弟中壬，是为帝中壬。帝中壬即位四年崩，伊尹乃立太丁之子太甲。"崔述云："外丙、仲壬二王，自《孟子》、《史记》逮《帝王世纪》皆同，无异词者。至《伪孔传》及唐孔氏《正义》因《书序》有'成汤既没，太甲元年，伊尹作《伊训》'之文，遂谓汤没之岁即太甲之元年，并无外丙、仲壬两代。怕是唐宋诸儒皆叛孟子而信其说。……然《伪孔传》所言亦初非《书序》意，何者？《序》言'成汤既没'，但为太甲失教伊尹作书张本。非谓必没于作书之年也。……古人于文，不过大概言之。乌得以词害其志乎？遂以此为太甲继汤之据，误矣。"(《商考信录》卷一。)

⑳《太平御览》八十三引古本《竹书纪年》："仲丁即位之年，自亳迁于嚣。""河亶甲整即位，自嚣迁于相。""祖乙滕即位，是为中宗，居庇。""南庚更自庇迁于奄。""盘庚旬自奄迁于北蒙，曰殷。"《书序》："仲丁迁于嚣，作《仲丁》。河亶甲居相，作《河亶甲》。祖乙圮于耿，作《祖乙》。盘庚五迁，将治亳(宅)殷，民咨胥怨，作《盘庚》三篇。""嚣"《史记》作"隞"，"庇"、"耿"《史记》作"邢"。(《史记》云："迁于邢。")《史记》又云："帝盘庚之时，殷已都河北，盘庚渡河南，复居成汤之故居。乃五迁无定处，殷民咨胥，皆怨不欲徙。盘庚乃告谕诸侯大臣。……乃遂涉河南，治亳。……帝武乙立，殷复去亳，徙河北。"案：《史记正义》引《竹书纪年》云："自盘庚徙殷，至纣之灭，七(二)百七十三年，更不徙都。"王国维氏云："今龟甲兽骨出土皆在此地，盖即盘庚以来殷之旧都。……盘庚迁殷，经无'亳'字；武丁徂亳，先入于河；垣水之虚，存于秦世：此三事已足正《书序》及《史记》之误。而殷虚卜辞中所祀帝王讫于康祖丁、武祖乙、文祖丁、……则帝乙之世尚宅殷虚，《史记正义》所引《竹书》，独得其实。如是，则商居殷最久，故亦称殷……"(《观堂集林·说殷》。)

㉑商契居蕃，在今山东南部滕县一带，昭明相土居商丘，在今河南东部商丘县，王亥托于有易河伯仆牛，据孙之骒说：有易当在大河之北，或在易水左右；今本《竹书纪年》称帝芒三十三年，"商侯迁于殷"，其时商侯即王亥；《山海经注》引古本《纪年》亦称王亥为"殷王子亥"，殷亦当在河北之地(或即盘庚所迁之殷)。汤居亳，在今山东曹县附近。仲丁迁嚣，《尚书正义》引李颙云"嚣在陈留浚仪县"，在今河南开封县附近；又引皇甫

谧云:"仲丁自亳徙嚣,在河北也;或曰,今河南敖仓。二说未知孰是也?"敖仓在今河南荥泽县附近。河亶甲迁相,在今河南安阳县附近(吕诚之先生引《吕氏春秋·音初篇》"殷整甲徙宅西河",云:"相正后世之相州也。"详《先秦史》)。祖乙迁邢,邢有二地:一在今河北邢台县,一在今河南温县附近。南庚迁奄,似即古奄国地,在今山东曲阜县附近。盘庚迁殷,又在今安阳县。

㉒ 郭沫若氏云:"卜辞中记田猎的事项极多,罗辑卜辞一一六九条,分作祭祀、卜告、卜享、出入、渔猎、征伐、卜年、风雨、杂卜等九项。除五三八条的祭祀占最多数外,一九七条的渔猎占次多数。这很可以知道当时的一个大概的情形。……当时的渔猎,确已成为游乐的行事,即是当时的生产状况,确已超过了渔猎时代。""和田猎成反比例的,是卜辞中极少专为畜牧贞卜的事项。罗《释》仅列出'刍牧'四条,附在六一一条的征伐之后,因为都是往刍或来牧之类战争开衅的原因。……假使单从数字的多少来作判断,好像当时的牧畜还不甚发达的一样,但这却是大错!当时牧畜发达的程度,真真有可以令人惊愕的地方,从文字上来说,后人所有的马牛羊鸡犬豕的六畜,在当时都已经成为了家畜,而在这六种普通的家畜之外,还有后人所没有的象。……六畜乃至七畜均已存在,其应用也很繁赜,例如服御田猎。……用作食物者,有羞(从羊)、豚(从豕)、镬(从隹,隹者禽也)诸字,可以证明。服御食用而外,六畜用途的繁赜,其令人惊愕的,便是用作牺牲。罗《释》卜祭的五三八条,差不多每条都有用牲的记录。……六畜均用作牺牲,且一次确实有用到三百四百的时候,这不是牧畜最盛的时代是决难办到。"(《中国古代社会研究》第三篇)徐中舒氏云:"日本小岛祐马《殷代之产业》一文,曾就罗氏《考释》一书统计甲骨文中关于农事的记载,有卜年岁凶丰的二二次,卜风雨的数次(共七七次,内中大部分与出入田猎有关)。关于农事的文字,有'农'、'啬'、'圃'、'畯'、'禾'、'黍'、'麦'、'米'、'糠'、'桑'、'年'诸字,今再检甲骨文,还有'糌'、'丽'、'男'、'䎝'、'彊'、'甾'、'㞢'、'季'、'秦'、'稷'诸字,可补小岛所不及。此诸字一二见至数十见不等。还有偏旁与农事有关而字不可识者,尚未写入。从数量上看,都足以表示殷代农业之盛。王国维说殷代饮酒之风极盛,传世酒器尊、卣、爵之类,十之七八为殷代物。武庚既灭,周公以殷遗民封康叔于卫,作《酒诰》,以殷为戒。微子也说:'我用沈酗于酒。'又说:'殷邦方兴,沈酗于

㉒ 酒。'他们饮酒的风气甚至于亡国。即此一点,已可以证明其农产物的丰富了。"(据朱芳圃《甲骨学商史编》转引。)

㉓ 《诗·大雅·荡》:"文王曰咨,咨女殷商,天不湎尔以酒,不义从式,既愆尔止,靡明靡晦,式号式呼,俾昼作夜。"

㉔ 董作宾氏云:"甲骨文字中有从'糸'之字及'帛'、'巾'等物,又有蚕祇之祀,'桑'字之出现,更是不用说了。古代农桑耕织并重,蚕桑事业早已盛行于商代,故特借此最有用之桑木为春日树木之代表,因以造为春字。"(据《甲骨学商史编》转引。)

㉕ 李济氏云:"在殷虚第四、五、六三次的发掘,……对于殷代宗庙明堂宫室的建筑方式,我们可以想象成型。……坂筑的土基,大都作长方形;四围多有大石卵,石卵与石卵之间,虽不十分正确相对,总保持相当的距离,我们可以想象石卵是柱礎,上面安柱。由此可以想象门在何处,内室在何处了。再进一步,想象彼时的上面建筑,既无砖,又无瓦,想必用茅草编成的。古人所谓'茅茨土阶',大概是近于真实的。……我们又于坑土之下层,发见了长方坎,有十公尺大小,有阶级可上下;其间发见了破陶片、牛骨、狗骨之类:足证在坂筑以前,还有穴居的遗迹。究竟那是殷代的遗迹,还是殷代以前的遗迹,现在还无法证明。这种坎穴,面积很大,和上海里巷厢房相上下;坎的周围用硬土筑成,铁一般的坚固。也有几个套成的坎穴,一个套一个。甲骨文中的'宫'字作下式:

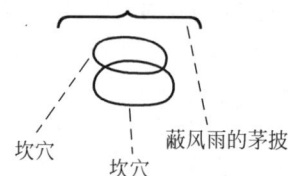

坎穴　　坎穴　　蔽风雨的茅披

这样的宫室固然简陋,但古人并无宫室怎样宏大之说。地下挖了一个洞,地边一堵墙,上加遮盖以蔽风雨,人居其中,冬温夏凉。这并非凭臆悬想的,《诗》说'陶复陶穴',大概就是这个意思。"郭宝钧氏云:"殷人居室状况,确有居穴及宫室两种。换言之,即殷之末世确为由穴居进而为宫室居住之过渡时期则无疑问也。"(《安阳发掘报告》第四期。)

㉖ 陈恭禄氏《中国史》第一册第四编:"据李济六次工作之总估计所发表之器物,可分为六类:(一)陶器,殷虚出土者,以陶类为最多。……陶质可

别为五:一,灰色粗陶;二,红色粗陶;三,黑色细陶;四,白色细陶;五,釉陶。……陶上文饰,则粗陶简单,黑陶、白陶最为复杂,有动物饰与几何形,亦有介于二者间之动物形。(二)动物骨,其多将占第二位置。……骨多用以制器,其所造者可别为三:一,用器,……皆刻有富丽之花纹;二,武器;三,装饰品,满刻花纹。(三)石器,出土之多不亚骨器,用途较之为广。……并有琢刻之饰品。……有类玉者,但未发现真正之和阗玉。(四)金属品,殷虚发现者,有黄金块,小片金叶,锡块,及制成器物之合金类之青铜器。……有作礼器之大批铜范,尚有精制之饰品,上涂朱砂。(五)贝壳,出土者,有琢成之饰品,亦有用为货币者。货币多咸水贝,装饰品则用淡水贝。(六)占卜之甲骨,出土者以无文字者为多,刻有文字者不过十分之一。"(原注:《安阳发掘报告》第四期第五七二至五七五页。)

㉗《诗·大雅·生民》:"厥初生民,时(是)维姜嫄。生民如何,克禋克祀,以弗(祓)无子,履帝武(足迹)敏(拇)歆(动),攸介(居)攸止,载震(娠)载夙,载生载育,时维后稷。"《鲁颂·閟宫》:"赫赫姜嫄,其德不回(违),上帝是依,无灾无害,弥月不迟,是生后稷。"《史记·周本纪》:"周后稷名弃,其母有邰氏女,曰姜原。……姜原出野,见巨人迹,心忻然说(悦),欲践之,践之而身动如孕者,居期而生子,以为不祥……初欲弃之,因名曰'弃'。"

㉘《诗·生民》:"诞实匍匐,克岐克嶷,以就口食。蓺之荏菽,荏菽旆旆,禾役穟穟,麻麦幪幪,瓜瓞唪唪。诞后稷之穑,有相之道,茀厥丰草,种之黄茂,实方实苞,实种实褎,实发实秀,实坚实好,实颖实栗,即有邰家室。"《閟宫》:"奄有下国,俾民稼穑。"《史记·周本纪》:"弃为儿时,屹如巨人之志,其游戏好种麻菽,麻菽美。及为成人,遂好耕农,相地之宜,宜谷者稼穑焉。民皆法则之。……封弃于邰。"

㉙《国语·郑语》:"姜,伯夷之后也。"《周语》:"祚四岳国,命以侯伯,赐姓曰姜,氏曰有吕。……申、吕虽衰,齐、许犹在。"《左传》庄公二十二年:"姜,太岳(即四岳)之后也。"《山海经·海内经》:"伯夷父生西岳,西岳生先龙,先龙是始生氐羌。"近人如章太炎、傅孟真诸氏皆谓"姜"、"羌"于字同源,在姓为"姜",在种为"羌"(傅氏说详所著《姜原》,《中央研究院历史语言研究所集刊》第二本),其说甚是!傅氏更谓"羌"、"姜"与鬼方之"鬼"在殷虚文字从人或从女者相同。又案:春秋时有姜戎,自称四

岳之后,当即羌之一种。顾颉刚师云:"姜戎虽未完全华化,与齐、许诸国异,而其为四岳之裔胄,则与齐、许诸国同。然则申、吕、齐、许者,戎之进于中国者也;姜戎者,停滞于戎之原始状态者也。抑申、吕、齐、许者,于西周之世东迁者也;姜戎者,于东周之世东迁者也;由其入居中国之先后,遂有华戎之判别,是则后迁者之不幸耳。"(《九州之戎与戎禹》,《禹贡半月刊》第七卷第六、七合期。)

㉚《左传》昭公二十九年:"共工氏有子曰句龙,为后土;……后土为社。稷,田正也;有烈山氏之子曰柱,为稷,自夏以上祀之;周弃亦为稷,自商以来祀之。"《国语·鲁语》:"昔烈山氏之有天下也,其子曰柱,能殖百谷百蔬;夏之兴也,周弃继之,故祀以为稷。共工氏之伯九有也,其子曰后土,能平九土,故祀以为社。"案此已为神话之人话化者,其实"后土"本社神之称:"土"即是社(《诗·大雅·緜》"乃立冢土",《毛传》:"冢土,大社也。"甲骨文"社"均作"土"),"后"者神称(详杨宽正先生《中国上古史导论》)。"后稷"与"后土"同。"后土"与"后稷",即是"社"、"稷"。句龙及弃皆本神而非人(详拙作《鲧禹的传说》,《古史辨》第七册)。稷神即农神也。又《周语》:"昔我先王世后稷,以服事虞夏。""稷为大官……农师一之,农正再之,后稷三之,司空四之,司徒五之,太保六之,太师七之,太史八之,宗伯九之。"是"后稷"又为农官之称。但其说不见金文及较古之书,恐属后起。如可信,则或是古代假神名为官名也。

㉛ 参看第四章。

㉜《史记·周本纪》:"后稷卒,子不窋立。"《索隐》引谯周云:"《国语》云:'世后稷以服事虞夏。'言世稷官,是失其代数也。若以不窋亲弃之子,至文王千余岁,唯十四代,实亦不合事情。"《诗·大雅·公刘篇》《正义》亦云:"《外传》称后稷勤周十五世而兴,《周本纪》亦以稷至文王为十五世,计虞及夏、殷,周有千二百岁,每世在位皆八十许年,乃可充其数耳。命之短长古今一也,而使十五世君在位皆八十许载,子必将老始生,不近人情之甚!以理而推,实难据信。"戴震云:"周自公刘始居豳,书传阙逸。莫能详其时世。考《国语》、《史记》所录祭公谋父谏穆王曰:'昔我先王世后稷,以服事虞夏,及夏之衰也,弃稷弗务,我先王不窋用失其官,而自窜于戎狄之间。'盖不窋已上世为后稷之官,不知凡几,传至不窋,然后失其官也。……《周本纪》曰:'……后稷之兴在陶唐、虞、夏之际,皆有令德,后稷卒,子不窋立。……'《史记》不曰弃卒而曰后稷卒,且上承

'后稷之兴在陶唐、虞、夏之际,皆有令德',此书法也。世次中阙,莫知其名,继弃而为后稷,谨修其官守,以至不窋,是不一人,故曰'皆有令德'。及最后为后稷者卒,其子不窋立,末年而失其世世守官。微窋之际,殆不绝如缕,典文谍记,一切荡然。虽公刘复立国于豳,后已无旧人能追先世之代系,故《国语》称十五王,不数其皆有令德而世后稷者。汉刘敬对高帝曰:'周之先自后稷,尧封之邰,积德累善十有余世,公刘避桀居豳。'所谓'积德累善十有余世',与《本纪》'皆有令德'之文,是汉初相传咸知不窋已上代系中隔矣。"(《毛郑诗考正》)案:周人称"后稷",如《诗》、《书》(《周书》)所载,皆指其始祖。如弃之后果尚有所谓"继弃而为后稷"者,则此名称似嫌混淆。《周语》明谓:"自后稷之始基靖民,十五王而文始平之。""后稷勤周,十有五世而兴。"世数与《史记》略合,其间虽不无缺代,然战国西汉之正统说法自以不窋为弃之亲子也。杨拱辰先生云:"年代与世数之不相合,非由不窋以上失官难考,乃由说弃为虞廷之官也。……弃乃商稷,以三十年一代计,彼正当汤后百年。……太史公一面据其他典籍录周世系,另一面又承《尧典》之谬误,谓弃为虞官,致有此失。"(《夏民族起于东方考》,《禹贡半月刊》第七卷第六、七合期)其说近是!至所谓"昔我先王世后稷"及"后稷之兴在陶唐、虞、夏之际,皆有令德","积德累善十有余世,公刘避桀居豳"等文,似皆儒家弥缝古史之语,不足信据。折衷于《诗》、《书》,当以杨说为是!

㉝《诗·大雅·公刘》:"笃公刘,于胥斯原,既庶既繁,既顺乃宣,而无永叹。""笃公刘,于豳斯馆,涉渭为乱,取厉取锻。止基乃理,爱众爱有,夹其皇涧,溯其过涧,止旅乃密,芮鞫之即。"《史记·周本纪》:"公刘虽在戎狄之间,复修后稷之业,务耕种,行地宜,自漆沮渡渭取材用。行者有资,居者有畜积,民赖其庆,百姓怀之,多徙而保归焉,周道之兴自此始。"

㉞《史记索隐》云:"《世本》作'公非辟方'。皇甫谧云:'公非字辟方也。'""《世本》云:'高圉侯侔。'《集解》云:'《系本》云:亚圉云都。'皇甫谧云:'云都,亚圉字。'"《索隐》云:"《汉书·古今表》曰:'云都,亚圉弟。'按如此说,则辟方、侯侔亦皆二人之名,实未能详。""《世本》云:'太公组绀诸盩。'《三代世表》称叔类,凡四名。皇甫谧云:'公祖一名组绀诸盩,字叔类,号曰太公也。'"案:"辟方"、"侯侔"、"云都"、"太公组绀诸盩",或是另有其人,或即公非、高圉、亚圉、公叔祖类之别字,均未能定。要之周人世系多缺误,《史记》之文亦未可尽据也。

㉟ 商多兄弟相传,周多父子相传,故商世较周大多。然商代共六百年,分之三十王,每王约占时二十年,虽短于三十年为一世之说;但将六百年分之十五王,每王约占时四十年,仍未免占时太长。

㊱ 如假定《史记》所载周人世系有缺脱,则可推至夏末,因《礼记·祭法》云"夏之衰也,周弃继之";《国语·周语》云"及夏之衰也,弃稷不务,我先王不窋用失其官,而自窜于戎狄之间"。如《史记》所传周人世系不缺,则周国决建立于商代,因据三十年为一世推之,十五王仅得四百五十年也。

㊲ 《诗·大雅·緜》:"民之初生,自土(杜)沮(徂)漆,古公亶父,陶复陶穴,未有家室。"《毛传》:"陶其土而复之,陶其壤而穴之。"陈奂《毛氏传疏》云:"复,《说文》引诗作'覆'。《玉篇》同。段注云:土谓坚者,坚则不患崩压,故旁穿之,使上有覆盖;陶其土,旁穿之也。壤谓柔者,柔则恐崩,故正凿之:陶其壤,正凿之也。《毛传》读陶为掏。案:《淮南子·氾论篇》'古者民泽处复穴',高注云:'复穴,重窟。'毛析言之,高则浑言之也。"

㊳ 《诗·公刘》:"笃公刘,匪居匪康,乃埸乃疆,乃积乃仓,乃裹糇粮,于橐于囊,思辑用光。弓矢斯张,干戈戚扬,爰方启行。""何以舟(带)之,维玉及瑶,鞞琫容刀。""京师之野,于时(是)处处,于时庐旅。""跄跄济济,俾筵俾几,既登乃依,乃造其曹,执豕于牢,酌之用匏。"

㊴ 《左传》僖公五年云:"晋侯复假道于虞以伐虢,……(虞)公曰:'晋,吾宗也,岂害我哉?'(宫之奇)对曰:'大伯、虞仲,大王之昭也;大伯不从,是以不嗣。'"杜注:"大伯、虞仲,皆大王之子,不从父命,俱让适吴。仲雍支子别封西吴,虞公其后也。"《史记·吴世家》云:"吴太伯,太伯弟仲雍,皆周太王之子而王季历之兄也。季历贤而有圣子昌,太王欲立季历以及昌,于是太伯、仲雍二人乃奔荆蛮,文身断发,示不可用,以避季历。……太伯卒,无子,弟仲雍立,是为吴仲雍。仲雍卒,子季简立。季简卒,子叔达立。叔达卒,子周章立。是时周武王克殷,求太伯、仲雍之后,得周章。周章已君吴,因而封之;乃封周章弟虞仲于周之北故夏虚,是为虞仲,列为诸侯。"案:据《左传》,虞仲为太伯之弟,据《史记》,太伯之弟仅号仲雍,而仲雍曾孙亦号"虞仲",似无祖孙同号之理,此必有误。崔述云:"《传》所称虞仲乃大王之子,非周章之弟也。若至仲之曾孙始迁于虞,则《传》不得称为'虞仲'。太伯君吴而称'吴太伯',仲君吴而称

'虞仲',有是理邪?且《论语》以虞仲为逸民,若嗣太伯而有国,岂容复谓之'逸'？然则哀七年之《传》仲雍,非太王之子；太王之子自号虞仲,非《传》之仲雍矣。疑《史记》因见哀七年《传》仲雍嗣太伯之文,遂误以仲雍为太伯之弟,因以《传》之虞仲别属之周章之弟也。大抵《史记》之言皆难取信。"(《丰镐考信录》卷八)崔氏以虞仲为太王之子太伯之弟而君虞,甚是！但以为太伯别君于吴,则仍被旧说所误,"吴"即"虞"也("吴"、"虞"二字通用,古籍证据甚多)。虞仲为逸民之说亦不可信(为逸民之虞仲或是另一人)。盖太伯、虞仲皆山西虞国之祖,故宫之奇以为言。太伯时周人决无远至江东之理。吕诚之先生云："观虞仲封于夏虚,则泰伯、仲雍所逃,去周必不甚远。"(《先秦史》)其实太伯、仲雍所逃夏虚也。太伯、仲雍为吴祖之说,本不足信,详第四章。至崔氏以为仲雍非太王之子,则臆说无据矣！

㊵《诗·大雅·皇矣》："帝省其山,柞棫斯拔,松柏斯兑,帝作邦作对,自太伯、王季。维此王季,因心则友,则友其兄,则笃其庆。"又《緜》："柞棫拔矣,行道兑(通)矣。"朱熹《集传》云："言帝省其山,而见其木拔道通,则知民之归之者益众矣。"崔述云："《诗》云'柞棫斯拔,松柏斯兑,帝作邦作对,自太伯、王季',似太伯已尝君周,而复让之王季也者。"(《丰镐考信录》卷八)

㊶《太平御览》八十三引《竹书纪年》："(武乙)三十四年,周王季历来朝,王赐地三十里,玉十珏,马八匹。"《后汉书·西羌传注》引《竹书纪年》："(武乙)三十五年,周王季伐西落鬼戎,俘二十翟王。""大丁二年,周人伐燕京之戎,周师大败。""四年,周人伐余无之戎,克之,周王季命为殷牧师。""七年,周人伐始呼之戎,克之。""十一年,周人伐翳徒之戎,捷其三大夫。"西落鬼戎当在西方。燕京之戎,钱宾四先生云："燕京者,《淮南子·地形训》'汾出燕京',高诱曰：'燕京山在太原汾阳县。'《水经·汾水注》：'汾水出太原汾阳县北管涔山。《十三州志》曰：出武州之燕京山,亦管涔之异名也。'《水道提纲注》：'山最高大,蜿蜒数百里,为山西诸山之祖。其东北水皆北入桑乾,其东水皆东入滹沱,其西水皆西入黄河,而汾水其南水也。'然则当王季时,汾水上游有燕京之戎,其势盛于西落鬼戎。"余无之戎,钱先生云："徐文靖《竹书统笺》云：'《左传》闵公二年,晋申生伐东山皋落氏,《上党记》东山在壶关县城东南,今名无皋。成公八年,刘康公败绩于徐吾氏,《上党记》纯留县有余吾城,在县西北

三十里。余无之戎当即是余吾及无皋二戎也。'今案:《水经·河水注》:'清水出清廉山,东流径皋落城北,服虔曰:赤翟之都也。'《方舆纪要》:'皋落城在绛州垣曲县西北六十里。'徐氏据《上党记》盖误。沈钦韩《左传地名补注》亦有辨。若余无之戎洵为余吾、无皋二戎,则其族盘据太行南山沁涑之间,盖与燕京之戎一气相承。"始呼翳徒之戎,钱先生云:"《周官·职方氏》,正北曰并州,其山镇曰恒山,其泽薮曰昭余祁,其川虖池沤夷,其浸涞易。虖池即滹沱,王季所伐始呼、翳徒二戎,疑即在此。其族踞地,当尚在燕京迤北。"(《周初地理考》,《燕京学报》第十期)案:周自王季以前,似与殷无甚关系,至王季经营诸戎,势力东渐,始朝殷受殷命为"牧师"而与殷发生关系也。

㊷《晋书·束晳传》等书引《竹书纪年》:"文丁杀季历。"

㊸《史记·周本纪》:"公季卒,子昌立,是为西伯。"案:"西伯"之称已见《商书》。《周书·康诰》云:"惟乃丕显考文王,克明德慎罚,……用肇造我区夏,越我一二邦,以修我西土,惟时怙冒,闻于上帝,帝休。"盖文王已为西土之伯主矣。

㊹《书·无逸》:"文王卑服,即康功田功。徽柔懿恭,怀保小民,惠鲜鳏寡。自朝至于日中昃,不遑暇食,用咸和万民。"

㊺《诗·大雅·緜》:"混(昆)夷駾矣,维其喙矣。""虞芮质厥成,文王蹶厥生。"《皇矣》:"密人不恭,敢距大邦,侵阮徂共,王赫斯怒,爰整其旅,以按徂旅。"《书·西伯戡黎》:"西伯既戡黎,祖伊恐,奔告于王。"《诗·皇矣》:"帝谓文王,询尔仇方,同尔兄弟,以尔钩援,与尔临冲,以伐崇墉。"《文王有声》:"文王受命,有此武功,既伐于崇,作邑于丰。"《史记·周本纪》:"虞、芮之人有狱不能决,乃如周。……明年伐犬戎(即昆夷)。明年伐密须(即密)。明年败耆国(即黎国)。……明年伐邘。明年伐崇侯虎而作丰邑,自岐下而徙都丰。明年,西伯崩。"《诗·大雅·文王·序疏》引《书传》,则谓一年断虞芮之讼,二年伐邘,三年伐密须,四年伐犬夷,五年伐耆,六年伐崇,七年而崩。与《史记》不同。吕诚之先生云:"盖当以《史记》为是! 犬戎、密须皆近患,故先伐之;耆在上党,邘在野王,则所以图纣。崇盖纣党最大者,故最后伐之。用兵先后,次序井然,不得如《书传》所云。殷、周《本纪》多据《书传》,此事亦不得有异同;盖《书传》本同《史记》,后乃倒乱失次也。"(《先秦史》)

㊻崔述云:"文王之事,《诗》、《书》言之详矣。与国若虞芮,仇国若崇密,下

至昆夷,亦得附见焉。纣果文王之君,不应《诗》、《书》反无一言及之。况羑里之囚,乃文王之大厄;斧钺之赐,乃周王业之所自始;较之虞芮之质,崇密之伐,其事尤巨,尤当郑重言之,何以反不之及,若文王与纣初不相涉者,……岂非文王原未尝立于纣之朝哉! 纣囚文王之事,始见于《春秋传》,《传》云'纣囚文王七年,诸侯皆从之囚,纣于是乎惧而归之'(在襄二十一年);固已失于诞矣。然初未言文王立于纣之朝也。其后《战国策》衍之,始以文王为纣三公,而有窃叹九鄂脯醢之事,然尚未有美女善马之献也。《尚书大传》再衍之,始谓散宜生、闳夭等取美马怪兽美女大贝以赂纣而后得归;亦尚未有弓矢斧钺之赐也。逮至《史记》,遂合《国策》、《大传》之文而兼载之,复益之以为西伯专征伐之语。岂非去圣益远,则其诬亦益多;其说愈传,则其真亦愈失乎! ……古者天子有德,则诸侯皆归之,无则诸侯去之。……周介戎狄之间,去商尤远,是以太王侵于獯鬻,商之方伯州牧不闻有救之者也。事以皮币珠玉,不闻有责之者也。去而迁于岐山,亦不闻有安集之者也。盖当是时,商之号令已不行于河关以西。周自立国于岐,与商固无涉也。自廪辛至纣六世,商日以衰,而纣又暴,故诸侯叛者益多,特近畿诸侯或服属之耳。是以文王灭密则取之,灭崇则取之,商不问,文王亦不让也。……由是言之,文王盖未尝立商之朝,纣焉得囚之羑里,而赐之斧钺也哉?"(《丰镐考信录》卷二)

㊼《书·康诰》:"天乃大命文王,殪戎殷,诞受厥命。"《逸周书·祭公》:"皇天改大殷之命,维文王受之,维武王大克之,咸茂厥功。"《墨子·非攻下》:"赤乌衔珪降周之岐社,曰:'天命周文王伐殷有国。'"《太平御览》八十三引《竹书纪年》:"(帝乙)二年,周人伐商"(此时周君为文王)。可见文王已有"受命"之实及戡殷之志矣。

㊽《诗·大雅·大明》:"殷商之旅,其会如林,矢(陈)于牧野,维予侯兴。……牧野洋洋,檀车煌煌,驷騵彭彭,维师尚父,时维鹰扬(如鹰之飞扬)。凉彼武王,肆伐大商,会朝清明。"《史记·周本纪》:"九年,武王上祭于毕,东观兵至于孟津,……是时诸侯不期而会盟津者八百诸侯。诸侯皆曰:'纣可伐矣。'武王曰:'女未知天命,未可也。'乃还师归。居二年,闻纣昏乱暴虐滋甚,……于是武王遍告诸侯,……遂率戎车三百乘,虎贲三千人,甲士四万五千人,以东伐纣。……武王使师尚父与百夫致师(挑战),以大卒驰帝纣师,……纣兵皆崩畔纣。"是武王东征,先

后凡两次,而牧野之战,以师尚父为最著武勇之功也。

㊾《史记·周本纪》:"成王少,周初定天下,周公恐诸侯畔周,公乃摄行政当国。"崔述云:"《金縢篇》并无周公摄政之文。唯《戴记·文王世子篇》云:'成王幼,不能莅阼,周公相,践阼而治。'《明堂位》云:'武王崩,成王幼弱,周公践天子之位,以治天下。……'由是《史记》、《汉书》及诸说《尚书》、《礼记》者,并谓周公居天子位,南面以朝诸侯,而以《洛诰》之'复子明辟'为复政成王之据。……以余考之,周公不但无南面之事,并所称成王幼而摄政者,亦妄也!古者男子不踰三十而娶,况君之世子乎?邑姜者,武王之元妃;成王者,邑姜之长子;而唐叔,其母弟也。武王之娶邑姜,邑姜之生成王,皆当在少壮时明甚!而今《文王世子篇》乃云:'文王九十七而终,武王九十三而终,成王幼不能莅阼。'则是武王年八十余而始生成王,六十余而始娶邑姜也,此岂近于情理哉?……由是言之,凡《记》所载武王、成王之年,皆不足信!况周公之东也,唐叔实往归禾,则成王之不幼明矣!盖古者君薨,百官总己以听于冢宰三年,……然则武王崩时周公盖以冢宰摄政,不幸群叔流言,周公东辟,遂不得终其摄。及成王崩,召公鉴前之祸,遽奉子钊以朝诸侯,由是此礼遂废。后之人但闻有周公摄政之事,而不知有冢宰总己之礼,遂误以成王为幼。又见《洛诰》之末有'周公诞保文武受命惟七年'之文,遂误以为摄政之年数。正不思周公居东二年,东征三年,七年之中,周公之在外者四五年,此时何人践阼,何人听政?成王之自临朝视政明矣!何故能践阼听政于四五年,而独此二三年中必待周公之摄之也?"(《丰镐考信录》卷四)案:崔氏之说虽辨,然实未是!《周书·大诰》云:"王若曰:'猷!大诰尔多邦,越尔御事:弗吊,天降割于我家,不少延,洪惟我幼冲人,嗣无疆大历服。……义尔邦君,越尔多士尹氏御事绥予曰,无毖于恤,不可不成乃宁考图功。'旧以《大诰篇》中之"宁王"为武王,据吴大澂说,"宁"、"文"古文形近,"宁王"即"文王"之误。《大诰篇》中之王既称文王为"宁考",则为文王之子,既非武王,必为周公无疑。是周公称"王"之强证一。又康叔封卫之命词《康诰》云:"王若曰:'孟侯,朕其弟小子封!'"康叔乃周公所封(康叔所封即故殷虚,殷虚在武王时尚为武庚所有,故康叔封卫必当如《史记》等书所说在周公时),则此"王"自是周公。是周公称"王"之强证二。又除《礼记·文王世子》、《礼记·明堂位》、《史记·周本纪》等外,《荀子·儒效》、《韩非子·难二》、《尸子》、《淮南子·齐

俗》、《尚书大传》、《韩诗外传》、《史记·鲁周公世家》、《史记·燕召公世家》等亦均有周公摄政之说，则周公践阼摄政似有其事，不必多疑。至武王崩时成王幼少，亦似是事实。吕诚之先生云："若将《无逸》之'厥享国五十年'解作年五十岁，则文王崩时，武王当三十左右，周公当更少也。"(《先秦史》)"《无逸》历叙长寿之君：殷王中宗、高宗、祖甲、文王，独不及武王，如武王年寿甚长，周公何以不数？武王为成王之父，举父诫子，正极现成；周公不述者，疑武王之寿本不长也。"(据吕先生口述)案：《无逸》云："肆祖甲之享国，三十有三年。"三十三岁不可云长寿。即文王之"厥享国五十年"，五十岁亦中寿而已，何足称述？疑所谓"享国"确为享国之年，而非"年五十岁"。但吕先生第二说则极是，武王享年必不永，故周公东征时所作之《大诰》，一则曰"洪惟我幼冲人"，再则曰"予惟小子"；则周公其时年岁亦必尚少。即以《大诰》为成王之书，亦可证成王之"幼冲"也。又《召诰》云"今冲子嗣"，又云："有王虽小，元子哉！"皆指成王；则成王之幼冲可以无疑！崔氏虽能辨"'孺子'之称不必其皆婴儿"(同上)，但于"有王虽小"及"冲子"之称，则亦不能辨矣。至唐叔，或是武王之弟，非成王弟，别详第四章，故唐叔归禾事并不足证成王之年长。周公东征之时，摄王朝之政者自另有其人。古国君出征者多矣，岂国中不得摄政之人邪？

㊿《书·金縢篇》："武王既丧，管叔及其群弟乃流言于国曰：'公将不利于孺子。'"《大诰》："殷小腆，诞敢纪其叙，天降威，知我国有疵，民不康，曰：'予复！'反鄙我周邦。……尔庶邦君，越庶士御事，罔不反曰艰大，民不静，亦惟在王宫邦君室。"《逸周书·作雒》："周公立，相天子，三叔及殷、东、徐、奄及熊盈以略(畔)，周公、召公内弭父兄，外抚诸侯。……二年，又作师旅，临卫政(征)殷，殷大震溃，降辟(诛)三叔，王子禄父北奔，管叔经而卒，乃囚蔡叔于郭凌。凡所征熊盈族十有七国，俘维九邑。俘殷献民，迁于九毕。俾康叔宇于殷，俾中旄父宇于东。"以上三节为较古之周公东征史料，最可信据者为《大诰》，《作雒篇》次之，《金縢篇》只可节取而已。

(51)《左传》昭公二十八年："昔武王克商，光有天下，其兄弟之国者十有五人；姬姓之国者四十人。"僖公二十四年："昔周公吊二叔之不咸，故封建亲戚，以蕃屏周。"崔述云："按周之封同姓，成鲊以为武王，富辰以为周公。以经传考之：卫封于武王世，鲁与晋封于成王世，二子之言皆不尽合。……盖古人之文多举其大略,以克商自武王,故多推本武王言之。富辰以与召公对举,则称周公焉。其实乃陆续所封,不可概谓之武王,尤不得专属之周公也。”(《丰镐考信别录》卷二)案:崔说固近理,然卫亦封于成王世,非武王世,崔氏误从宋儒之臆说耳。武王克商大功未集,即有封建,数必不多;周公东征,东土大定,诸侯之封,大半当在此时,故以僖二十四年《传》所言为近是! 定公四年《左传》亦云:“昔武王克商,成王定之,选建明德,以藩屏周。”并足为证!《史记·齐太公世家》:“武王已平商而王天下,封师尚父于齐营丘。”案:武王时东土尚未平定,安得封太公于营丘,太公封齐当亦在成王世。傅斯年氏云:“‘齐’者,‘济’也,济水之域也。其先有有济,其裔在春秋为风姓;而营丘又在济水之东。武王之世,殷未大定,能越之而就国乎? 尚父、侯伋两世历为周辅,能远就国于如此之东国乎?”(《大东小东说》,《中央研究院历史语言研究所集刊》第二本)其疑是也!

(52)《孟子·告子下》:“周公之封于鲁,为方百里也。”《史记·鲁周公世家》:“武王……封周公旦于少昊之虚曲阜,是为‘鲁公’。周公不就封,留佐武王。……于是卒相成王,而使其子伯禽代就封于鲁。”案:《诗·鲁颂·閟宫》云:“王曰叔父,建尔元子,俾侯于鲁,大启尔宇,为周室辅。乃命鲁公,俾侯于东,锡之山川,土田附庸。”《左传》定公四年云:“分鲁公以大路大旂,……命以伯禽,而封于少皞之虚。”则封于鲁者非周公,实是伯禽;且其封在成王之世,非在武王世也。周公封周,故曰“周公”;伯禽封鲁,故曰“鲁公”。《史记》以周公亦为“鲁公”,其说极谬! 崔述云:“周公既受禄于周矣,何事又封于鲁? ……周衰,王室东迁,内诸侯渐微,而外诸侯之势盛,由是后人不复知周公之先已受采于周,而但疑周、召之受封不当在蔡、卫、曹、滕之后,遂以为武王之世齐鲁同时而封,误矣。”(《丰镐考信别录》卷二)

(53)《史记·齐太公世家》:“封师尚父于齐营丘。”吕诚之先生云:“《正义》:‘营丘在青州临淄北百步外城中。’又引《括地志》云:‘薄姑城在青州博昌县东北六十里。’案:唐临淄即今山东临淄县,博昌今山东博兴县也。《汉书·地理志》:‘齐郡临淄县,师尚父所封。’应劭曰:‘献公自营丘徙此。’臣瓒谓:‘临淄即营丘。’《诗齐谱疏》引孙炎说同。《烝民》《毛传》亦谓:‘齐去薄姑徙临淄。’则应劭说非也!《左氏》昭公二十年晏子云:‘昔爽鸠氏始居此地,季萴因之,有逢伯陵因之,蒲姑氏因之,而后大公因

之。’又以营丘与薄姑为一，盖城邑虽殊，区域是一，故古人浑言之也。”（《先秦史》）

(54) 唐叔或为武王之弟，详第四章。《史记·晋世家》：“唐叔子燮，是为晋侯。”《正义》云：“《宗国都城记》：‘唐叔虞之子燮父徙居晋水傍。’今并理故唐城。唐者，即燮父初徙之处也。《毛诗谱》云：‘叔虞子燮父以尧墟南有晋水，改曰晋侯。’”案：古唐国实在今山西西南部。《晋世家》“唐有乱”，《正义》引《括地志》云：“故唐城在绛州翼城县西二十里。”唐翼城县治在今治东南三十五里，是晋国故都当今翼城县治附近。晋水或即浍水也。惟钱宾四先生以为：“晋之始封，唐之故居，或当在河东蒲州一带，故虞乡有晋阳，而班氏有晋自晋阳迁之说。其居翼居鄂已非其初。顾炎武、王世家辨晋初居翼，其论犹为未尽也。”（《周初地理考》）案：钱说甚辨，可备参考。

(55)《左传》定公四年：“分鲁公以大路大旂，……殷民六族：条氏、徐氏、萧氏、索氏、长勺氏、尾勺氏，使帅其宗氏，辑其分族，将其类丑，以法则周公，用即命于周，是使之职事于鲁，以昭周公之明德。……因商奄之民，命以伯禽，而封于少皞之虚。”《说文》谓郁在鲁。《书·费誓》云：“徂兹淮夷、徐戎并兴。”郑玄云：“奄盖淮夷之地。”《史记·鲁世家》：“（伯禽）遂平徐戎，定鲁。”又：“（顷公）十九年，楚伐我，取徐州。”则鲁国实兼徐、奄之地也。

(56)《左传》昭公二十年：“昔爽鸠氏始居此地，季荝因之，有逢伯陵因之，蒲姑氏因之，而后大公因之。”是齐地本蒲姑氏之居。杜注云：“蒲姑氏，殷周之间代逢公者。”案：今本《书序》云：“成王既践奄，将迁其君于蒲姑，周公告召公，作《将蒲姑》。”“爽鸠”、“蒲姑”皆鸟名，淮夷甲骨文作“隹夷”（详陈梦家先生《隹夷考》，《禹贡半月刊》第五卷第十期），“隹”亦鸟也；盖淮夷之族皆以鸟为其图腾（参看拙作《鸟夷》，《齐鲁学报》第一期）。奄与爽鸠、蒲姑当皆淮夷分族，故成王（当作周公）践奄后迁其君于蒲姑也。又案：《尚书大传》云：“奄君蒲姑谓禄父曰……”郑玄注云：“玄或疑焉：蒲姑齐地，非奄君也。”或蒲姑之地即因奄君迁此而名，则太公之封齐端在周公东征后矣！

(57)《左传》定公四年：“分唐叔以大路，……怀姓九宗，职官五正，命以《唐诰》，而封于夏虚。启以夏政，疆以戎索。”杜注：“大原近戎而寒，不与中国同，故自以戎法。”案：“怀”即“隗”（王国维等说），狄之姓也。夏本西北种族,或与戎狄有血统上之关系。

(58)“成周”者,表周业之成;“宗周”者,表周室为天下之宗主也。

(59)《书·洛诰》:“王曰:‘公! 予小子其退,即辟于周。命公后。’……王命作册逸祝册,惟告周公其后。……王命周公后,作册逸诰。”蔡沈《集传》云:“谓之‘后’者,先成王之辞;犹后世留守留后之义。先儒谓封伯禽以为鲁后者非是! ……下文‘惟告周公其后’,‘其’字之义,益可见其为周公,不为伯禽也。”案:蔡说甚是!

(60)《逸周书》有《王会篇》,云“成周之会”,孔晁注:“王城既成,大会诸侯及四夷也。”《左传》僖公二十四年:“召穆公思周德之不类,故纠合宗族于成周而作诗。”《令彝铭》:“隹十月月吉癸未,明公朝至于成周,𢓊(出)令,舍三事令,眔(及)卿旋(士)寮,眔诸尹,眔里君,眔百工,眔诸侯:侯,田,男,舍四方令。”可见成周在西周时本为纠合诸侯发号施令之所。(成周为东都大名,说详拙作《春秋王都辨疑》,《禹贡半月刊》第七卷第六、七合期)

(61)《左传》文公十八年:“先君周公制周礼。”昭公二年:“晋侯使韩宣子来聘,……观书于太史氏,见《易象》与《鲁春秋》,曰:‘周礼尽在鲁矣。吾乃今知周公之德,与周之所以王也。’”《孟子·离娄下》:“周公思兼三王,以施四事。其有不合者,仰而思之,夜以继日,幸而得之,坐以待旦。”《礼记·明堂位》:“周公践天子之位以治天下,六年,朝诸侯于明堂,制礼作乐,颁度量,而天下大服。”《尚书大传》:“周公居摄六年,制礼作乐,天下和平。”《史记·周本纪》:“兴正礼乐,度制于是改,而民和睦,颂声兴。”崔述云:“记多称周公制礼,而《春秋传》亦尝及之,必非无故而妄言者。但经未有明文,而传亦不多见,两汉传注之儒遇有古书莫知其出自何人者,辄目之为周公所作,往往互相乖剌,遂致圣人之制淆乱而不可稽,而释经亦多失其旨,学者惑焉,而莫适从也。”“古《礼经》十七篇(今谓之《仪礼》),世皆以为周公所作。余案:……周公曰:‘享多仪,仪不及物曰不享,惟不役志于享。’孔子曰:‘先进于礼乐,野人也;后进于礼乐,君子也。如用之,则吾从先进。’然则圣人所贵在诚意,不在备物。周初之制犹存忠质之遗,不尚繁缛之节明矣。今《礼经》所记者,其文繁,其物奢,与周公、孔子之意判然相背而驰,盖即所谓后进之礼乐者,非周公所制也。且古者公侯仅方百里,伯七十里,子男五十里,而今聘食之礼,牲牢笾豆之属,多而无用,费而无当;度其礼,每岁不下十余,竭一国之民力，犹恐不胜。……此必春秋以降，诸侯吞并之余，地广国富，而大夫士邑亦多，禄亦厚，是以如此其备，非先王之制也。襄王赐齐侯胙曰：'以伯舅耋老，加劳赐一级，无下拜。'齐侯曰：'小白余敢贪天子之命无下拜。'下拜登受。是古礼臣拜君于堂下，虽君有命，仍俟拜毕乃升，未有升而成拜者也。……秦穆公享晋公子重耳，公子赋《河水》，公赋《六月》，公子降拜稽首，公降一级而辞焉。是古礼君自行君之谦，臣自循臣之节；辞者自辞，拜者自拜，不因其辞而遂不成拜于下也。……故孔子曰：'拜下，礼也；今拜乎上，泰也。'今《礼经》臣初拜于堂下，君辞之，遂升而成拜；是孔子所谓拜上矣。齐桓、晋文所不敢出，而此书乃如是，然则其为春秋以降沿袭之礼，而非周公之制明矣！……吴、楚之僭王也，《春秋》书之曰子，慎其名也。……王之下不得复有王，即公之下不得复有公明矣。今《礼经》诸侯之臣有所谓诸公者，此何以称焉？……盖自春秋之末，大夫浸以上僭，齐有棠公，郑伯有之臣称伯有曰：'公焉在。'此卿大夫僭称公之始也。其后晋韩、赵、魏氏灭知伯，亦僭称诸侯，而仍朝事晋君。……而鲁三桓亦僭称公，《孟子》所谓费惠公，《史记年表》所谓三桓胜鲁如小侯者是也。窃疑宋、卫诸邦亦当类是。……然则此书乃春秋战国间学者所记，所谓'诸公'，即晋三家，鲁三桓之属；周公时固无此制也。觐礼，诸侯朝于天子，天下之大礼也；聘礼，诸侯使大夫聘于诸侯，礼之小焉者耳。觐礼之详，虽百聘礼不为过，而今聘礼之详反十倍于觐礼，此何故哉？此无他，春秋以降，王室微弱，诸侯莫朝，觐礼久失其传矣。但学士大夫闻于前哲者大概如此，因而记之。若聘礼，乃当世所通行，是以极其详备。然则此书之作当在春秋以后明甚！……郑世子忽取于陈，陈鍼子送女，先配而后祖。鍼子曰：'是不谓夫妇，诬其祖矣。'今《昏礼篇》正先配而后祖。然则郑人昏礼先配后祖，陈人昏礼先祖后配也。果周公所制之礼，颁行天下，不应陈人独不知，即不知，亦不当反以此为讥也！王穆后崩，太子寿卒，晋叔向曰：'王一岁而有三年之丧二焉。'今《丧服篇》为妻期年。叔向博通古今，楚欲傲以所不知而不能，果周公所制之礼，叔向何容不知？……《记》曰：'恤由之丧，哀公使孺悲学士丧礼于孔子，士丧礼于是乎书。'是《士丧礼》之文昉于孔子也。以一反三，则他篇亦必非周公之笔。……然今《士丧礼篇》，亦未必即孔子之所书。……犹不敢必以为孔子之书，况欲笃信其为周公之书乎？"（《丰镐考信录》卷五）案：崔说至辨！《周官》为后世拟作，人多知之，惟一般人尚多信《仪礼》为周公书,辨以为出后世者,以崔说为最精详,故删录其文如上。然周公制礼之事,亦不能断其必无,《论语·述而篇》云:“子曰:甚矣吾衰也,久矣吾不复梦见周公。”《泰伯篇》云:“如有周公之才之美,使骄且吝,其余不足观也已。”《书·金縢篇》载周公祝辞云:“予仁若(而)考(巧),能多材多艺,能事鬼神。”此皆较早之记载,则周公确为多材多艺之人,其能制礼乐,亦意中事也。崔述云:“凡传记所称周公制礼云者,亦止制其大纲而已。”(同上。)其说近矣!徐中舒氏云:“现在我们依据铜器的研究,更得一种消极的论证,就是从没有发见一件周初大王至武王时的铜器.……假使他们那时文化与殷人没有什么差别,为什么没有一件铭功的彝器留传到现在呢?……铜器中既无确可证明为武王以前之物,及成王时遗物的寥寥,我们因此断定周初文化的幼稚,这也似非过论。”(《殷周文化之蠡测》,《中央研究院历史语言研究所集刊》第二本)案:据郭沫若《两周金文辞大系考释》所列西周器:武王时凡二器,其第二器是否属武王时,尚未可定(郭氏定此器为武王时器之证据惟“克商”二字,然周公成王时亦有克商之事,未为强证。且本器又有“在成𠂤”语,“成𠂤”似即成周,则仍为成王时器也)。成王时凡二十七器,确否虽亦未可尽定,然大部固周公东征后所作也。盖周人文化承自殷人,故至周公东征后,与东土关系大密,周国文化乃亦大兴也。此时周人而有制礼作乐之事,亦固其所。

(62) 王国维氏《殷周制度论》云:“周初宗法虽不可考,其见于七十子后学所述者,则《丧服小记》曰:‘别子为祖,继别为宗,继祢者为小宗。有五世而迁之宗,其继高祖者也。是故祖迁于上,宗易于下,尊祖故敬宗,敬宗所以尊祖祢也。’《大传》曰:‘别子为祖,继别为宗,继祢者为小宗。有百世不迁之宗,有五世则迁之宗:百世不迁者,别子之后也;宗其继别子者,百世不迁者也。宗其继高祖者,五世则迁者也。尊祖故敬宗,敬宗尊祖之义也。’是故有继别之大宗,有继高祖之宗,有继曾祖之宗,有继祖之宗,有继祢之宗,是为五宗。其所宗者皆嫡也,宗之者皆庶也。此制为大夫以下设,而不上及天子诸侯。郑康成于《丧服小记》注曰:别子,‘诸侯之庶子,别为后世为始祖者也。谓之别子者,公子不得祢先君也’。又于《大传》注曰:‘公子不得宗君。’是天子、诸侯虽本世嫡,于事实当统无数之大宗,然以尊故无宗名。其庶子不得祢先君,又不得宗今君,故自为别子,而其子乃为继别之大宗。言礼者嫌别子之世近于无宗也,故《大传》

说之曰：'有小宗而无大宗者，有大宗而无小宗者，有无宗亦莫之宗者，公子是也。公子有宗道，公子之公为其士大夫之庶者宗其士大夫之適者。'《注》曰：'公子不得宗君，君命嫡昆弟为之宗，使之宗之。'此《传》所谓有大宗而无小宗也。又若无嫡昆弟，则使庶昆弟一人为之宗，而诸庶兄弟事之如小宗，《传》所谓有小宗而无大宗也。《大传》此说颇与《小记》及其自说违异：盖宗必有所继，我之所以宗之者，以其继别，若继高祖以下故也。吾之嫡昆弟、庶昆弟皆不得继先君，又何所据以为众兄弟之至宗乎？或云：立此宗子者，所以合族也。若然，则所合者一公之子耳，至此公之子与先公之子若孙间，仍无合之之道。是大夫士以下皆有族，而天子、诸侯之子，于其族曾祖父母，从祖父母，世父母，叔父母以下，服之所及者，乃无缀属之法：是非先王教人亲亲之意也。故由尊之统言，则天子、诸侯绝宗，王子公子无宗可也。由亲之统言，则天子、诸侯之子身为别子，而其后世为大宗者。无不奉天子、诸侯以为最大之大宗，特以尊卑既殊，不敢加以宗名，而其实则仍在也。故《大传》曰：'君有合族之道。'……惟在天子、诸侯，则宗统与君统合，故不必以宗名；大夫士以下皆以贤才进，不必身是嫡子（书业案：此说不尽然），故宗法乃成一独立之统系。……是故大夫以下，君统之外，复戴宗统，此由嫡庶之制自然而生者也。"（《观堂集林》卷十）案：天子、诸侯实亦有"宗"名，详第二章。《礼记》出于后世儒家所述，亦未必尽可据也！

(63)《礼记·大传》："有百世不迁之宗，有五世则迁之宗。百世不迁者。别子之后也；宗其继别子之所自出者，百世不迁者也；宗其继高祖者，五世则迁者也。"郑注："迁犹变易也。继别子，别子之世適也。继高祖者，亦小宗也。……以高祖与祢皆有继者，则曾祖亦有也。则小宗四，与大宗凡五。"盖"别子之世適，谓之大宗，百世不迁。世適而外，是为小宗：其子继之，时曰继祢小宗；其孙继之，时曰继祖小宗；其曾孙继之，时曰继曾祖小宗；其玄孙继之，时曰继高祖小宗。继祢者，亲弟宗之；继祖者，从父昆弟宗之；继曾祖者，从祖昆弟宗之；继高祖者，从曾祖昆弟宗之；更一世绝服，则不复来事，而自事其五服内继高祖已下者，所谓五世则迁也，然则一人之身，当宗与我同高、曾、祖、父四代之正適，及大宗之宗子，故曰'小宗四，与大宗凡五'也"。（吕诚之先生《先秦史》）

(64)《殷周制度论》："殷以前无嫡庶之制。……特如商之继统法，以弟及为主，而以子继辅之，无弟然后传子。自成汤至于帝辛，三十帝中以弟继兄者,凡十四帝。其以子继父者,亦非兄之子而多为弟之子。惟沃甲崩,祖辛之子祖丁立;祖丁崩,沃甲之子南庚立;南庚崩,祖丁之子阳甲立;此三事独与商人继统法不合。此盖《史记·殷本纪》所谓中丁以后,九世之乱,其间当有争立之事而不可考矣。故商人祀其先王兄弟同礼,即先王兄弟之未立者,其礼亦同;是未尝有嫡庶之别也。此不独王朝之制,诸侯以下亦然。近保定南乡出句兵三,皆有铭,其一曰:'大祖日己,祖日丁,祖日乙,祖日庚,祖日丁,祖日己。'其二曰:'祖日乙,大父日癸,大父日癸,中父日癸,父日癸,父日辛,父日己。'其三曰:'大兄日乙,兄日戊,兄日壬,兄日癸,兄日癸,兄日丙,'此当是殷时北方侯国勒祖父兄之名于兵器以纪功者。而三世兄弟之名先后骈列,无上下贵贱之别。是故大王之立王季也,文王之舍伯邑考而立武王也,周公之继武王而摄政称王也,自殷制言之,皆正也。舍弟传子之法实自周始。当武王之崩,天下未定,国赖长君,周公既相武王,克殷胜纣,勋劳最高,以德以长,以历代之制,则继武王而自立,固其所矣。而周公乃立成王而己摄之,后又反政焉。摄政者,所以济变也;立成王者,所以居正也。自是以后,子继之法遂为百王不易之制矣。""由传子之制而嫡庶之制生焉。……此制实自周公定之,是周人改制之最大者,可由殷制比较得之。有周一代礼制,大抵由是出也。""商人无嫡庶之制,故不能有宗法。藉曰有之,不过合一族之人,奉其族之贵且贤者而宗之;其所宗之人固非一定而不可易,如周之大宗小宗也。周人嫡庶之制本为天子、诸侯继统法而设,复以此制通之大夫以下,则不为君统而为宗统,于是宗法生焉。"

⑥⑤《殷周制度论》:"又与嫡庶之制相辅者,分封子弟之制是也。商人兄弟相及,凡一帝之子无嫡庶长幼,皆为未来之储贰,故自开国之初,已无封建之事,矧在后世。惟商末之微子、箕子,先儒以微、箕为二国名,然比干亦王子而无封,则微、箕之为国名亦未可遽定也。是以殷之亡仅有一微子以存商祀,而中原除宋以外更无一子姓之国。以商人兄弟相及之制推之,其效固应如是也。周人即立嫡长,则天位素定,其余嫡子庶子,皆视其贵贱贤否,畴以国邑,开国之初建兄弟之国十五,姬姓之国四十,大抵在邦畿之外。后王之子弟,亦皆使食畿内之邑。故殷之诸侯皆异姓,而周则同姓异姓各半,此与政治文物之施行甚有关系,而天子、诸侯君臣之分亦由是而确定者也。"案:周人之封建制实由宗法制脱化而出,宗法者其名,而封建者其事实,乃一事之两面耳。王氏之论犹嫌未晰。

(66) 吕诚之先生云:“《丧服传》曰:‘野人曰:父母何算焉;都邑之士,则知尊祢矣;大夫及学士,则知尊祖矣;诸侯及其大祖;天子及其始祖之所自出。’孟子曰:‘死徙无出乡,乡田同井,出入相友,守望相助,疾病相扶持,则百姓亲睦。’(《滕文公上》)一有宗法,一无宗法,显然可见。”(《先秦史》)

(67)《左传》桓公二年:“天子建国,诸侯立家,卿置侧室,大夫有贰宗,士有隶子弟,庶人工商各有分亲,皆有等衰。”杜注:“庶人无复尊卑,以亲疏为分别也。”所谓“庶人工商各有分亲”,虽或亦为一种宗族制度,然不可详考矣。

(68)《诗·小雅·北山》:“溥天之下,莫非王土;率土之滨,莫非王臣。”

(69)《左传》闵公元年:“管敬仲言于齐侯曰:‘戎狄豺狼,不可厌也;诸夏亲昵,不可弃也。’”《国语·周语》载富辰曰:“狄无列于王室。”韦注:“列,位次也。”《史记·楚世家》:“熊渠曰:‘我蛮夷也,不与中国之号谥。’”可见夷狄不受周人宗法与封建系统之支配。

(70)《左传》昭公十四年:“南蒯之将叛也,盟费人。司徒老祁、虑癸伪废疾,使请于南蒯曰:‘臣愿受盟而疾兴,若以君灵不死,请待间而盟。’”杜注谓司徒老祁、虑癸二人为南蒯家臣。案:南蒯已为季氏家臣,今复有家臣,是大家臣之下尚有家臣也。

(71) 大夫以上无为家臣者,庶民阶级亦难得为贵族之家臣。为卿大夫之家臣者,多属士阶层中人,如孔子之门弟子仲弓、季路、冉有等皆尝为季氏家臣,诸人皆士也。

(72) 参看第二章及考证。《孟子·万章下》:“下士与庶人在官者同禄,禄足以代其耕也。”

(73)《孟子·万章下》:“耕者之所获,一夫百亩。百亩之粪:上农夫食九人,上次食八人,中食七人,中次食六人,下食五人。庶人在官者,其禄以是为差。”

(74)《国语·晋语四》:“工商食官。”韦注:“工,百工;商,官贾也。”案:此所谓“工商”即庶人在官者之一种,其地位自当较高于普通农民。《左传》定公八年:“卫侯欲叛晋,而患诸大夫……公曰:‘又有患焉,谓寡人必以而子与大夫之子为质。’……将行,王孙贾曰:‘苟卫国有难,工商未尝不为患,使皆行而后可。’公以告大夫,乃皆将行之。”据此,工商之地位仅次于国君及大夫之子。此虽春秋末年之情形,然工商地位本来较高,亦可想见也。

(75) 参看第二章及考证。

(76) 参看第二章及考证。

(77)《史记·周本纪》云:“周公行政七年,成王长,周公反政成王,北面就群臣之位。成王在丰,使召公复营雒邑,如武王之意;周公复卜申视,卒营筑居九鼎焉。”据此,是周公还政在营雒邑之前也。然《鲁周公世家》则云:“成王七年二月乙未,王朝步自周至丰,使太保召公先之雒相土。其三月,周公往营成周雒邑,卜居焉,曰:‘吉。’遂国之。成王长能听政,于是周公乃还政于成王。”据此,是周公还政又在营雒邑之后也。《史记》前后两说矛盾。案之其他古传记,亦异说纷纭,莫衷一是。今考之《尚书·洛诰》云:“周公拜手稽首曰:‘朕复子明辟。’”汉儒以此为周公复政成王之据,宋儒非之,以为:“复如逆复之复,复命于王也。”(蔡沈《书集传》)然《洛诰》下文又云:“厥若彝及抚事如予,惟以在周工往新邑,伻(使)向即有僚,明作有功,惇大成裕,汝永有辞。”此周公告戒成王亲政当如己也。又云:“汝惟冲子,惟终。”“乃惟孺子,颁朕不暇,……笃叙乃正父,罔不若予,不敢废乃命,汝往敬哉!兹予其明农哉。”此周公训戒成王亲政后当永终天禄也。“兹予其明农哉”一语,更似周公退休之辞矣。又云:“予小子其退,即辟于周,命公后。”则成王仍以东都事委周公而自西还即位于宗周也。《洛诰》既有明文,则吾人可断言周公还政成王在既定东都之后矣。《逸周书·作雒篇》亦云:“及将致政,乃作大邑成周于土中。”其说与《洛诰》合。

(78)《洛诰》:“惟周公诞保文武受命惟七年。”《尚书大传》、《礼记·明堂位》等书皆云:“七年致政于成王。”宋以前儒者多谓此《洛诰》末句为周公摄政践阼之年数。蔡沈《书集传》则云:“吴氏曰:周公自留雒之后,凡七年而薨也。成王之留公也,言‘诞保文武受命’,公之复成王也,亦言‘承保乃文祖受命民,越乃光烈考武王’,故史臣于其终,计其年曰:‘惟周公诞保文武受命,惟七年。’盖始终公之辞云。”案:此实为古代纪年之法:《䣄卣铭》云:“隹明保殷成周年。”《中甗铭》云:“隹王令南宫伐反虎方之年。”《旅鼎铭》云:“隹公大保来伐反尸(夷)年,在十又一月庚申。”《臣辰盉铭》云:“隹王大龠于宗周,诰窨莽京年,在五月既望辛酉。”所谓“惟周公诞保文武受命惟七年”者,犹言“惟明保殷成周年”也。又考甲骨卜辞纪年之法先日次月后年,如:“癸未王卜贞:酌彤日,自上甲至于多后，衣，亡巷自畎。在四月，隹王二祀。""癸丑卜，易贞，王旬亡畎。在六月。甲寅，酚上甲。王廿祀。""癸未卜，在上鱙齁贞：王旬亡畎。在□月，王廿司(祀)。""□酚翌日，自上甲至多后，□自畎。在九月，隹王五祀。"案：《洛诰》篇末云："戊辰，王在新邑，烝祭岁：文王骍牛一，武王骍牛一。王命作册逸祝册，惟告周公其后。王宾杀禋咸格，王入太室祼。王命周公后，作册逸诰。在十有二月，惟周公诞保文武受命惟七年。"此与卜辞纪年月日之例何等相似，足见《洛诰》篇末一语实为纪年而非指周公在洛之年也，据此考证，则周公受命先后凡七年，可无疑问矣！

(79)《书·顾命》："(成)王曰：'……昔君文王、武王，宣重光，奠丽陈教，则肄。肄不违，用克达殷集大命。在后之侗，敬迓天威，嗣守文武大训，无敢昏逾。'"《诗·周颂·昊天有成命》："成王不敢康，夙夜基命宥密，于缉熙，单(尽)厥心，肆其靖之。"足征成王为一守成之令主。

(80)《诗·周颂·执竞》："自彼成康，奄有四方，斤斤其明。"《国语·周语下》："自后稷之始基靖民，十五王而文始平之，十八王而康克安之。"足征康王亦为守成之令主。

(81)《史记·周本纪》："成康之际，天下安宁，刑错四十余年不用。"(《太平御览》八十四引《竹书纪年》文同)

(82)《史记·周本纪》："昭王之时，王道微缺，昭王南巡狩不返，卒于江上。"案：古本《竹书纪年》云："昭王十六年，伐楚荆，涉汉，遇大兕。""十九年，……丧六师于汉。"(《初学记》七引)"昭王末年，……王南巡不反。"(《太平御览》八百七十四引)是昭王之"南巡狩"为伐楚也。其"不返"则因"丧六师于汉"也。《吕氏春秋·音初篇》云："周昭王亲将征荆，辛余靡长且多力，为王右。还反，涉汉，梁败，王及蔡公抎(陨)于汉中。辛余靡振(救)王，北济，又反振蔡公。"则昭王确因征楚而遇难也。《史记正义》引《帝王世纪》云："昭王德衰，南征济于汉，船人恶之，以胶船进王。王御船至中流，胶液船解，王及祭公俱没于水中而崩。其右卒游(辛余)靡长臂且多力，游振得王。周人讳之。"其说亦与《吕子》相应，但略加增饰耳。

(83)见《左传》僖公四年。

(84)郭沫若氏《两周金文辞大系考释》云："此钟(宗周宝钟)余以为乃昭王所作，铭中之'叚樊乃遣间来逆邵王'即昭王，'邵'乃生号非死谥。又其'贃其万年畯保四或'之'贃'亦即昭王名'瑕'之本字，字当从害声，与瑕同纽。惟此有异说:孙诒让有《绍我周王见休义》(《籀膏述林》三),解《孟子·滕文公》下篇所出此语(郑玄《禹贡注》引此语以为《胤征》文,"绍"作"昭"),以'绍'为《尔雅·释诂》'诏相亮右,相导也'之'诏',其说至确!文末征及本铭云:'近时所出《宗周钟铭》记王伐服子事云:及變乃遣间来逆邵王,南尸(夷通)东尸具见廿有六邦',彼正是征伐有功,蕃国来归之事'邵王'与'绍我周王'之绍声义亦正同。"近时唐兰亦主此说,并云:"周初无钟,本铭字体亦不甚古,疑是厉王时器,厉王名胡,胡猷音亦近转。"(据来简)今案:孙、唐二氏说均有至理,而尤以唐说为进步:盖孙解在谥法旧说未破以前,唐说在谥法旧说既破以后,更有确可成为问题之三证也。惟本铭乃有韵律之文,如"邵"字解为动词,则"来逆邵"三动词相叠,此下单系一"王"字,音节欠谐,"邵"下必当安一字,如"乃"如"周"之类,方能和协。以文字言,字体虽不及《盂鼎》等之雄厚,然较之恭懿时器文之散漫,已有云泥之感。而如南字作崗,百字作回,除画有粗细而外,与《大盂鼎》文全同。又如首语"王肇遹眚文、武、董彊疆土",与《大盂鼎》"寽我其遹省先王,受民受疆土",辞例亦无二致。再以器制言,周钟乃由殷铎演化而成,殷铎有柄,执而鸣之,周钟则倒悬,然备斡旋之甬,实铎柄之孑遗也。本器乃有甬铺,枚长,铣侈,于上剡。文在甬斡上为饕餮,在篆上为两首之蜺,与武英殿《史籀》之腹纹作饕餮,缘带及足带之作两首蜺形者相同;凡此均不失为古钟之典型。周初虽未见有钟,然周钟必有其原时,以此当之或不无突兀之感,恐前此者尚有之,尚待发掘耳。

⑧⑤《国语·周语上》:"穆王将征犬戎,……遂征之,得四白狼四白鹿以归。"《后汉书·西羌传》云:"王乃西征犬戎,获其五王,王遂迁戎于太原。"其说当出古本《竹书纪年》。

⑧⑥《史记·秦本纪》:"造父以善御幸于周缪王,得骥温骊骅骝騄耳之驷,西巡狩,乐而忘归。徐偃王作乱,造父为缪王御,长驱归周,一日千里以救乱。"《赵世家》:"缪王使造父御,西巡狩,见西王母,乐之忘归,而徐偃王反,缪王日驰千里马,攻徐偃王,大破之。"

⑧⑦《韩非子·五蠹篇》:"徐偃王处汉东,地方五百里,行仁义,割地而朝者三十有六国。荆文王恐其害己也,举兵伐徐,遂灭之。"《淮南子·人间篇》说略同,"荆文王"作"楚庄王"。《后汉书·东夷传》则作:"徐夷僭号,乃率九夷以伐宗周,西至河上。穆王畏其方炽,乃分东方诸侯,命徐

偃王主之。……穆王后得骥𫘧之乘，乃使造父御以告楚，令伐徐，一日而至。于是楚文王大举兵而灭之。”

(88)《史记正义》引谯周云：“徐偃王与楚文王同时，去周穆王远矣。且王者行有周卫，岂闻乱而独长驱，日行千里乎？”崔述云：“前乎穆王者，有鲁公之《费誓》，曰：徂兹淮夷、徐戎并兴。后乎穆王者，有宣王之《常武》，曰：震惊徐方，徐方来庭。则是徐本戎也，与淮夷相倚为边患，叛服无常，其来久矣。非能行仁义以服诸侯，亦非因穆王远游而始为乱也。且楚文王立于周庄王之八年，上距共和之初已一百五十余年；自穆王至是不下三百年，而安能与之共伐徐乎？”钱宾四先生云：“谓荆文王伐徐者，韩非也；谓楚庄者，淮南也；谓周缪王者，《史记·秦本纪》也；混《韩子》、《史记》为一谈者，《后汉书·东夷传》也。缪王之事不载于《周纪》，而见诸《秦本纪》，此自秦人称其祖造父，欲神其技，大其功，因附会于偃王之事。《赵世家》又载缪王使造父御，西巡狩，见西王母：此本以著异闻，非以为信史，故灭之于《周纪》，而存之于两《家》，史公之意，至慎至显也！至楚文王时，考之《春秋传》及《楚世家》，均无徐偃王事，此韩说之妄，然称徐偃王以仁义灭国：则三说皆同。余疑徐偃王即宋王偃，其见灭时惟淮南楚庄王之说得之。宋称徐者，战国时宋都盖迁彭城。《韩世家》：‘文侯二年伐宋，到彭城，执宋君。’年表亦载此语。其时宋当休公世，盖已迁彭城而史阙不载。……故宋亦称徐，即指新都彭城而言，如韩称郑，魏称梁是也（彭城晋立徐州，至今犹称。淮夷、徐戎素属商，故商、宋亦得徐称也）。……《韩非·五蠹》称徐偃王处汉东，疑淮东字讹，淮东即淮北也。《后汉·东夷传》称偃王处潢池东，《水经·济水篇》有黄水、黄沟，其东为沛，秦之泗水郡，刘备徐州治此。又南为彭城，东为武原徐山，此即偃王之国矣。云其地方五百里者，《宋策》墨子说楚，亦言宋方五百里也。偃王者，疑乃‘王偃’之倒，考谥法无‘偃’。《秦本纪集解》引《尸子》曰：‘徐偃王有筋而无骨，驷谓号偃由此。’此语无稽，而可以证‘偃’之非谥。《志疑》云：‘偃身死国亡，未必有谥。然《国策》、《墨子》、《吕览》、《新序》诸书俱以偃谥康王，而《荀子·王霸篇》称为宋献。杨倞注曰：国灭之后，其臣子各私为谥，故不同。’则是王偃谥康谥献，本非通行于当时，故野人小民遂乃倒王之名以为称。《庄子·列御寇》‘曹商为宋王使秦’，《释文》：‘司马云：偃王也。’则王偃后人固亦称之‘偃王’矣。谓其见灭惟《淮南》楚庄王之时得之者，楚两庄王，一在春秋时，一在战国时，顷襄王又称庄王，《六国表》宋灭当楚顷襄十二年，故《淮南》以为庄王也。宋亡于齐，其后楚得其淮北徐地。当时盛毁之者拟之桀纣，盖出诸列国之君卿，而宋之小民，则曰道义不能忘。凡今先秦书记宋偃之不道者，皆本列国史记，而宋以国亡无史，其仁义之设施，已不足自传于后世。惟野民小人之所称誉，谓徐偃王行仁义而亡国者，其流传失真，乃误以为春秋之徐，或乃以谓在楚文王时，或乃以为当周缪王之世，传者弗深考，乃不知其即宋王偃矣。古事流传，其漫迤流衍如此者多，不足怪也。"（《先秦诸子系年考辨》卷三）案：钱说近是！《孟子·滕文公下》云："万章问曰：'宋，小国也，今将行王政，齐、楚恶而伐之，则如之何？'"朱熹《集注》："宋王偃尝灭滕伐薛，败齐、楚、魏之兵，欲霸天下，疑即此时也。"则王偃实有"行王政"之事，所谓"行仁义，割地而朝者三十有六国"，确有为宋王偃事传讹之可能也。

⑧⑨ 见《左传》昭公四年。

⑨⑩ 《左传》昭公十二年："昔穆王欲肆其心，周行天下，将皆必有车辙马迹焉，祭公谋父作《祈招》之诗，以止王心。王是以获没于祗宫。"

⑨⑪ 见《国语·齐语》及《管子·小匡篇》。

⑨⑫ 见《周本纪》。

⑨⑬ 《史记·周本纪》："懿王之时，王室遂衰。"《汉书·匈奴传》："懿王时王室遂衰，戎狄交侵，暴虐中国，中国被其苦。"

⑨⑭ 《史记集解》："宋忠曰：懿王徙都犬丘，一曰废丘，今槐里是也。"《汉书·地理志》："左扶风槐里，周曰犬丘，懿王都之。秦更名废丘，高祖三年更名。"

⑨⑮ 《史记·秦本纪》："非子居犬丘，好马及畜，善养息之，犬丘人言之周孝王，孝王召使主马于汧渭之间，马大蕃息。孝王欲以为大骆適嗣。申侯之女为大骆妻，生子成，为適。申侯乃言孝王曰：'昔我先郦山之女为戎胥轩妻，生中潏，以亲故归周，保西垂，西垂以其故和睦。今我复与大骆妻，生適子成；申骆重婚，西戎皆服，所以为王，王其图之。'于是孝王曰：'昔柏（伯）翳为舜主畜，畜多息，故有土，赐姓嬴，今其后世亦为朕息马，朕其分土为附庸。'邑之秦，使复续嬴氏祀，号曰秦嬴。亦不废申侯之女子为骆適者，以和西戎。"

⑨⑯ 《左传》昭公二十六年："至于夷王，王愆于厥身，诸侯莫不并走其望，以祈王身。"杜注："愆，恶疾也。"《史记正义》引《竹书纪年》："（夷王）三

年。致诸侯,烹齐哀公昂。"《太平御览》八十四引《纪年》作:"王致诸侯,烹齐哀公于鼎。"又《后汉书·西羌传》云:"夷王衰弱,荒服不朝,乃命虢公率六师伐太原之戎,至于俞泉,获马千匹。"《注》:"见《竹书纪年》。"是夷王时周势虽较衰,仍能威服诸侯及征伐戎狄也。

⑨⑦ 《左传》昭公二十六年:"至于厉王,王心戾虐,万民弗忍,居王于彘。"《国语·周语上》:"厉王说荣夷公,芮良夫曰:'王室其将卑乎?夫荣公好专利而不知大难。……今王学专利,其可乎?……'既荣公为卿士,诸侯不享,王流于彘。""厉王虐,国人谤王,邵公告曰:'民不堪命矣。'王怒,得卫巫,使监谤者,以告,则杀之。国人莫敢言,道路以目。……三年,乃流王于彘。"《史记·周本纪》:"厉王即位三十年,好利,近荣夷公。……卒以荣公为卿士,用事。王行暴虐侈傲,国人谤王。召公谏曰:'民不堪命矣。'王怒,得卫巫,使监谤者,以告,则杀之,其谤鲜矣,诸侯不朝。三十四年,王益严,国人莫敢言,道路以目。……三年,乃相与畔袭厉王,厉王出奔于彘。"

⑨⑧ 《史记·周本纪》:"召公,周公二相行政,号曰'共和'。"《正义》引韦昭云:"彘之乱,公卿相与和而修政事,号曰'共和'也。"

⑨⑨ 《史记索隐》引《汲冢纪年》"共伯和干王位",释之云:"共,国;伯爵;和,其名;干,篡也。言共伯摄王政,故云干王位也。"《正义》引《鲁连子》:"卫州共城县,本周共伯之国也。共伯名和,好行仁义,诸侯贤之。周厉王无道,国人作难,王奔于彘,诸侯奉和以行天子事,号曰'共和元年'。十四年,厉王死于彘,共伯使诸侯奉王子靖为宣王,而共伯复归国于卫也。"《吕氏春秋·慎人篇》:"古之得道者,穷亦乐,达亦乐,所乐非穷达也。道得于此,则穷达一也;为寒暑风雨之序矣。故许由虞乎颍阳,而共伯得乎共首。"《开春论》:"共伯和修其行,好贤仁,而海内皆以来为稽矣。周厉之难,天子旷绝,而天下皆来谓矣。"《庄子·让王篇》:"故许由娱于颍阳,而共伯得乎共首。"《太平御览》八百九十七引《史记》:"共和十四年,大旱,火焚其屋。伯和篡位立。秋,又大旱。其年周厉王死,宣王立。"

⑩⓪ 第一说不见于较古之书,疑出史公想象。梁玉绳云:"周、召本王朝卿士、傥果摄天子之事,不可言释位;别立名称若后世之年号、古亦无此法;故颜师古以史公之说为无据也。"(《史记志疑》卷三)第二说疑窦亦甚多。崔述云:"人君在外,大臣代之出政,常也。襄公之执,子鱼摄宋;昭公之

奔,季孙摄鲁。厉王既出,周、召共摄周政事,固当然不足异也。若以诸侯而行天子之事,则天下之大变也。《传》曰:'干王之位,祸孰大焉!'又曰:'周德虽衰,天命未改。'共伯果贤诸侯,讵应如是?春秋至闵、僖以后,天下之不知有王久矣,然齐桓、晋文犹藉天子之命以服诸侯,不敢公然摄天子事也。况西周之世乌得有此事?且夫召穆公,周之贤相也。能谏厉王之虐,能佐宣王以兴,夫岂不能代理天下事,而诸侯必别宗一共伯和乎?齐桓、晋文之霸,传记之纪述称论者,指不胜屈,况摄天子之事,尤为震动天下,而经传反泯然无一语称之,亦无是理也。"(《丰镐考信录》卷七)案:《史记正义》云:"共伯(指卫共伯)不得立,而和立为武公;武公之立在共伯卒后,年岁又不相当;《年表》亦同;明《纪年》及《鲁连子》非也。"盖张守节疑共伯和即卫武公,其故以《卫世家》云:"釐侯卒,太子共伯余立为君。共伯弟和有宠于釐侯,多予之赂。和以其赂赂士,以袭攻共伯于墓上。共伯入釐侯羡自杀,卫人因葬之釐侯旁,谥曰'共伯';而立和为卫侯,是为武公。"卫武公之兄曰"共伯",而武公名"和",适合"共伯和"之称,故张氏以为"共伯和"即指卫武公。然难解者为年代问题:卫武公之立,据《史记》在宣王时,厉王时和尚为卫庶子,安得有"干王位"之事?惟考《毛诗序》云:"《抑》,卫武公刺厉王,亦以自警也。"则武公之立或当厉王之世,可以有摄行王政之事矣。崔述亦云:"《大雅》篇次无颠倒者,而《抑》在《桑柔》、《云汉》之前,故《序》以为厉王时诗。若武公于厉王时已为诸侯,则非立于宣王之世;而犬戎之乱,不当武公世矣;恐《史记》有误也!观《史记》于齐威、宣二王,皆移前数十年,则此年世宁可深信。"(同上卷八)考《毛诗序》又云:"《柏舟》共姜自誓也。卫世子共伯蚤死,其妻守义,父母欲夺而嫁之,誓而弗许,故作是诗以绝之。"《柏舟》虽未必为共姜之诗,然卫世子共伯蚤死之说,理或可信。胡承珙云:"若云(武公)立于宣王十五年,则武公即位年已四十,共伯更长于武公,共姜应老,父母何为欲嫁之?则史迁所谓僖公之卒,武公之立,其年皆不足据。盖共伯早丧在僖侯卒之前,而武公以英年嗣位,当厉王之世,恐忠言不足信,故托为父兄师傅训己之辞。……此虽与《笺》有异同,然于经义似较协也。"(《毛诗后笺》)又卫共伯之"共"实亦国名而非谥,春秋时郑有共叔段,"共叔"犹"共伯"也。古共国在今河南辉县,卫初都朝歌,在今淇县,盖邻邑耳。故太叔奔共,其子公孙滑遂奔卫也。卫君之称"共伯",犹晋君之称"鄂侯",周王之称"汾王",以所处之地名。

卫本诸侯之长,称伯,《毛诗序》云:"《旄丘》,责卫伯也。"周公封康叔于卫,本为牧伯,故《康诰》称"孟侯",亦犹言诸侯之长耳。《史记·卫世家》自顷侯以前六世皆称"伯",惟云:"顷侯赂周夷王,夷王命卫为侯。"则以"伯"为伯爵之"伯",似误!《鲁连子》明云"共伯复归国于卫",可见"共伯"即"卫伯"也。卫武公本西周末期之显诸侯,又为东方诸侯之伯,而较齐、鲁诸国为近于王室,入为王官与问王政,本极可能之事也。谓为"干位",或传闻之过耳。共伯和为贤君,卫武公亦为贤君,其国与爵与名又相同,似非偶然之事。惟确证尚少,姑备一说,不敢以入正文也。(又《师毁毁铭》有白[伯]龢父,郭沫若《两周金文辞大系考释》以为即共伯和,其说无甚确据。)

⑩ 见《左传》昭公二十六年。

⑫ 《国语·周语上》:"厉之乱,宣王在邵公之宫,国人围之。邵公曰:'昔吾骤谏王,王不从,是以及此难,今杀王子,王其以我为怼而怒乎?夫事君者,险而不怼,怨而不怒,况事王乎?'乃以其子代宣王,宣王长而立之。"《史记·周本纪》:"共和十四年,厉王死于彘,太子静长于召公家,二相乃共立之为王,是为宣王。"

⑬ 《史记·楚世家》:"熊渠生子三人。当周夷王之时,王室微,诸侯或不朝,相伐。熊渠甚得江、汉间民和,乃兴兵伐庸、杨粤,至于鄂。熊渠曰:'我蛮夷也,不与中国之号谥。'乃立其长子康为句亶王,中子红为鄂王,少子执疵为越章王,皆在江上楚蛮之地。及周厉王之时,暴虐,熊渠畏其伐楚亦去其王。"

⑭ 《国语·周语上》:"宣王即位,不籍千亩。虢文公谏曰:'不可……'王不听。"《史记集解》:"瓒曰:'籍,蹈籍也。'按宣王不修亲耕之礼也。"

⑮ 《墨子·明鬼下》:"周宣王杀其臣杜伯而不辜。"

⑯ 《国语·周语上》:"鲁武公以括(长子)与戏(少子)见王,王立戏。樊仲山父谏曰:'不可立也……'王卒立之。鲁侯归而卒。及鲁人杀懿公(戏)而立伯御(括子)。三十二年,春,宣王伐鲁,立孝公,诸侯从是而不睦。"

⑰ 《国语·周语下》:"太子晋谏曰:'……自我先王厉、宣、幽、平而贪天祸,至于今未弭。'"

⑱ 《毛诗序》:"《采薇》遣戍役也。文王之时,西有昆夷之患,北有玁狁之难,以天子之命命将率,遣戍役,以守卫中国,故歌《采薇》以遣之,《出

车》以劳还,《杕杜》以勤归也。"是以《采薇》、《出车》等为文王时诗也。《史记》以《出车》、《六月》为周襄王时作。《汉书》以《采薇》为刺懿王诗,《出车》、《六月》为美宣王诗。《毛诗序》:"《六月》,宣王北伐也。""《采芑》,宣王南征也。""《江汉》,尹吉甫美宣王也,能兴衰拔乱,命召公平淮夷。""《常武》,召穆公美宣王也:有常德以立武事,因以为戒然。"崔述云:"经传记文王之臣多矣,未有称南仲者;而《常武》宣王之时诗有南仲。太王时有獯鬻,文王时有昆夷,未有称狎狁者;而《六月》、《采芑》宣王时诗,称狎狁。然则此(《出车》)当为宣王时诗,非文王时诗矣。不特此也,《六月》称'侵镐及方',此诗称'往城于方',其地同。《六月》称'六月栖栖,戎车既饬',此诗称'昔我往矣,黍稷方华',其时又同。然则此二诗乃一时之事,其文正相表里。盖因镐、方皆为狎狁所侵,故分道以伐之。吉甫经略镐,而南仲经略方耳。故《汉书》以《出车》、《六月》同为宣王时诗,《古今人表》,宣王时有南仲,而文王时无之。而马融上书亦称狎狁侵镐及方,宣王立中兴之功,是以南仲赫赫,列在周诗。然则是齐、鲁、韩三家皆以此为宣王诗矣。"(《丰镐考信录》卷七)案:《采薇》、《出车》、《六月》、《采芑》、《江汉》、《常武》诸篇,事皆相应,其为一时之诗,可以无疑。惟径以为宣王时作,尚有可疑耳。余别有辨。

⑩《史记·秦本纪》:"周宣王即位,乃以秦仲为大夫,诛西戎。西戎杀秦仲。秦仲立二十三年,死于戎,有子五人:其长者曰庄公。周宣王乃召庄公昆弟五人,与兵七千人,使伐西戎,破之。"

⑩《国语·周语上》:"(宣王)三十九年,战于千亩,王师败绩于姜氏之戎。"案:《后汉书·西羌传》引《竹书纪年》:"王征申戎,破之。"申国姜姓,申戎殆即姜氏之戎,是姜戎亦尝为周人所胜也。

⑪ 均见《后汉书·西羌传》引《竹书纪年》。

⑫ 见《国语·周语上》。韦注:"丧,亡也,败于姜戎氏时所亡也。南国,江、汉之间也。"吴曾祺《补正》:"案:汪曰:此丧南国之师事阙。……姜戎即西戎也,与江、汉无涉。"

⑬《左传》昭公二十六年:"诸侯释位,以间王政,宣王有志,而后效官。"《史记·周本纪》:"宣王即位,二相辅之,修政,法文、武、成、康之遗风,诸侯复宗周。"二书所述,已有夸语,盖"诸侯复宗周"一语,即所谓"宣王中兴"之实也。

⑭《诗·小雅·雨无正》:"邦君诸侯,莫肯朝夕。"《毛诗序》:"《雨无正》,

大夫刺幽王也。"案:此诗有云:"旻天疾威,弗虑弗图。舍彼有罪,既伏其辜。若此无罪,沦胥以铺。周宗既灭,靡所止戾。……戎成不退,饥成不遂。……谓尔迁于王都,曰予未有室家。"似东迁时诗。然"邦君诸侯,莫肯朝夕",其来有渐,必非一朝一夕故,盖幽王时已有此情形矣。

⑮ 见《大雅·召旻》。《毛诗序》:"《召旻》,凡伯刺幽王大坏也。"
⑯ 《后汉书·西羌传》引《竹书纪年》:"幽王命伯士伐六济之戎,军败,伯士死焉。"《史记·秦本纪》:"戎围犬丘世父,世父击之,为戎人所虏。岁余复归世父。"崔述云:"按犬丘之围,即《传》所称'戎狄畔之'者。"(《丰镐考信录》卷七)
⑰ 见《小雅·十月之交》。《毛诗序》:"《十月之交》,大夫刺幽王也。"
⑱ 见《大雅·召旻》。
⑲ 见《大雅·瞻卬》。《毛诗序》:"《瞻卬》,凡伯刺幽王大坏也。"
⑳ 《国语·郑语》:"今王(幽王)弃高明昭显,而好谗慝暗昧;恶角犀丰盈,而近顽童穷固。……虢石父,谗谄巧从之人也,而立以为卿士。"《史记·周本纪》:"幽王以虢石父为卿,用事,国人皆怨。石父为人佞巧善谀好利,王用之。"
㉑ 见《小雅·十月之交》。
㉒ 见《大雅·瞻卬》。
㉓ 见《小雅·正月》。
㉔ 见《国语》、《史记》等书。
㉕ 崔述云:"申在周之东南千数百里,而戎在周西北,相距辽远,申侯何缘越周而附于戎,……申与戎相距数千里,而中隔之以周,申安能启戎?戎之力果能灭周,亦何藉于申之召乎?申之南,荆也;当宣王时,荆已强盛为患,故封申伯于申,以塞其冲。周衰,申益微弱,观《扬水》之篇,申且仰王师以成之。当幽王时,申畏荆,自保之不暇,何暇反谋王室?且申何不近附于荆以抗周,而乃远附于戎也?……宜臼之于王,父子也;申侯之于王,君臣也。王逐宜臼,听之而已,申侯亦不应必欲助其甥,以倾覆王室也!……晋文侯、卫武公。当日之贤侯也,而郑武公、秦襄公,亦皆卓卓者;宜臼以子仇父,申侯以臣伐君,卒弑王而灭周,其罪通于天矣。此数贤侯者当声大义讨之。即不然,亦当更立幽王他子,或宣王他子;何故必就无君之申,而共立无父之宜臼哉?西周之亡,《诗》、《书》无言及者,于经无可征矣。然《春秋传》往往及东迁时事,而不言此。自《周语》述西

周事众矣,而亦未有此。此君臣父子之大变,动心骇目,不应皆无一言纪之,而反旁见于晋、郑之《语》,史苏、史伯追述逆料之言?且所载二人之言,荒缪亦多矣。……吾闻以一隅反三隅者,未闻三隅不足以反一隅者。此言之非实亦明矣。若之何《史记》遂据追述逆料之语,而记之为实事也?"(《丰镐考信录》卷七)案:崔说甚为明辨,惟首段所言略有误会:申有西东之别,《左传正义》引《竹书纪年》云"平王奔西申",盖申国本支之在西者。《后汉书·西羌传》云"王征申戎",当即此西申。其邑谢之申,则申人之东迁者,固无与于亡周之事也。西申之国似近骊山,《史记·秦本纪》云"申侯乃言孝王曰'昔我先骊山之女,为戎胥轩妻'",可证。《郑语》云:"王欲杀太子以成伯服,必求之申;申人弗畀,必伐之;若伐申而缯与西戎会以伐周,周不守矣。"征以《周本纪》"遂杀幽王骊山下"之语,则似幽王伐申戎于骊山下,缯与犬戎遂因而毙之也。

⑫⑥ 见《左传》昭公二十六年。

⑫⑦ 昭公二十六年《左传正义》引《竹书纪年》:"伯盘与幽王俱死于戏。先是申侯、鲁侯及许文公立平王于申;以本太子,故称'天王'。幽王既死,而虢公翰又立王子余臣于携,周二王并立。二十一年,携王为晋文侯所杀;以本非適,故称'携王'。"案:《国语·晋语一》云:"褒姒……与虢石甫比。"虢公翰似即虢石甫,二文相核,知褒姒与携王及虢石甫盖一党也。又携王之"携"疑非地名,《逸周书·谥法篇》云:"息政外交曰'携'",谓之"外交",则携王岂非叔带之流;携王之立,殆亦托庇于戎人乎?

⑫⑧ 语见《论语·八佾篇》。

⑫⑨ 《诗·小雅·大东》:"东人之子,职劳不来;西人之子,粲粲衣服。"郑笺:"职,主也。东人劳苦而不见谓勤,京师人衣服鲜洁而逸预,言王政偏甚也。"《毛诗序》:"《大东》,刺乱也;东国困于役而伤于财,谭大夫作是诗以告病焉。"是可见周人榨取东方人之甚。《十月之交》:"四方有羡,我独居忧。"郑笺:"四方之人尽有饶余,我独居此而忧。"此时周室盖尚富裕也。

⑬⓪ 《孟子·滕文公下》:"周公相武王,诛纣伐奄,三年讨其君,驱飞廉于海隅而戮之,灭国者五十。"崔述云:"案:伐纣为武王时事,伐奄为成王时事;经传皆有明文,而此数语未有确据,无由决其时世。窃意灭国至五十之多,必非一时之事。疑此数语皆兼武、成两世言之。"

⑬① 语见《大雅·江汉》。

52

⑬² 见《左传》昭公四年。
⑬³ 参看第四章及考证。
⑬⁴ 同上。
⑬⁵ 参看蒙文通先生《中国古代民族移徙考》,《禹贡半月刊》第七卷第六、七合期。

第二章　从西周到春秋时的经济和社会情形

经济是历史的重心　无论哪种社会组织，都逃不了被经济状况所决定。"经济是历史的重心"这个原则，是近代东西史家已经证明了的，所以我们要讲社会的情形便不得不先讲经济的情形。

农业的发明　农业的发明便是文化的曙光。当人类在过渔猎的生活时，他们的行动是和禽兽没有多大的区别的。自从有了畜牧和农业，人类渐渐定居，才有余暇来做别的工作，所以高等文化是随定居的生活而产生的。

种植的发明并不是很晚的事，据近代考古学家和社会学家的考究，欧洲等处在新石器时代已有很幼稚的农业了。在中国的新石器时代的遗址仰韶村里，也发掘出石制的耕器来，这证明了东西人类古代文化进展的速度并没有多大的差异。

殷虚出土的商代甲骨文字里已有"农、啬、畖、圃、耤、禾、黍、麦、米、稷、糠"等字，又有卜祷年岁丰凶的记载，这证明了那时农业与畜牧是并盛的；何况我们更知道商氏族是因沉酗于农产品所制成的酒而亡国的。

周人的农业　周人更是以发展农业而强盛的氏族，他们认了农神后稷为始祖。从国王起"卑服即康功田功"，就因这样才得灭商而有天下。要明白周人的社会组织，必得先明白他们的农业状况。

农具和农产物　周人所用的农具，据记载有"耒"（歧头的木器）、"耜"（耒下半圆形的刀头）、"钱"（刀形物，与耜相类）、"镈"（去草的农器）、"铚"（镰刀之类）等，大多是金属物制的。农产物重要的有"黍"（黄米），"稷"（不粘的黍）、"稻"（米）、"粱"、"菽"（豆）、"麦"、"麻"、"瓜"等。种树最重要的是桑。绩麻养蚕和织布织帛，是女子的专业。

耕种的方法　他们耕种的方法，第一步是刈草伐木，开草原为耕地，疏凿沟洫，以利灌溉。耕时用两人推耜以翻土，谓之"耦耕"。草除土翻以后，便按节候去播种和除虫，然后去莠壅土，谓之"耘"和"耔"。成熟之时便去收获。到了收获时期，"筑场圃"，"纳禾稼"，再将谷类加以舂治，入仓收藏。这便是他们耕稼的整个工作。

土地的分配　《诗经》中歌咏农事的诗很多，较详细的如《大田篇》说："广大的田亩可以种出很多的禾稼。拣好了种，修好了农具；事事完毕，就用我锋利的耜，开始工作，到向南的田亩上去；播了种子，种出的禾子，又直又大，顺了田主人的意思，田主人高兴得笑哈哈。"（原文："大田多稼，既种既戒，既备乃事。以我覃耜，俶载南亩。播厥百谷，既庭且硕，曾孙是若。"）"禾子开始长起来了，谷实渐渐硬起来了，好起来了；害草和害虫都不能伤害我的禾子了；田祖（田神）有灵，把他们一把把都投到火里去了。"（原文："既方既皂，既坚既好，不稂不莠。去其螟螣，及其蟊贼，无害我田穉。田祖有神，秉畀炎火。"）"云布起来了，雨落下来了，落在我们的'公田'里，顺便滋润滋润我们的私田。到了收成的时候，他有来不及收获的禾子,你也有来不及收敛的禾束;他有遗下的禾把,你也有漏下的禾穗:这都是寡妇们的好处。"(原文:"有渰萋萋,兴雨祁祁,雨我公田,遂及我私。彼有不获稺,此有不敛穧;彼有遗秉,此有滞穗,伊寡妇之利。")"田主人来了,带着他的女人和小孩到'南亩'来送饭了;田官也带着喜色的来了。他们是来祭祀'方神'的:用了红色黑色的牺牲和黍稷,祭呀祀呀,求得很大的福了。"(原文:"曾孙来止,以其妇子,馌彼南亩,田畯至喜。来方禋祀,以其骍黑,与其黍稷。以享以祀,以介景福!")这类"农夫"是替主人耕种的,他们之上有田主人,又有督田的专官,受尽了压迫。他们所耕种的,有"公田"、"私田"的区别。所谓"公田"和"私田",解释纷纭,照我们的意思,"公田"似是指公室的田,"私田"大约是指贵族们和自由农民的田(西周和春秋时似乎也有自由农民。又当时已有隐士,似是贵族退居田间的)。我们以为,西周和春秋时土地大部分在国君和贵族的手里,所谓"公食贡(似指"公田"的收入),大夫食邑,士食田,庶人食力",士以上都是贵族,他们是有土地的阶级;庶人是平民,他们大部分没有土地,只是替贵族们耕田,食他们自己的力气;所谓"倬彼甫田,岁取十千;我取其陈,食我农人","我田既臧,农夫之庆",可见土地上的收入全部归田主所有,田主是不耕田的。他们虽有"如茨(屋盖)如梁(车梁)"的"稼","如坻(水中高地)如京(高丘)"的庾(露积谷)、"千斯仓"、"万斯箱"的粮食,而代他们耕田的"农人"所食的只不过是些陈旧的粮食罢了。一个田主属下的"农人"实在不少,所谓"骏发尔私,终三十里;亦服尔耕,十千维耦","私"便指田主属下"服耕"的"农人",亦即所谓"附庸"("私"字解为"私田"亦可),他们以万数计,可以布满几十里的路。金文载"田七田",与"人五夫"相配;又记有一次周王赐给臣下:"邦嗣四伯,人鬲自驭至于庶人六百又五十又九夫。尸嗣王臣十又三伯,人鬲千又五十夫。"所谓"人鬲"即是《书经》中的"民献",疑是农奴之称,所以说"自驭(驭)至于庶人"。

农民的生活 又有一篇号称周公所作,而实际似是春秋时代的诗《七月》里,记载当时农民的生活情形很是详尽。据它说,农民们一到正月便修好农器,到了二月就下田耕种,一直忙到八月,开始收获,九月里修筑场圃,预备把农作物送进去,十月里获了稻子,酿制明春给贵人们上寿的酒。等到把农作物统统收好,便忙着去替公家修筑宫室,白天去揉茅,晚上绞绳;刚把公家的宫室盖完,便又到开始播谷的时候了。在冬天,还要去打猎。打到狐狸,就替公子们做皮袍;打到野猪,便把大的献给贵人们,自己只敢偷藏了小的。除了耕田、盖屋、打猎以外,还要替贵人们去凿冰,凿下了冰就收进冰室,预备给贵人们夏天去凉快。

以上是男人们的工作。至于女人们呢,在春天阳光温和黄鹂歌叫的时候,她们手里提着篮子,循着小路去采桑叶来养蚕;八月里织麻布和收得的蚕丝,染成黑的、黄的和红色的,替公子们做衣裳。偶然遇到公子们高兴,她们还要含着一泡眼泪,跟着公子们回去,给他们去玩弄。

至于农民自己的生活是怎样的呢?他们一年四季劳苦得像牛马一样,结果仍是"无衣无褐",冻得只是发抖。吃的是苦菜,烧的是烂柴。屋子被耗子咬得东穿西洞,只好拿些烂泥去涂涂,又烧些草料去薰薰,叹口气道:"老婆孩子们,你们就在这里住着过年罢!"到快过年的时候,他们杀了羔羊,也要献给贵人们;他们走到贵人的堂上去,用大杯捧上美酒,高声说着"万寿无疆!"(原文:"七月流火,九月授衣,一之日觱发,二之日栗烈,无衣无褐,何以卒岁?三之日于耜,四之日举趾,同我妇子,馌彼南亩,田畯至喜。……春日载阳,有鸣仓庚,女执懿筐,遵彼微行,爰求柔桑。春日迟迟,采蘩祁祁,女心伤悲,殆及公子同归。……蚕月条桑,取彼斧斨,以伐远扬,猗彼女桑。七月鸣鵙,八月载绩,载玄载黄,我朱孔阳,为公子裳。……八月其获,十月陨萚。一之日于貉,取彼狐狸,为公子裘。二之日其同,载缵武功,言私其豵,献豜于公。……十月蟋蟀入我床下,穹窒熏鼠,塞向墐户;嗟我妇子,曰为改岁,入此室处。六月食郁及薁,七月亨葵及菽,八月剥枣,十月获稻,为此春酒,以介眉寿。七月食瓜,八月断壶,九月叔苴,采荼薪樗,食我农夫。九月筑场圃,十月纳禾稼,黍稷重穋,禾麻菽麦;嗟我农夫,我稼既同,上入执宫功,昼尔于茅,宵尔索绹,亟其乘屋,其始播百谷。二之日凿冰冲冲,三之日纳于凌阴,四之日其蚤,献羔祭韭。九月肃霜,十月涤场,朋酒斯飨,曰杀羔羊;跻彼公堂,称彼兕觥,万寿无疆!")

农民与战争　《七月》诗里所讲,还是农民的平居生活;到了有起事来,他们更是遭殃:筑城,打仗,哪一件不是农民的事。他们虽然高喊着"王事靡盬,不能蓺稷黍,父母何怙",也绝无人垂怜。《诗经》里还有一首《东山》诗,大约也是春秋时代的作品。这首诗里叙述一个战士打过仗后在下雨天中回家时的情形:他回到那"可畏"和"可怀"的家门外,看见屋子被蔓草罗络着了,小蜘蛛在门上结网,菜园已变成鹿儿的游戏场,萤火虫在闪闪地飞舞,鹳鸟在土堆上鸣叫;走进屋子,土老鼠尽在屋里跑。当他的梦魂颠倒的她,正在长吁短叹着洒扫修理房屋的时候,他恰巧回来了!他能回来,还是极可庆幸的事哩,不然,战场上已埋着他的骨头了!(原文:"我徂东山,慆慆不归,我来自东,零雨其濛。果臝之实,亦施于宇;伊威在室,蠨蛸在户;町畽鹿场,熠熠宵行。不可畏也,伊可怀也。……鹳鸣于垤,妇叹于室,洒扫穹窒,我征聿至……")

商业 农业维持了西周和春秋时代的基本经济(这并不仅西周和春秋时代如此,就是一直到了现在,这种情形也还未完全改变),同时商业在这时也稍发达了:"肇牵车牛远服贾,用孝养厥父母。"这是西周王室勉励商国遗民的话。"如贾三倍,君子是识"(像做生意,利息三倍,贵人们也懂得),也是西周末年的情形。又郑国在东迁开国的时候,政府曾与商人立有盟誓:商人不能背叛国君,国君们也不强买强夺商人的货物;商人们有利市宝货,国君们也不得预闻。商人有了这种特定的保障,事业自然更容易发展。他们在那时已能守不二价的道德,所谓"民易资者,不求丰焉,明征其辞",便是说百姓用货物掉换资财的,不求过丰,明定出价格来。

商人的地位 商人和工人一样,在那时与庶民(农民)是分立的。大部分的工商隶属于官府,生活却至少半由自己维持,私人经营工商业的,在那时,即便已有,人数也必不多。工商也和农民一般以不改业为贵。商人们受命于官府,往来各城邑,贩运货物,很能获得利益。但那时的商业似乎还不曾深入普遍于广大的下层社会中,商人们差不多只是替贵族当差。他们所贩买的货物,虽然也有丝、布、谷、米、畜牲、木料等类,可供一般人的应用,但他们多注意于珠、玉、皮币等较珍贵的物品,以专供贵族们的需求。商人在贵族阶级的眼光里,已被看成不可少的社会成员,因之有"商不出则三宝绝"的话。那时的君主们是很注意于"通商"的事情的。

市场 商人的聚集地唤做"市"。当时的所谓"市"大约只是人民在城市中或乡下的大道旁按定时聚集买卖的空地。那时似乎只有"市",或许有些小规模的商场;至于固定的大规模的商店,那时似是没有的。

货币 在西周和春秋的时候,人民的买卖大部分只是"以货易货"的,所以可以抱了布去贸丝,握些粟出去问卜。这就是所谓"以其所有,易其所无"。但货币并不是绝对没有的:在商代和西周时已用贝壳做交易的媒介物,后来更有用铜仿制的贝币;而且普通的铜也已用作交易物了。每一货币的单位唤做"爰"或"孚"(《易经》里有"资斧"的名称,或许古代又用斧斤为货币)。至少到春秋时已有用铜制的钱(本农器之名)币,在记载上,如管仲和周景王等都有制造钱币的事。然而货币在西周和春秋时毕竟通用未遍,尤其是平民阶级,恐怕所受到的影响是极微的。

工业 西周和春秋时代的工业情形,记载太嫌缺乏,我们只能知道工人的聚集地在"肆"(工场),他们造成好的工艺品献给贵族,造成次的工艺品卖给人民,如当时精细的彝器和兵器之类,恐怕非有专门的工人是不能制造的。工人可以当做国际的贿赂品,可见数量必不很多。据《考工记》的记载:制木器的工人有七种,制金属器的工人有六种,制皮器和设色、刮磨的工人都有五种,制土器、陶器等的工人有两种;更详细的情形虽不能确知,但工业进步的状况不难推想而得。后来南方吴越一带也都有著名的铸剑。又当时国君们曾有所谓"惠工"的举动(工人在西周时与仆驭牧臣妾并列,地位甚低,在春秋时地位似稍高)。

西周和春秋前期的经济程度 从西周到春秋前期,一般经济情形大致是自给自足的:普通平民,穿的是自己妻女织出的布,吃的是自己种出的谷,既无余物,也无多需;农业的幼稚,使人民收入有限,生计困难,当然无余力从事于奢侈。则工商业的不能十分发达,货币的不能十分流通,自是极自然的事了。

封建社会的组织　在自给自足的幼稚农业经济的条件之下所产生的是什么样的社会组织呢?这便是历史上有名的"封建社会"。"封建社会"这个名词的正确定义,就是名义上在一个王室的统治下,而实际上土地权和政治权却被无限制地分割:每方土地上都有它的大大小小的世袭主人,支配着一切经济和政治上的权利,形成一种地主与附属土地的农奴对立的现象(在封建社会中也有自由农民的,但为数不多)。由这定义看来,则中国从西周一直到春秋前期是"封建社会"的全盛时期。关于中国封建社会的组织,我们在第一章里已经约略讲过,它是以一种叫做"宗法"的制度维持着封建的关系的。在这里,我们不必详细复述,请大家参看前文。我们在这里只补充几条证据和几点前文所未及的地方。

宗法制度的证明　关于"宗法"的详细制度,最古的书上是没有的;但也有几条零碎的材料,如西周也称为"宗周",这证明了周天子确为当时诸侯的大宗。《诗经》说:"大宗维翰……宗子维城。"毛传说:"王者天下之大宗。"郑笺说:"宗子谓王之適子。"并可为证。《诗经》歌颂公刘立国于豳说:"君之宗之。"毛传说:"为之君,为之大宗也。"《左传》载鲁哀公时公山不狃谏叔孙辄说:"今子以小恶而欲覆宗国,不亦难乎!"《国语》也载晋阳毕说:"栾书实覆宗,弑厉公以厚其家。"韦注说:"宗,大宗也;谓杀厉立悼。"这证明了国君也为一国的大宗。《左传》又载晋国的梗阳人有狱,其大宗以女乐赂魏献子。又说:"天子建国(封建诸侯),诸侯立家(封建卿大夫),卿置侧室(封建众子,即为小宗),大夫有贰宗(与小宗略同),士有隶子弟(似指小宗或贰宗所隶属的宗人)。"又记鲁公伯禽受封时,周王分给他殷民六族:"使帅其宗氏,辑其分族,将其类丑,以法则周公。"唐叔受封,周王也分给他"怀姓九宗";又载楚人灭蛮氏时:"司马致邑,立宗焉,以诱其遗民。"春秋时铜器陈逆簠的铭文里也有"宗家"、"大宗"的字样。这些都可证明周代确有"大宗"、"小宗"的"宗法"制度,而所谓"宗法"在制度上是行于卿大夫以下的。卿大夫为一族的大宗,大夫士为一族的小宗或贰宗宗人,其详细的制度虽不甚可考,但其组织却确是存在的(《左传》说:"大子死,有母弟则立之,无则立长,年钧择贤,义钧则卜,古之道也。"这是一种救济嫡庶制之穷的制度。又嫡庶制在古代有时也不甚遵行,如弟继兄位、废嫡立庶、废长立幼的事也时有所闻;但其原则仍一般被遵认罢了。再春秋时不甚遵行嫡长承继制的据现在所知有三国:楚国初年多行少子承继制,秦国初年多行兄终弟及制,他们到春秋中期以后才改遵嫡长承继制;吴国在阖庐以前也还常行兄终弟及制的。在这些国家内,"宗法"和"封建"的势力当较为薄弱,所以除吴国后来竭力依附周亲终致灭亡外,楚、秦两国终因封建势力较弱而臻于强盛)。

封建制度的证明 西周和春秋时实行封建制度的证据,那更多到不可胜计,只要稍微去翻翻古书,便可见出。上面所举"天子建国,诸侯立家,卿置侧室,大夫有贰宗,士有隶子弟,庶人工商各有分亲,皆有等差"的话和"公食贡,大夫食邑,士食田,庶人食力"的记载,便是天子把土地分封给诸侯,诸侯把土地分封给卿大夫,卿大夫把土地分封给他的子孙和家臣,士以上为有土地的贵族,庶人为无土地的农奴之说的明证。我们不必再多举别的证据了。(案:《国语》说:"犹隶农也,虽获沃田而勤易[耕]之,将不克飨,为人而已。"这是古代有农奴制度的确认。但既有"隶农",相对的必有自由农可知。不过《国语》的记载较晚,或许自由农与隶农并立乃是战国时的情形。)

奴隶制略说 至于平民之下的奴隶阶级,是封建社会里的剩余物。他们是贵族阶级的私产,没有独立的人格的。他们以家为单位。在春秋时候,一个大贵族所有的奴隶可以多至几百家,甚至于千家以上。奴隶的来源,大半是征伐所得的俘虏,一部分是罪犯,他们的头衔也是世袭罔替的。奴隶的职务是替贵族服劳苦工作。他们的种类很多,有仆竖、阍人、寺人(男的)、婢、妾(女的)等等。据记载,庶民和奴隶中还分六层等级(庶民和奴隶的地位实在相差不多:在铜器铭文上,他们是并列的),那便是(一)皂,(二)舆(以上庶民阶级?),(三)隶,(四)僚,(五)仆,(六)臺(以上奴隶阶级?),他们也互相统属着。至于详细的情形怎样,我们仍不敢乱道。贵族对于奴隶,可以尽力使用,可以随便送人,可以抵押,可以买卖,可以殉葬,可以随意处置他们的生死,像处置牛马器物一般。他们不堪虐待,遇机会便要逃走。但奴隶遇到特殊的机会,可以解放为平民。国君和大贵族的奴隶有时因得宠而至于做官执政,可见奴隶的解放实在比庶民还要容易。这是因为庶民是经常阶级,不可轻易变动,而奴隶却是一种特别的阶级,可有可无,而且他们比较接近于政权者,所以更容易得到翻身。

武士制度 欧洲封建时代有一种"武士制度",武士是诸侯们的属臣和陪臣,做诸侯或其他贵族的卫士的。凡能自备战马战具,有微田可以自活的人都可以做武士。武士在欧洲差不多是封建制度的维系者,在中国封建时代的"士"便很像这种"武士"阶级("士"的名词有广狭义的两种:狭义的"士"是指大夫士的"士",便是武士阶级;广义的"士"是泛指一切的男子,便是士女的"士"。案:狱官也称为"士",古代兵刑不分,可证"士"即武士阶级)。本来封建时代的教育制度是文武并重的,凡是贵族阶级的人都要受过射御的训练,所以武士制度在封建时代便很容易起来。武士阶级是贵族阶级的底层,他们虽没有大封邑,但也有食田或俸禄可以维持生活,是一种地位较高的团体(春秋时的下等武士生活并不富裕,甚至有几于饿死的人)。他们也分为几层等级:有的当官吏,有的当大贵族的卫士,有的当军队里的高级兵士。他们很讲究技艺和礼节,会行侠尚义,同时又会讲自由恋爱。最典型的武士,把荣誉看得重过安全,把信用责任看得重过生命;但同时他们又是不拘小节的。如孔圣人的高足弟子子路和漆雕开,便是这阶级里的代表人物。

世族与世官制度 从割据各地的大小封君到"公侯腹心"的武士构成了这表面秩然有序的封建社会的上层。在这上层社会里,地位最重要而人数也较多的是卿大夫阶级,这一阶级所操实权最大,根深蒂固,顶不容易铲除;他们所依赖以维持他们地位的便是所谓"世官"制度,而"世官"制度又是依附于"世族"制度而存在的。所谓"世族",就是卿大夫的氏族,他们有细密的宗族组织,世世代代拥有土地和势力,所以唤做"世族"。世族实在就是列国内部的小国家,这种世族制自然是起源于封建制和宗法制的。宗法是统驭家族的原则,封建是扩充家族系为统治系统的原动力,世族便是混合家族和政治的系统而用宗法来支配的一种特殊团体。

贵族阶级既有固定的封土，又有固定的政权，所以能收聚族众，成为一种半政治式的宗族组织。我们既知道那时的大夫就是小国君，国君的地位和土地是世袭的，所以大夫的地位和土地也是世袭着的（不但大夫，就是家臣的地位也是世袭着的。又据后世的记载，只有楚国的制度，世族再传，君主就把禄地收回，但未知确否）。世族的大夫在他们的封土内，可以自由筑城，可以自由设置军队。春秋时大国的大世族，封土可以多至几十邑以至于百邑以上，兵力也可以从几千人以至于万人以上。他们实力最大的足以与一个大国交战。他们地位之高，有时要胜过一个次等国家的君主。他们也有宗亲和家臣们襄助着治理封土和族内的政事，族内的人称大夫为"主"或"宗"。他们凭藉着伟大的权势，世执国政，上挟王侯，下治庶民，在当时各国的实力差不多都是寄存在世族之上的。春秋时各世族的封土和势力也同列国一样，有大小强弱的分别。他们起初似乎是以官爵为等差的；但也有严格的限制，春秋时有实权的大夫的封土和势力尽可以比卿还大还强。在世族团体中，全族的人休戚相关：一人好了，一族便跟着好；一人失去了势或犯了罪，甚至于全族覆灭。那时的宗族差不多有生死个人的力量，所以那时的贵族阶级受着两层统制：在君统以外，他们还戴着一个宗统。宗族的观念笼罩了个人的人格，同时也掩蔽了国家的观念。世族阶级的人肯牺牲自己或近支的亲属去维持整个的宗族；也有因维持家族的地位而立时反叛国家的。

春秋列国的大世族，如周有周、召、单、刘、尹等氏；鲁有仲（孟）、叔、季三家和臧、东门等氏；晋有栾、郤、狐、赵、韩、魏、知、中行、范、羊舌、祁、先、胥、伯等氏；齐有高（文公后）、国、崔、庆、栾、高

（惠公后）、陈、鲍等氏；宋有华、乐、皇、鱼、荡、向等氏；卫有孙、宁、孔等氏；郑有良、游、国、罕、驷、印、丰等七穆之族；楚有斗、成、芳、屈等氏。此外秦和吴、越等国的世族，则不甚可考了。世族中以同姓公族的地位较为稳固，如周的周氏因作乱而被杀及出奔，但其后裔仍得世世在位；鲁的仲、叔、东门、臧诸氏，齐的国氏，宋的向氏，楚的斗氏等也是如此。而鲁、卫的公族势力尤为强健，甚至于随意地驱逐国君，使他们终身不得复国。此外宋、郑的公族势力也极大，异姓都不强盛。鲁、卫、宋、郑四国真称得起是当时盛行亲亲主义的模范国家了。只有晋国因惩曲沃等乱，削损公族势力不遗余力，到后来异姓代为公族，却变成了异姓贵族的天下。

跟着世族制度而产生的是世官制度。世官制度，就是世袭的贵族用了特殊阶级的地位世世做官，执掌国政。但在这里有一点应当特别声明的：便是世官并不就是世职。——战国以前，因具有专门知识和技术而世袭一种官职的贵族固然很多，但也有世官而不世职的。各国的非专门性质的大官职，大致是由世族们以声望和资格禅代着担任。又如大夫士的地位虽可由各世族世袭着，而卿的地位就比较的要以声望和资格荐升了。

在世族的眼光里只有"守其官职，保族宜家"二事，他们以为这样才能使"上下相固"。如果弃了官则族便"无所庇"，上下的制度就要紊乱。因之世族制度便与世官制度联结而不可分了。

世族制度下的选举制度　那时也有一种选举制度，选举的方法是从贵族中拣取有劳资和才干的人来担任重要的官职。用那时的话来说，便是"赏功劳"、"明贤良"和"内姓选于亲，外姓选于旧，举不失德，赏不失劳"。所以他们既主张"择善而举"，却又同时主张"举不逾等"。在宗法社会和封建社会里最重要的观念，是"亲亲"和"贵贵",决没有一个庶人可以突跃而为卿大夫的。那时的贵族都以宗法的身份和门第互相标榜着。他们的口号是"亲不在外,羁不在内"。国君们倘若"弃亲用羁",便要被世族排挤掉。所谓"昭旧族,爱亲戚,尊贵宠",是与"明贤良"、"赏功劳"并举的主义。他们以"贵有常尊,贱有等威"为礼;如果有"贱妨贵,远间亲,新间旧,小加大"的情形,那便是逆礼了。

姓氏制度 说到这里,我们得把姓氏制度说一说了:原来"姓"和"氏"两个名词在古代是有分别的。姓大约是母系社会里的遗留物,凡属一系血统下的男女共戴着一姓。后来人口繁殖了,姓之下又分出氏,氏就是小姓,是一姓中的分支。但"氏"似乎只是男系社会里贵族阶级特有的标帜。据古书的记载:诸侯以国名为氏,是天子所赐给的;大夫以受封的始祖的别字为氏,或以官名为氏,又或以邑名为氏,是诸侯所赐给的。氏或称为"族":"族"是"氏"的实体,"氏"是"族"的标帜。大约以字为氏族的大夫多是公族,他们的定例是这样的:诸侯的儿子称公子,公子的儿子称公孙,公孙的儿子就把他的祖的字为氏族。但也偶有例外:有以祖的名为氏的,有以父的名字为氏的,又有以伯仲叔季等为氏的。至于以"官"或"邑"为氏族的则大致是异姓的大夫,但也有同姓的公族摹仿这种例子的。又大夫的小宗也别有氏,大概也是用祖父的名字或官职、地名等为氏的。他们的例子非常纷繁,不易细说:当时的大夫又有以国名为氏的,如陈氏;有以爵名为氏的,如王氏、侯氏。

姓氏制度与婚姻制度 在周代,男子称氏不称姓,女子称姓不称氏。因为周人是"同姓不婚"的,所以妇人系姓非常重要(买妾不知其姓,则用卜来解决)。他们以为同姓结婚生育便不蕃殖。虽然那时的国家或氏族也偶有破坏同姓不婚的规律的,但例子毕竟不多。

婚礼 周代的婚姻制度,贵族阶级似乎是比较严密的。战国人所传的《礼经》中有一篇《士昏(婚)礼》,记载着"士"阶级的婚礼很是详细,参考别种记载说起来,大致是先由男家派人到女家求婚,是为"纳采",亦称"下达"。女家许了婚,男家的使人再问许婚的是哪一位姑娘,是为"问名"。男家得女家允许的回音后,到庙里去问卜,得到吉卜,派人去报告女家,是为"纳吉"。"纳吉"后男家派人去女家去送定婚的礼物,是为"纳征",亦称"纳币"(币用五匹玄纁色的帛和两方鹿皮)。纳币之后,男家拣择吉日,向女家请求定期,女家不肯定,然后告之,是为"请期"。到了吉期,新郎亲自到女家去迎接新娘回家成婚,是为"亲迎"。从"纳采"到"亲迎",谓之"六礼"。这"六礼"或许只是说说而已,未见得古人普遍遵行;据我们的考证,周代的婚礼是相当野蛮而草率的。

周初的一等史料《易经》中有这样的记载:"乘马班如,匪(非)寇昏媾","白马翰如,匪寇昏媾","先张之弧,后说(脱)之弧,匪寇昏媾"。照这些话看来,似乎周初尚有"掠夺婚"制遗迹的存在。《左传》上记着:当鲁昭公的时候,郑国大夫徐吾犯有个妹子长得很美,郑君的宗室公孙楚已聘为妻,不料另一宗室公孙黑又叫人去强纳聘礼。徐吾犯为了这件事很着急,就去报告执政子产。子产道:"听你妹子的意思,随便嫁给哪个都可以。"徐吾犯就去请了公孙楚和公孙黑两人前来听他妹子的选择。公孙黑打扮得很漂亮进门,陈列了礼物然后出去;公孙楚穿着武装进门,向左右拉把射箭,射完箭,跳上车子就走了。徐吾犯的妹子在房里看了,说道:"子晳(公孙黑)固然长得好,但子南(公孙楚)却是个丈夫的样子。"于是她就嫁给公孙楚。在这件故事里，我们看出当时女儿是可以自由选择丈夫的，她们眼光中的标准丈夫是要纠纠武夫的样子的。我们知道郑国最著名的美男子是子都，他就是一位能与勇夫争车的力士。再看当时人做的诗，对于一位名叫"叔"的称颂，也是歌咏他的"善射"、"良御"和"袒裼暴虎"，他膺得了"洵美且武"的称号；而"将叔无狃，戒其伤女"，似乎还代表着当时女儿们对于这位"叔"的一种轻怜密爱呢？（那时人称为"美人"的乃是"颀而长"的"硕人"，所谓"有美一人，硕大且俨"，这种话在后人看来，是何等的可骇异！）

贵族阶级的婚姻习惯　从国君以下到大夫等的贵族的婚礼，一样也用媒人，一样也由父母之命决定。国君们的妻子大致是从外国娶来的（国君的正妻称为"夫人"，或称"元妃"；"元妃"以下有"二妃"、"下妃"及"庶妾"等）。他们寻常的嫁娶，是派臣下送迎。他们娶一个妻子，或嫁一个女儿，照例有许多媵女跟随着（媵女除外，还用男子做媵臣）；这种媵女的制度似乎通行于各级贵族之间。她们大致是正妻的姊妹或侄女等以及底下人（周代人虽然严守"同姓不婚"的习惯，但只要不是同姓，世代层是可以轻忽的，如侄女可以从姑母同嫁一夫，或继姑母为后妻，舅舅也可以纳甥女为妻妾），也有些是友好的国家送来的陪嫁。至于卿大夫们的婚姻也很讲究门第：他们所娶所嫁，往往是他们的敌体的人家，这国的贵族和那国的贵族常常借了通婚姻以结外援。他们也有时上娶嫁于国君，或下娶嫁于士民，但这似乎只是例外。他们除了正妻（他们的正妻称为"内子"）之外（极少的例外：诸侯与大夫的正妻也可以有两个以上），还有许多妾，多妻主义在贵族社会里差不多人人实行着。他们的正妻需要正式媒聘，至于妾，则有些是正妻的媵女，有些是奴婢升上的，有些是买来的，有些是他人赠送的，有些是淫奔来的，有些甚至于是抢夺来的。不好的妻可以"出"掉，不好的妾自然也可以赶掉，送掉，甚至于杀掉。被"出"掉的妻和妾，同寡妇一样可以随意改嫁。卿大夫们娶再嫁的女子为妻，是丝毫不以为耻辱的。

贞节观念 贵族的女子再嫁在当时人看来真是平淡无奇的事，例如郑执政祭仲的妻曾教导她的女儿道："凡男子都可以做女人的丈夫，丈夫哪里及得父亲只有一个的可亲。"鲁国的宗室大臣声伯把他已嫁的外妹（同父异母的妹）从施氏夺回来嫁给晋国的郤犨。这证明了当时对于女子的贞节是不大注重的，在这里我们再来说一个故事。

当鲁宣公的时候，陈国有一个大夫叫夏征舒。他的母亲夏姬是郑国的宗女，一位著名的美人。她的美名引得陈国的君臣争着与她发生关系，结果弄得君死国亡。夏姬被掳到楚国，楚庄王想纳她做妾，只为听了大夫申公巫臣的谏劝而作罢。执政子反也想要她，仍被巫臣劝止。庄王把她赐给臣下连尹襄老，连尹襄老战死，她又与襄老的儿子通奸了。不料巫臣早想占有这朵鲜花，就暗地派人劝她回到娘家郑国去，说自己愿意正式聘娶她为妻。他用尽了心计，才把夏姬送回郑国。夏姬刚回到娘家，巫臣就派人去提亲，郑君答应了。后来巫臣就乘楚共王派他到齐国去的机会，带了全家动身，一到郑国，就叫副使带了聘物回报楚王，自己却接了夏姬一同逃奔晋国去了。像夏姬这样淫滥的女子，堂堂大国的大夫竟至丢弃了身家去谋娶她，当时也没有什么人批评巫臣的下贱，可见那时人对于女子的贞节观念是怎样的与后世不同了。

但是事情也不可执一而论，我们试再说一个故事。当鲁定公的时候,吴人攻入楚的国都,楚昭王带了妹子季芈等逃走,半路遇盗,险些送掉性命。幸运落在他的一个从臣钟建身上:他把季芈救出,背起来跟着楚王一起跑。后来楚王复国,要替季芈找丈夫,她谢绝道:"处女是亲近不得男子的,钟建已背过我了!"楚王会意,便把她嫁给钟建。在这段故事里,又可见贵族间男女的礼教究竟是比较谨严的。又如有一次宋国失火,共公的夫人伯姬(鲁女)因等待女师未来,守礼不肯出堂,竟被火烧死,这也可以证明当时贵族女子已有守礼的观念了。

贵族间的非礼的男女关系 从较可靠的史籍里看,贵族的女子有师傅等跟着,似乎不能轻易自由行动。又据后世的传说,周公已定下了"礼仪三百,威仪三千"的礼制。但是在事实上,春秋时贵族男女非礼奸淫的事却多到不可胜计:有嫂子私通小叔的,有哥哥奸淫弟妇的,有婶母私通侄儿的,有伯叔父奸淫侄媳的,有君妻私通臣下的,有君主奸淫臣妻的,甚至有子通庶母,父夺儿媳,祖母通孙儿,朋友互换妻子等令人咋舌的事发现。至于贵族男女间自由恋爱的例子也很多,如鲁庄公与孟任私订终身,郑阳封人的女儿私奔楚平王,斗伯比私通邓子的女儿等都是。这可见在春秋时代,非礼的男女关系和婚姻,在贵族之间也都是盛行着的。

中下阶级的自由恋爱 中等以下阶级的男女间的关系,在《诗经》中最可看出:号称周初的诗而实际上大半是西周以后的作品《召南》里有一首《野有死麇》,它叙述一位武士向一位闺女求爱的情形:他用白茅包了一只死鹿,当作礼品,送给怀春而如玉的她。她接受了他的爱,轻轻对他说道:"慢慢地来呀!不要拉我的手帕呀!狗在那里叫了!"(原文:"野有死麇,白茅包之;有女怀春,吉士诱之。林有朴樕,野有死鹿,白茅纯束,有女如玉。舒而脱脱兮!无感我帨兮,无使尨也吠!")这首诗证明了那时的男子可以直接向女子求爱,女子也可直接接受男子的爱。男女们又有约期私会的,如《邶风》的《静女》的作者说:"美好的女儿在城角里等候我,我爱她,但找不见她,使我搔着头好没主意。她送我一根红色的管子,又送我一束荑草,这些东西是何等的好——唉,我哪里是爱的这些,只是它们是美人的赠品!"(原文:"静女其姝,俟我于城隅,爱而不见,搔首踟蹰。静女其娈,贻我彤管,彤管有炜,说怿女美。自牧归荑,洵美且异,匪女之为美,美人之贻。")又如《鄘风》的《桑中》,记着一位孟姜在桑中的地方等候她的情人,又在上宫迎接他;相会过之后,就到淇水上送他回去。我们看那时女子们的行动是何等的自由!她们可以带了酒出去"以敖(遨)以游",她们可以同男朋友坐在一辆车上或并肩行走:这些都还是贵族的女子哩!(《国语》也载晋大夫里克与优施饮酒,优施起舞,对里克的妻说话,这也可见古代贵族男女交际的自由。)

据说郑、卫两国的风俗是最淫乱的。在卫国的诗《邶风》里有一首《新台》,这首诗从前的经学家说是卫国人做了讽刺卫宣公当扒灰老的,这实在是笑话!我们看看这首诗里说些什么话:"新台下面河水瀰瀰漫漫地流着,我们所需要的是美丈夫,可恨只见了许多丑汉!鱼网本为打鱼设的,不料投进了一头鸿鸟。我们所需要的是美丈夫,可恼得到了一个驼背老。"(原文:"新台有泚,河水瀰瀰;燕婉之求,籧篨不鲜。……鱼网之设,鸿则离之;燕婉之求,得此戚施。")这原是一首女子们自由求配偶的戏谑诗歌。大家如果不信,我们可以再举一首《郑风》里的《山有扶苏》:"山上有的是扶苏（一种小树），水边有的是荷华，看不见那美丽的子都，只见到了一个无赖汉！"（原文："山有扶苏，隰有荷华，不见子都，乃见狂且！"）不也是这么一套吗？在《郑风》里又有一首《溱洧》，里面记述的更是热闹："溱水与洧水正在慢慢地流呀，男的和女的手里拿着兰花正在玩呀。她说：'我们一同到那边去玩玩罢？'他答道：'那边已经去过了。'她又说：'再去玩玩也何妨！'他就和她来到洧水之外，这真是快乐的地方呀！男人们和女人们尽说着笑话，采了芍药花，他送了她，她又送他。"（原文："溱与洧，方涣涣兮；士与女，方秉蕳兮；女曰观乎，士曰既且！且往观乎？洧之外，洵訏且乐！维士与女，伊其相谑，赠之以芍药。"）这是怎样美丽的一幅仕女游春图的写真！

但是她们也有时被家长们监视着，《郑风》里就有一首诗记着一位闺女被拘禁的呼声。她嚷着："仲子啊！你不要跳过我的墙！你不要折了我家种的桑！并不是我爱惜这些东西，只因怕我的父母哥哥们说闲话呀。你固然是可爱的，但是父母哥哥们的闲话也是可怕的呀。"（原文："将仲子兮！无逾我墙！无折我树桑！岂敢爱之，畏我诸兄［父母，人之多言］；仲可怀也，诸兄［父母］之言［人之多言］，亦可畏也！"）

他们和她们固然"邂逅相遇"就可以"适我愿"，但是这样容易的结合，自然有许多流弊出来。《郑风》里还有两首诗记着："她循着大路，牵着他的衣袖，对他央告道：'你不要讨厌我呀！旧好是不该轻易忘记的呀！'"（原文："遵大路兮，掺执子之祛兮，无我恶兮，不寁故也！"）这是一位柔弱的女子被男子遗弃时的悲声。"你如还爱我，我就牵了衣裳涉过溱水来会你；你如不爱我，难道我就找不到别人？无赖汉呀你好无赖也！"（原文："子惠思我，褰裳涉溱；子不我思，岂无他人！狂童之狂也且！"）这是一位泼辣妇对她的无情男子的痛骂。

父母之命与媒妁之言　大家读了上面的叙述，不免感到当时中下层社会男女间只有自由的结合而没有较严格的婚姻制度。你们如果有了这种观念，我又要告诉你们：这是错的！他们的确也有较严格的婚姻制度存在着："怎样种麻？先须把田亩横直耕耘好！怎样娶妻？先须禀告自己的父母！""怎样砍柴？非用斧子不可！怎样娶妻？非请媒人不得！"（原文："蓺麻如之何？衡从（横纵）其亩！取妻如之何？必告父母！……析薪如之何？匪斧不克！取妻如之何？匪媒不得！"）在这两段话里，证明了那时的正式婚姻已需要"父母之命"和"媒妁之言"了。请不到好的媒人，婚姻是要"愆期"的。得不到"父母之命"便怎样呢？《鄘风》里载着一位叛逆的女性的呼声道："柏树做成的舟，正在河中飘流；那位头发披向两面的他，才是我的好配偶。我立誓至死也不变心。呵，那像天帝一般威严的母亲！你真太不原谅人了！"（原文："汎彼柏舟，在彼中河；髧彼两髦，实维我仪；之死矢靡它。母也天只，不谅人只！"）她甘心殉情了。

当时有势力的男子为了得不到女子的爱，甚至拿打官司去压迫对方，《召南》里又有一首诗记着一个女子反抗强暴的男子的说话："谁说鼠子没有牙？它已经把我的墙壁咬穿了。谁说你没有财产？竟至于拿打官司来压迫我了。但是无论怎样，我是决不和你同居的！"（原文："谁谓鼠无牙，何以穿我墉？谁谓女无家，何以速我讼？虽速我讼，亦不女从！"）但是有时女子们也很需待男子来求婚,她们嚷着:"梅树的叶子落完了,梅果儿已装满一篮子了。求我的男子们呀,你们可以来提亲了!"(原文:"摽有梅,顷筐墍之,求我庶士,迨其谓之!")看她这样的迫不及待!

私订终身的婚姻　正式的婚姻虽由"父母之命,媒妁之言"而结合,但也有先期由男女双方自己私订终身的。例如《邶风》的《击鼓》记着一位战士和他的爱人在"死生契阔"的当儿订成了婚约:手挽着手,甘心偕老。(原文:"死生契阔,与子成说;执子之手,与子偕老。")又如《卫风》的《氓》诗记着一个女子自述半生的经过道:"呆蠢的他抱着布来买丝;他并不是真来买丝,实在是来和我商量订婚的事。我送他涉过淇水,一直来到顿丘,对他说:'并不是我故意愆期,只因你没有请得好媒人来。请你不要愤怒,我们就在这个秋天订了婚期罢。'"(原文:"氓之蚩蚩,抱布贸丝,匪来贸丝,来即我谋。送子涉淇,至于顿丘,匪我愆期,子无良媒;将子无怒,秋以为期。")在这段话里,使我们知道男女的婚姻可以由双方自己谈判,但是其间也缺少不了媒人。

　　这种半自由恋爱的婚姻也会收到坏结果的。《氓》诗的作者叙述他们订婚之后的情形:"我站在缺墙上远远盼望那从复关里出来的他;看不见他的时候,哭得眼泪汪汪。好容易见到了他,又喜笑,又谈话;据他说:'在卜筮里得到的卦象也不差。'他就用一部车来,把我和我的积蓄一同带到了他家。我在他家里整整做了三年的主妇,吃了不知多少的辛苦;早起晚睡,一刻不得闲工夫,这也算对得住他了;却不料,他如愿之后,渐渐变起心来了,把我遗弃掉。我的兄弟们不知细情,背地里只管冷笑。静静想起来,自己一个人又悔又懊!想起从前,我们小的时候,说说笑笑,海誓山盟,何等要好。

万想不到:会有变卦的今朝;我自己懊悔也来不及了。奉劝天下做女儿的,你们不要再与男子们相好了!男子们的心真是永远不可靠。"(原文:"乘彼垝垣,以望复关,不见复关,泣涕涟涟;既见复关,载笑载言;尔卜尔筮,体无咎言;以尔车来,以我贿迁。桑之未落,其叶沃若;于嗟鸠兮,无食桑葚;于嗟女兮,无与士耽;士之耽兮,犹可说也;女之耽兮,不可说也。桑之落矣,其黄而陨;自我徂尔,三岁食贫。淇水汤汤,渐车帷裳;女也不爽,士贰其行;士也罔极,二三其德。三岁为妇,靡室劳矣;夙兴夜寐,靡有朝矣;言既遂矣,至于暴矣;兄弟不知,咥其笑矣;静言思之,躬自悼矣。及尔偕老,老使我怨;淇则有岸,隰则有泮;总角之宴,言笑晏晏,信誓旦旦,不思其反;反是不思,亦已焉哉!")

娼妓制度的猜测 从西周末年到春秋时商业已相当的发达,娼妓制度恐怕也已有了(娼妓制度照例是随商业的发达而兴起的)。如后世传说"齐桓公宫中七市,女闾七百";战国时商鞅曾"令军市无有女子,轻惰之民不游军市,则农民不淫";后人说"女闾"和"军市女子"就是一种娼妓。也有人不承认这种说法。但我们仍可承认"女闾"等为娼妓之始,因为在《诗经》里已有这样的文句:"如贾三倍,君子是识;妇无公事,休其蚕织。""出其东门,有女如云;虽则如云,匪我思存;缟衣綦巾,聊乐我员(云)。""东门之枌,宛丘之栩;子仲之子,婆娑其下。谷(佳)旦(日)于差(择),南方之原;不绩其麻,市也婆娑。谷旦于逝,越以鬷(众)迈(行),视而如荍(草名),贻我握椒。"这类记载中都隐约有娼妓制度的存在:女人们没有公事而休其蚕织,她们在那里干些什么事?东门("东门"这个地点也可注意,凡《诗》中提到东门的多与男女之事有关)

外为何会有如云的游女？女子们拣了佳日，不绩麻而到南方之原的市上去婆娑作舞，男子们也在"谷旦"聚众的前往，他们和她们怀着什么目标，也就可想而知了。——不过娼妓制度在战国以前，我们毕竟还不曾觅到一种确实的存在证据！

巫儿与赘婿 据后世的记载，齐国有一种特异的风俗：民家的长女不得出嫁，称为"巫儿"，主持家中的祭祀。凡把长女出嫁的，其家不利（案：《诗经》中说"有齐季女"，"齐"就是斋字，是敬的意思；是古人普通以季女主祭事，只有齐国是用长女主祭的）。齐国因有这种风俗，所以又盛行"赘婿"制度：后世相传太公望为齐之"出夫"，淳于髡也为"齐赘婿"，皆可作证（其他各国自然也有赘婿制，但似不如齐国之盛）。

结婚年龄 最后我们还得研究研究古人的结婚年龄。据后世的记载：男子三十而娶，女子二十而嫁，其说未必十分可信。《左传》称"国君十五而生子"，又称"冠而生子，礼也"；古人二十而冠，大约普通男子的结婚年龄总在二十岁以后，女子也似在十五岁加笄以后。而大贵族的结婚年龄似乎要比较的早些。

礼制 在从前私塾教育的时代，我们做小孩子时初读《左传》、《礼记》，那威严如天帝的老师，一手拿着戒尺，一手指指划划，嘴里天花乱坠似地讲说那古代的礼制，那时我们真忘了头上栗凿的痛苦，而深深羡慕这揖让庄严的礼教社会，仿佛亲自在玉帛俎豆间周旋着似的。这种有趣的印象，一直到现在还刻在我们的头脑里，无怪乎二千年来的孔夫子要说一句"周监于二代，郁郁乎文哉，吾从周"的话了！但是我们现在知道那"郁郁乎文哉"的礼教社会，只是当时的贵族阶级的领域；他们有农奴替他们劳动，吃饱了饭，一天到晚没事做，所以尽闹着种种的空场面，留下痕迹来，给后人玩想追吊。可怜当时的平民哪里领略得到礼仪的趣味呢！据记载，周公制礼，"礼仪三百，威仪三千"，它的细密的情形，在现存的《仪礼》这部书中还可以想象出来。重要的仪制，除了婚、祭二礼我们另有专论外，现在再拣那略可考据的叙述如下：

冠礼 （一）冠礼。古代贵族阶级的男子到二十岁开始算做成人，由父母替他请宾加冠（在未加冠的时候，或把头发剪短，披向两面，叫做"两髦"；或把头发打成小结，叫做"总角"），在宗庙里行礼。加冠共分三次：初次加缁布冠（黑色的布制成的），次加皮弁（白鹿皮制成的），又次加爵弁（红黑色的布制成的）。加冠以后，又由宾替他取字（如孔丘字仲尼，卜商字子夏；字和名在意义上总是有联带关系的，不管是正是反），此后便算成人，可以出来与社会交际了。女子到十五岁也要加笄（安发的簪），加笄以后便算成人。

相见礼 （二）相见礼。古人初次相见，必须请第三者介绍。去见人的人必须向所见的人行贽礼，"贽"就是见面时赠送的礼品：大贽用玉帛，小贽用禽兽果脯等物（男贽用玉帛禽鸟，女贽用果脯之类）。见面时，宾主揖让，礼节颇繁。相见后又有主人拜宾还贽之礼。

乡饮酒礼 （三）乡饮酒礼。这是居乡聚会之礼。行礼时，有主，有宾，有介（副宾）。由年纪最老的人做大宾，饮酒奏乐，揖让周旋。据说这是表明"尊长养老"的意思。由国君召集大夫士开宴会叫做"燕礼"，据说燕礼是明"君臣之义"的。

乡射礼 （四）乡射礼。乡饮酒之后多行此礼。射鹄设在堂下，比射的人一对对地揖让升堂，揖让下堂；在堂上比射，比输的人在堂下饮罚酒。周旋礼仪也很可观。孔圣人对射礼曾批评过一句

"其争也君子"的话。由国君召集大夫士比射的礼,叫做"大射",典礼格外隆重。射礼之外,还有一种"投壶"礼,是宾主用箭投射壶中,中者为胜;这些都是古人尚武的遗习。

聘礼 （五）聘礼。诸侯派使臣到友邦去问好,叫做"聘礼"（天子有时也派使臣聘问诸侯,诸侯也派使臣聘问天子）。聘礼与朝礼一般,必有贡献,大致用玉帛之类。聘使在本国君主前受了隆重的任使的礼命;到了所聘的国,先受那国君主的慰劳,然后在那国的宗庙里献币行礼。聘后又有宾主宴会与主君赠贿之礼。

朝觐礼 （六）朝觐礼。诸侯朝见天子,叫做"朝觐礼"。据说行朝礼时,天子朝服依屏南面受礼,诸侯北面拜见。朝后也行宾主享礼。春秋时,小国诸侯对大国诸侯也行朝礼,其制度不可详考,大致礼数较为平等。晋文、襄二公做盟主的时候,曾定下"诸侯三岁而聘,五岁而朝"的制度。此外天子诸侯间又有盟会之礼:"盟"是相会结盟;"会"是以时相会而不结盟。盟会都有主持其事的盟长,大抵是上国和大邦充任的。

丧葬礼 （七）丧葬礼。丧礼是古人所最重视的礼,记载最多,虽然不可靠的居大部分,但是大致的情形还可以想象出来。据说凡有病将死的人必须睡在正屋的北墙下,死后移到牖下。刚死时,由一个人拿着死者的衣服上屋向北面招魂三次,下屋时由另一个人把这衣服盖在死人的身上（这衣服是不用以袭敛的）。于是设奠,赴告,受吊,男女聚守按时哭泣,和后世的丧礼差不多。小敛在户外,大敛在阼阶。小敛后移尸堂前,大敛后入棺过若干天,筮择圹地;营筑之后,卜期葬埋。

殉葬用的器物有"明器",明器是一种只具式样而不能实用的东西。明器以外也用其他的日用的器物殉葬（死人口中含着珠玉叫做"含")。高等的贵族有时甚至于拿活人活物去殉葬;也用草木之类制成的假人做从葬的仪卫,这叫做"刍灵"(草人)和"俑"(木偶)。古时棺之外又有椁,椁是棺的外套;据说贵族的棺椁有好几重的。又古时只有平葬的"墓"而没有高葬的"坟";坟是后起的制度。孔子曾因自己是四方奔波的人,恐怕过了多年回来要忘记,所以替他父母筑了高坟作为标记。

丧服的制度,据后世的记载也是非常的细密,但十之八九是不足信的!真实的情形,需待详细的考证,现在不能乱说。大抵古时也和后世一样居丧穿着素服。丧服用粗麻布或葛布等制成,制度有轻有重。当时各地各阶级的制度都不相同:有的地方丧服较重,丧期较长,有的地方较轻、较短,并无一定。后来的儒、墨等家派各据一时一地一阶级的制度,加以附会,自以为是古先圣王的遍制,后人上了大当。二千年来,丧服的制度越说越乱,到现在还理不清楚。(《左传》中记齐晏桓子死,他的儿子晏婴穿着不缉边的粗麻布衣和草鞋,束着粗麻袋,手里拿着丧杖,吃着稀粥,住着倚墙的庐屋,睡着草编的席子,枕着草:据说这是士的居丧的礼节,但不知可信否?)

奇怪得很:记礼的书虽多,古时的礼俗竟不可详考。除了上述的几件大礼以外(上面所叙的也未必完全可靠),古时人平日居家还有许多的仪节。但这类仪节,既琐碎,又真伪杂糅,恕我们不加赘述了。又古时庶民阶级的礼俗的详情,我们也已无法知道,只好暂时阙疑。好在那时人是说过"礼不下庶人"的。我们现在且先说说那时人的衣、食、住、行和娱乐:

衣服 古时人穿衣,上面是衣,下面是裙,裙叫做"裳"。据说只有一种"深衣"(简便之服)是上下衣裳相连的。衣裳之间有带

（大带用丝叫做"鞶"，革带用皮），以资束缚。礼服的前面又有皮制的蔽膝，叫做"韍"或"韠"或"韐"，大贵族的韍是红色的。又有包束足胫至膝的"邪幅"，叫做"偪"。内短衣叫做"襦"，长衣内塞绵的叫做"袍"，不加绵的叫做"衫"。下体近身的叫做"裈"，有袴褊的叫做"袴"（不缝裆），也叫做"褰"，雨衣叫做"制"。男子头上有冠，女子头上有笄（冠笄外又有巾）。贵族的男子身上佩有玉器和刀剑等（玉是宝器，当时人非常珍重，所谓"匹夫无罪，怀璧其罪"，可见一个平民［匹夫］连藏一块玉的权利都没有的）。头上有摘发的"揥"（象骨所制），耳旁有当耳的"瑱"（玉石所制），悬于冠上。贵族的女子除佩玉和"揥"、"瑱"之外，又有"副"（祭服的首饰，用发编成的），"珈"（玉制的首饰，加在笄上的），"髢"（假发）等首饰。那时人的衣裳和现在人一样，是用布帛做成的。布帛的质地最普通的便是麻丝。贵族们的衣裳上，绘有彩画，织有文绣（所画所绣的是日、月、星辰、山、龙、藻、火之类，最有名的是"黼黻"：白黑相间的叫做"黼"，青黑相间叫做"黻"）。他们的礼服最是讲究，普通的礼服唤做"端委"，最大的礼服叫做"衮"，其制度一时也说不完。平民们所穿的衣只是粗毛布所制，叫做"褐"。最贫贱的人甚至于"无衣无褐"。人们冬天所穿的有绵（丝绵）衣和皮衣，皮衣是用狐、貉、羊、鹿、熊、罴等皮制成的。（古裘衣皆如今之反著，外加衣以掩之谓之"袭"，开衣露其裘谓之"裼"。）大贵族穿着"锦衣狐裘"。睡时有"寝衣"和"衾"（被）、"裯"（帐）、"枕"等。斋戒时又有"明衣"（是布制的）。冠也用布帛或鹿皮等制造，冠上下垂的有"缨"有"緌"，两条丝线结于颐下叫做"缨"；有余垂之为饰，叫做"緌"。有盖板的帽叫做"冕"，以木为质，外加布套，上玄下朱，前俯后仰，这是大贵族所戴的礼冠；冕上悬有珠玉小颗，叫做"旒"。据记载：帽大致有冕、弁、冠三等，其制度之详也已不甚可考。平民种田放牧时御雨蔽日戴的有"笠"（贵族有时也戴笠），大抵是竹做的。穿的有"蓑"，大抵是草做的。鞋料普通用葛布，冬天有穿皮毛的鞋的。大贵族的鞋也用红色，有的以"金"为饰，叫做"金舄"。平民们大致穿着草鞋或木屐。鞋是用在户外的，进户时把鞋脱在户外，出户时才再着上。那时人也穿袜子（用皮制的），但见君时要把它脱去。男子们打仗时所穿戴的有甲胄等。甲胄是用犀兕等皮制的，外涂丹漆。女子们讲打扮的是"绿衣黄里，绿衣黄裳"和"缟（白色）衣綦（绿黑色）巾"；用膏沐发以求光泽；或把鬓旁的短发向上卷起，以求美观。至于粉、黛和胭脂等等，那时候还没有盛行。奇异的服饰是那时人所禁忌的，如郑公子臧好聚鹬冠（鹬鸟的羽毛所作的冠），为郑君所恶，派人把他杀了。

饮食 古人的食料，和现在人所吃的也差不多，他们通常所吃的饭，是麦米和菽豆等（当时以粱米为贵食，所谓"食必粱肉"，是很奢侈的事）。吃的菜：荤的有牛、羊、猪、狗、兔、鸡、鱼、鳖等肉（牛最贵，羊次之，猪、狗、鸡等又次之，鱼、鳖为下），最著名的美食是熊掌；素的也有各种菜蔬。平民们寻常吃素，贵族和老人们才得吃肉。贵族平民都以羹为常食。盐、酱、醋等在那时也已发明。另外还有一种糖浆，叫做"饴"。盐、醋等之外，又用梅子作调羹的作料。姜、葱、韭等也是那时人日常必用的食物。喝茶的风气还不曾有，他们所喝的：冬天是热汤，夏天是凉水。娱乐交际的食品则有酒和果脯等。

居住 最古的人穴居住在山洞里，或巢居在树木上，到后来渐渐知道建造房屋。较早的屋子是用茅草或木板盖成的。至迟到周代,已经有了瓦屋。周代贵族阶级的屋子,大致分为两种:一种叫做"路寝",一种叫做"小寝"(庶人只有一寝);又有所谓"高寝",其制度之详我们不知道。据近人所考,"寝"的制度,似是前"堂"后"室","堂"的左右有"厢","室"的左右有"房",堂后和堂前有庭,和现在的屋子也差不多。室里有牖(穿壁以木为交窗叫做"牖"),室外有门户,屋外有檐,有墙,有大门。堂下有两道阶:在东边的叫做"阼阶",在西边的叫做"宾阶";宾客进门时,主人迎入,自己从阼阶走上去,宾客从宾阶走上去,互相揖让行礼。屋内布席和几筵("筵"就是席之长大者)。屋外又有园囿之类。娱乐的地方更有各种台榭。又当时行大家族制度,所以筑起室来,常常是"百堵"。贫贱的人所住的屋子,是"筚门圭窦"(柴门小户)的。打仗时人们所住的则有营幕。西周以来,贵族们已有"如翚(雉鸟)斯飞"的飞檐式的房屋,春秋时的诸侯更有了长"数里"的宫馆。但雕墙画栋之类,仍被视为奢侈之事的。又当时席地而坐,用几凭依,睡时则用"床"。

交通 古时的交通不方便,道路的修筑自然很简陋。大概城中必有大道,城外也有通路。水上有桥(有时搭船为桥)。在要道上设有旅舍。路旁有表道的树。周室为当时天下的共主,在西周的时候;已建筑有像砥(磨刀石)一般平、像射出的箭一般直的"周道",那是给贵族们走的,平民们只有望望的份儿而已。交通的工具,大致陆地用车(有服牛、乘马、人挽三种),水道用船或筏。有要事时有驿车,唤做"传"或"驲"。据记载:大禹"陆行乘车,水行乘船,泥行乘橇(形如木箕),山行乘檋(大致是一种木制的轿)",那末古代的交通工具种类也很多了。但庶人出外是步行,而且要自己带了粮食。又北方水浅,少有桥梁,人们过小河的时候,往往用牵衣涉渡的方法。

娱乐 古人娱乐的事情不多,大致饮酒奏乐,就是唯一的大娱乐了。如郑伯有好酒,造了一所"窟室"(地下室),全夜饮酒奏乐,结果竟致丧身之祸。男女们驾车出游,也是一种消遣的方法。贵族阶级特殊的娱乐有所谓"女乐",是女子的歌舞队。又有"优戏",多用于祭祀时。贵族们在幽美的园榭里,喝着老酒,听着音乐,左拥右抱,其乐无极。有时在家里玩厌了,又可以出外游散,打猎,以解烦闷。平民们一年到头忙碌着,只有在农闲的时候才偶有喝酒吃肉欢呼聚乐的机会。演戏和娼妓,战国以前虽似乎也已有了,但行用还不普遍。又当时已有博弈的事,孔子曾贬斥"饱食终日,无所用心"的人还不如"博弈者"好。

各地风俗 古时各地方的风俗,也略有可说的。据后世的记载:秦地的人好稼穑,务本业;又以气力为上,以射猎为先。河内殷虚一带的人性质刚强,多豪杰;喜相侵夺,薄于恩礼。晋地的人深思俭陋。周地的人巧伪趋利,喜为商贾。郑地的人男女聚会,风俗淫乱。陈地的人尊贵妇女,喜欢祭祀。晋北戎、狄等地的人悲歌慷慨,好作奸巧。齐地的人舒缓迂阔,奢侈夸诈。鲁地的人长幼相让,上礼义,重廉耻。宋地的人性质重厚,多君子;好稼穑,喜储蓄。卫地的人性质刚武,风俗淫乱。楚地的人懦弱偷生而无积蓄;信巫鬼,重淫祀。汝南一带的人性格急剧,有气势。吴越的人好勇轻死。这些话虽是汉朝人所记,其中似包有战国以至秦汉时的情形,但战国以前的民俗也可于此见其大略了。

第三章　从西周到春秋时的政治制度和宗教学术

人口　要研究周代的政治制度，最要紧的是先弄明白当时的地方制。要研究那时候的地方制度，先须研究那时候的人口。战国以前的人口数目是极难考核的，据我们的推测，大约最大的都邑不过一二万户（一户大致五口），最小的县邑或许有不满百户以至于只有十户的。至于中等的都邑，大致在几百户以至一二千户之谱。若问当时全中国的人口究竟有多少，我们却苦于无法回答（大略估计起来，或许有一二千万之谱）。《左传》里记着两件故事：当鲁闵公的时候，狄人攻破卫都，卫都的男女遗民逃出的只有七百三十人，添上了共、滕两邑的居民，刚凑满五千人，就以这些人口草创新国都了。这可见春秋初年中原人口的稀少。《论语》记孔子到卫国去，看见卫国的人口，曾说过一句"庶矣哉"的话，可见卫国在当时还算是一个富庶之区哩！虽然这已是春秋晚期的事了。又鲁僖公的时候，秦、晋之际的梁国多筑城邑而没有人民去充实它，秦国便乘其虚而取其地，这也可证明那时人口的稀少。春秋时尚且如此，则西周时更可想而知，所以西周灭亡时，诗人会有"周余黎民，靡有孑遗"之叹了。

古代土地的荒芜　明白了古代人口的稀少，就可知道古代地方制度简陋紊乱的原因了。周代的中国，不曾开辟的地方正不知有多少；当时的所谓"蛮夷"之区不必去说它，就是中原（那时人称为"中国")之地未开辟的所在也到处都是。例如郑国在西、东周之交东迁到现在郑州的附近，还是"斩之蓬蒿藜藿而共处之"的，郑地正当中原的中心，在东周之初，还是这样的荒凉。郑的东邻是商代王畿一部的宋国，而到春秋之末，宋、郑之间还有隙地六邑，两国都不占有，后来宋有叛臣奔郑，郑人在那里筑了几个城，两国因此发生战争，结果仍以六邑为虚。这又可见那时各国间瓯脱地的广大。又姜戎为秦人所逐奔晋，晋君赐给他们南鄙的田，后来戎人说那块地方本是"狐狸所居，豺狼所嗥"的，因诸戎的"除翦其荆棘，驱其狐狸豺狼"，才能够住人。晋的南鄙靠近黄河，也是中原之地，而竟也荒芜如此。又秦、晋迁陆浑之戎于周的伊川，也可见伊、雒一带本有荒地。那时的中原尚且这样荒凉，其人口之少，地方制度的简陋，可不繁言而解了。

都鄙制　战国以前普遍的地方组织，大致是这样：人民聚居的地方唤做"邑"，邑的大小范围没有一定，有的有城垣，有的没有。大而有城垣宗庙的唤做"都"，都大致是列国大夫的封邑或重要的城镇。诸侯所居的首都唤做"国"。国、都、邑，是那时列国大小城镇的三层等级。天子所居的首都唤做"京师"，"师"是军队所驻的地方的专称，"京"是高大的意思。国都以外的地方也统称为"鄙"，鄙中有邑和县。"县"和"邑"是差不多的组织（这"县"和后文所说的"县"略有不同）。

城外有郭（外城），大致城外郭内的地方唤做"乡"，郭外唤做"郊"，郊外唤做"遂"；又有"牧"、"野"等名目，也是指城乡外的地点。

地方上的小组织，有"邻"、"里"、"乡"、"党"、"州"等名目，其详细的区划已不可确知。大致是以家为本位，合若干家为一邻，合若干邻为一里，合若干里为一党，合若干党为一乡。州大致是与里差不多的地方组织。

县郡的原始 春秋时，秦、楚、晋、齐、吴诸大国内又有一种新起的地方制度，那便是后世所称为秦始皇帝创制的郡县制。在后世所称为周初的书《周官》和《逸周书》里已有"郡县"的名称，是一种国都郊外地域的区划。有的说若干家为一县；有的说千里内立百县，一县内有四郡。据《逸周书》说，县也有城垣，大的当国都三分之一，小的当国都九分之一。《齐语》上也记管仲治齐定国都外九千家为一县。《周官》又有"县师"等官职，这些记载虽不可尽信，但可从中看出县郡名义的原始——县和郡本是国都外的地方区划。从铜器铭文和《左传》、《国语》、《史记》等书观察春秋时的县郡制，则有如下的一些记载：

秦国的县郡 秦武公十年（鲁庄公六年），秦人灭邽冀戎，设为县属。十一年，又把杜、郑两国并为县属。鲁僖公九年，秦人纳晋惠公，惠公对秦使说道："秦君已有着郡县了。"以上是秦国有县郡制的证据。它大约创始于春秋初年。

楚国的县 楚文王立申俘彭仲爽为令尹，并申、息二国为县。申、息之灭在鲁庄公时，可见楚国的县制也大约创立于春秋初年，与秦国不甚先后。

鲁宣公十一年，楚庄王攻破陈都。想把陈国改为楚国的县，后来听了大夫申叔时的话才作罢；当他责备申叔时不贺他破陈的时候，曾说道："诸侯县公，皆庆寡人。"可见楚国的县长是称公的。

宣公十二年，楚庄王破郑，郑伯哀求庄王道："你如肯不灭郑国的社稷，叫郑国改了礼节服事你，等于你国内的九县，那就是你的恩惠了！""九"是多数的意思，可见那时楚国的县已很多了。

鲁成公六年，楚兵伐郑，晋兵救郑侵蔡，楚将公子申、公子成带了申、息两县的兵救蔡，与晋兵相遇。晋将说道："我们起了大兵出国，如只打败楚的两县，很不值得；如还打不败他们，那更是耻辱了。"楚国申、息两县的兵力已足与一个大霸国开战，楚县之大而富于此可见了。

鲁襄公二十六年，楚、秦联军侵郑，楚将穿封戌俘获郑将皇颉，楚王的弟王子围（后来的灵王）和他争起功来，由大臣伯州犁做公证人，他对着俘虏把手上抬指着王子围道："这是寡君的贵弟。"又把手放下指着穿封戌道："这是方城外的一个县尹。"那么，楚的县长又称"尹"了。

鲁昭公八年，楚人灭陈为县，命穿封戌为陈公。十一年，晋叔向道："楚王讨陈，号称安定陈国；陈人听命，他就把陈并为属县。"是年，楚王又灭蔡，在陈、蔡、不羹等地方筑了大城，命公子弃疾为蔡公。十二年，楚灵王在州来阅兵，很骄傲地对臣下说道："今我大城陈、蔡、不羹，赋皆千乘，诸侯其畏我乎？"楚的大县的赋有千乘之多，几乎可以与当时的一个次等大国相比并了。——以上是楚县的记载。

晋国的县郡　鲁僖公三十三年，晋兵破白狄，晋将郤缺斩获白狄子，晋襄公赏给荐郤缺的胥臣以先茅（人名）之县。这是晋县见于记载之始，在此以前晋国当已有县制了。

鲁宣公十五年，晋将荀林父灭赤狄潞氏，晋景公赏给保奏荀林父的士贞子以瓜衍之县。

鲁成公十三年，晋侯派吕相断绝秦国的国交，曾说秦人"入我河县",这"河县"不知是一个县名,还是近河的县?

鲁襄公二十六年,蔡臣声子对楚令尹子木说:"伍举在晋,晋人将要给他县,以与叔向相比。"

襄公三十年,晋平公的母亲悼夫人颁赏食物给替她母家杞国筑城的役人,其中有个绛县人因为年老无子,也去受食。大家问起他的年纪,已有七十三岁。执政赵孟就问绛县的县大夫,知道这老人本是他的属吏,当下就召这老人来当面谢过,分给他田,命他为绛县的县师,而把他的上司舆尉废了。在这段记载里,可以知道晋国的国都也立为县(绛是晋的国都),"县师"的官职在春秋时也有的。不过这条材料颇为可疑,或是汉人的记载。

鲁昭公三年,晋侯把州县的地方赐给郑臣伯石。这州县本是栾氏的邑,栾氏出亡,范、赵、韩三家都想把它据为己有。赵家说:"州县本属于温,温是我家的县。"范、韩两家说:"州县从别属郤氏以来已传了三家了,晋国的别县(大县的分县)并不止州一个,大家都不能把从自己食邑里分出去的县收回。"赵家听了这话,只得罢了。到了赵家当政,又有人劝他乘机收取州县,赵文子说:"我快要不能治我自己的县了,要州何用?"韩家就乘赵家放弃的机会替伯石请得了州县的赏。七年,郑执政子产替丰氏(伯石后人的氏)把州县归还晋国,晋侯又把它赐给韩家;韩家因自己先前说了过度的话,不好意思自取,就把它向宋臣乐大心换得原县的地方(也是晋国赐给他的)。在这段记载里,又可以看出晋县往往是大夫的封邑;小县有从大县分出的,分出的原因有些是因为给别个大夫做封邑了;又大夫可以统治自己的县;国内的县并可以赐给别国的臣子做封邑。

昭公五年，楚灵王想刑辱送女的晋大夫韩起和叔向，大夫蘧启疆对他报告晋国的实力，道："韩家所属的七邑都是成县（大县），晋国如失了韩起和叔向，他们必定尽起十家九县的兵力九百乘来报复，其余四十县四千乘的兵力作为后备，那就了不起了！"在这段话里又可看出晋国的大族可以有数县的食邑，大县每县有一百乘的兵力，那时晋国全国的大县共有四十九个。

二十八年，晋国灭掉祁氏和羊舌氏，把祁氏的田分做七县，把羊舌氏的田分做三县，各立县大夫。这又可见晋县愈分愈小，大约是大夫分赃的结果。

鲁哀公二年，郑兵替齐人转送粮饷给晋的亡臣范氏，晋将赵鞅带兵与郑兵在铁地开战，赵鞅下令道："打胜敌人的，上大夫受一县的赏，下大夫受一郡的赏。"在这两句话里证明了晋也有郡制，但比县下一等。

《战国策》记知过劝知伯破赵之后封韩、魏的臣子赵葭、段规各以一个万家的县。这条记载如可信，则春秋、战国之间，晋县的富庶已很可惊了。——以上是晋国县郡的记载。

齐国的县 齐县除见于《国语》之外，又见于铜器铭文。《齐侯钟铭》记齐灵公把釐（莱）邑的三百个县赐给一个唤做叔夷的人，又命他治理釐邑。这证明了齐县是极小的，一邑之内已有三百个县，三百个县可以同时赐给一个人。查《论语》记管仲夺伯氏骈邑三百，这所谓"三百"当也是三百个县（小邑）。又铜器《子仲姜宝镈铭》记齐侯赐给一个唤做鼟叔的人二百九十九个邑。这邑也极小，与"其县三百"的县差不多的大（《齐语》说三十家为邑，《论语》也有"十室之邑"的话，当即指这种小邑）。

《晏子春秋》记齐桓公赐给管仲狐邑与谷邑十七县的地方。《说苑》又记景公赐给晏子一个千家的县,这类记载如可靠,则齐县确也有较大的了。总之,从铜器铭文和古书记载看来,齐国的县制是特别的,实在还没有脱离乡鄙制度的规模。

吴国的县郡 吴国的县郡制见于《史记》。王余祭三年(鲁襄公二十八年),齐相庆封奔吴,吴国给他朱方之县,富于在齐之日。大约吴国的县也颇不小,鲁哀公十一年,吴王夫差发九郡的兵伐齐。吴国的郡当也不甚小。它的县郡制当是摹仿晋、楚而来的。

县郡制结论 综合上面的叙述,所得的结论是:县郡本是国都郊外的区划,秦、楚、晋、齐四国在春秋初年因开疆辟地的结果,开始有较正式的县制,秦国并有郡制。楚县最大,大致都是小国所改;晋县次之,大致都是都邑所改;齐县最小,大致是从乡鄙改的。秦县的大小,当在楚、晋之间。楚、晋、秦的县是独立的区域;齐县则大致是附属于邑内的小组织。楚和秦的县郡似直隶于君主,晋、齐、吴的县则多是大夫的封邑。至少春秋的晚期,晋国也已有郡制的存在,但郡似较县为小。吴国则在春秋晚期也摹仿晋、楚创立了县郡制度。我们以为县郡制就是创立于周代西周以后的春秋时代的。后世的记载或说周代以前已有郡县制,那决不可靠!

城邑建筑 战国以前城邑建筑的形式和范围记载不多。据说周室建筑东都雒邑,范围很广,内城大有九里见方,面积共八十一方里;外郭大有二十七里见方,所包的整个面积共七百二十九方里。其说似涉夸诞。列国的邑城,据说不得过五百丈(两里多)或三百丈(近一里半),至多得国都的三分之一,那末列国的国都大致是四五里以至六七里见方了。其实是有更小的存在。又据说邑城分为三等:大邑约得国都的三分之一,中邑约得国都的五分之一,小邑约得国都的九分之一；这一说如可信，那么，最小的邑城还不到一里或半里呢！

城的作用是保卫封土（国界上有"塞关"以为分界）。大致国君卿大夫和他们的卫士军队等都住在城的中央，沿城四围和郭内以及大道旁是工商们的居处。农民则大部分住在城外。城的当中有朝廷、宗庙、府库、仓廪、社（祭土神的）、稷（祭谷神的）坛以及国君和卿大夫们的宫室等的建筑。此外又有给外来的国君和使臣们住的客馆。城郭外有护城池，上面有桥，大约是可以随时抽动的。城郭的入口有可以开闭的城门，城下有水窦。又有可以升降的悬门（闸）。门外有曲城，叫做"闉"，其上有台，叫做"阇"。城上有陴，或作堞，是城上的短墙。城的四面和四角又有高楼，都是用以登临守御的（城之外，又有防堤以防御水灾）。

田税 明白了古代的人口和地方制度，便可进一步讨论到赋税制度。战国以前的赋税制度，很不容易明了。据研究，古代的取民之法略分四项：一种叫做"税"，是征收土地上的收入。一种叫做"赋"，是征收马牛车甲等军用品。一种叫做"役"，是征用人民的劳力。一种叫做"征"，是征收商业上的收入。关于土地的"税"制，最有疑问。据我们的考究，古代的自由农民并不很多，大部分的农民都是农奴，中国古代农奴的收入似是全部送给地主而由地主担任其生活的，所以根本无所谓租税。至于少数的自由农，似乎是要缴纳田税给政府的。贵族们对于政府，似乎也要贡税。他们缴税的制度统称为"彻"。"彻"究竟是怎样的一种制度，现在已不能确知（据从前人说是什分征一的税制）。我们先从字面上略加研究：查"彻"字有开辟的意思，如《诗经》说："度其隰原，彻田为粮。"便是说，视察低平的原地，开辟为田以资粮食。又说："王命召伯，彻申伯土疆,以峙(积)其粻(粮)。""王命召虎,式辟四方,彻我疆土,……于疆于理,至于南海。""彻"也是一种疆理开发的意思。又"彻"字还有通贯的意义。综合看来,"彻"制或许只是一种开辟疆土遍通收税的办法。其例并无一定。《国语》里记孔子的话,说:"先王制土,籍(税)田以力,而砥(平)其远迩(以上两语指"助"制)。……其岁收:田一井,出稯(六百四十斛)禾(小米),秉(一百六十斗)刍(草),缶(十六斗)米,不是过也。"据这条记载,我们的意思,认为古代的税制:每田一井(据旧说即方一里)最多不过岁收六百四十担的小米,十六担的草,一担六斗的米(古代的斗量与现在不同,留待详考)。而远近的税收又不相同,这就是所谓"彻"制罢,然其详确已不可考了。《国语》又说:"公食贡。"大约国君的收入是由贵族和自由农等进贡的。又说:"大夫食邑。"大约卿大夫的收入便是他们采邑土地上的税收(他们也有"食田",与士一样)。又说:"士食田。"大约士的收入便是自己田地上的出产。《诗经》说:"雨我公田,遂及我私。"或许古代竟有一部分田地实行着"助"制,所谓"助"乃是人民出力助耕公田,即以公田的收入作为租税(但这种说法很有问题,参看上章)。总之,周代的税制其详已不可得闻了(山泽等的收入,如木材鱼盐之类,恐也有税征,其详也不可考)。

军赋 关于"赋"制,可靠的材料也少。大致若干家出马牛若干匹,车若干乘,甲胄兵器等若干具,兵士若干人,其详也全不可考;战国以后人的记载是决不足征信的。

力役 古代力役之征,制度如何,也无确实可靠的记载。据说:"凡起徒役,毋过家一人。""国中自七尺(二十岁)以及六十,野自六尺(十五岁)以及六十有五,皆征之。"至于役期,更无一定。战争和城筑用民之力最多,古人常说"无夺农时","使民以时",古代人口甚少,劳力之征确是很成问题的。

商征 商业的"征"税,最古是没有的。后来大致有"廛"征,是征商场的税;"市"征,是征市场的税;"关"征,是征商货出入关口的税。这三种税,或征其一,或征其二。至工业有无税制,没有确实的记载可考,想也有些征收的。

赋兵制 周代的兵制也不可详知。大抵是寓兵于"士"和"民"的。"士"本是武士,他们的唯一事业便是习武打仗。至于普通人民,据说平时三季务农,一季演武,又在四季农闲的时候举行狩猎以讲习武事。三年大演习一次。遇到战事,便征士民为兵。至于平时国家的常备军大约就是些武士之类。

军队组织 周代的军队组织,记载既凌乱,又缺乏。据较可靠的《齐语》的记载,管仲所定的保甲制是:五人为一伍,十伍(五十人)为一小戎,四小戎(二百人)为一卒,十卒(二千人)为一旅,五旅(一万人)为一军。这种记载至少可信为当时列国军队组织的一种影子。又据记载,车战:十五乘为一广,二十五乘为一偏,二十九乘为一参,五十乘为一两,八十一乘为一专,一百二十乘为一伍。这种制度也是"其详不可得闻也"!

军队数量 那时列国的军队似乎有公室的、世族的、地方的之分;详细的分配,记载无征,我们没有胆量敢随意乱道。至于列国军队的多少,据记载:天子六军,大国三军,次国二军,小国一军。其实春秋时最大的侯国早已有超过三军定制的了。关于一军的人数,我们以为并没有一定。旧说万人左右为一军,这大致是通常的数目。但如春秋晚期晋、楚等大国的兵力,据我们考证,至少在十万以上,那就决非旧说三军以至于六军所能包括的了。

战车之制 战国以前用兵少称人数,多称车乘。每一乘的人数究竟有多少,说法也不一致。据《司马法》所记载的一说:一乘共甲士十人,步卒二十人。我们考证的结果,这种说法是大致可信的:一乘的人数,连乘车者和步卒(每乘的甲士和步兵的分配似乎没有一定),确是三十人左右。我们的依据是《诗经·鲁颂》称颂僖公的兵威:"公车千乘,公徒三万。"《齐语》记桓公时齐国的兵力是三万人,八百乘。三万是举大数而言,则每乘的兵士约有三十人。又春秋时人常说千乘之国,千乘是大国,大国三军,据旧说一万人左右为一军,那末一乘自当有三十人之数。不然的话,据或说十人为一乘(这种说法是误解了各种记载),那末千乘只有一万人,当时一个大国的军队似乎不止此数。

每乘兵车上的主力人员大致是三人:在左边的叫做车左,掌管射箭;在右边的叫做车右,掌管持矛应战;在中间的是车御,掌管御马驰驱。但主将的戎车,却是将帅居中击鼓,御者居左,持矛居右。至于君主的车乘,因为当时某种习惯把左首当作上首,所以君主居左,御者居中,持矛居右。又一乘兵车上的主力人员,有时也不限于三人;有所谓"驷乘",是四个人为一车上的主力,用以增加战斗的力量的。至一乘兵车所驾的马,大致是以四匹为常度。

徒兵 戎车之外的步卒,有的杂在车队里;有的单以步卒组织成军,这便是所谓"徒兵"。春秋时中原列国的徒兵,有名的有晋、郑两国。《左传》记载鲁隐公四年,宋、卫诸国联军把郑国的徒兵打败。又载襄公元年,晋国合诸侯的兵伐郑,又把郑的徒兵在洧水上打败。这是郑国的徒兵。郑国的徒兵大致是很有战斗力的。至于晋国,则有所谓"行"的组织。鲁僖公二十八年,晋文公作三行以御狄；因为戎狄多是步兵，所以抵制他们的也用步兵。鲁昭公元年，晋国与无终和群狄在太原地方开战，将帅魏舒主张毁车为行，这"行"也便是步兵的名称。至于戎狄等部落与他国交战，自是多用徒兵或骑卒，这因为他们的居处多在山林，行车不便，而文化又落后，备不起车乘的缘故。但在周初，周人与戎狄的国家鬼方开战，俘获车乘至百两之多，这证明了进步的戎狄已知用车乘作战了。

水军 南方的吴、越等国也多用步兵或舟师应战。鲁成公的时候，晋国派楚的亡臣申公巫臣通使于吴，开始教吴人乘车和战阵，这使楚国的地位大受影响。但此后吴、越的战争用戎车仍旧不多；便是楚国御吴，也多用步卒或水军。鲁哀公十一年，吴、鲁联军伐齐，俘获齐车八百乘，统归鲁国所有，这是吴人不甚需要车乘的证据。

战阵 各国的战阵也有许多名目，如郑有"鱼丽之阵"，以二十五乘兵车当先，五名步卒随后，为一队，卒承车的缺隙以为弥缝。这是一种很坚固的阵势。卫有"支离之卒"，是一种分散的阵势。楚有"荆尸"之阵，在军队里参用戟队。吴有"方阵"，以百人为一彻行，百彻行为一方阵，是用以威胁敌人的。越有"勾卒"，是三军外的游击队，用以引诱敌人的。此外宋华氏又有"鹤"阵和"鹅"阵，其制不知怎样。鲁昭公元年，晋、狄太原之战，晋人改车为卒，设立相丽的五阵，有"前"、"后"、"右角"、"左角"、"前拒"的名目。襄公二十三年，齐侯伐卫，顺道伐晋，把军队分为六支，有"先驱"（前锋军）、"申驱"（次前军）、"贰广"（公的卫队）、"启"（左翼）、"胠"（右翼）、"大殿"（后防军）等名目，这是深入敌国的军队组织。正军以外，又有所谓"游阙"，是游击补阙的车队。

各国军力 现在我们再来检查检查当时各国的军力：

（一）晋国。晋在春秋时国势最强，军力当然不弱。据记载：曲沃篡晋，周王命曲沃武公以一军为晋侯；献公作二军；惠公时作"州兵"而"甲兵益多"；文公作三军。城濮之役，晋车还只七百乘。稍后又在三军之外别作步军三行以御狄。鲁僖公三十一年，晋人改作五军以御狄。不久因为将才缺乏，舍去二军。泌之战，晋的余军乘夜渡河，尚且"终夜有声"，可见其兵数之多。晋、齐鞍之战，晋车八百乘。鲁成公三年，晋作六军。其后又迭有损益。但军制虽有变更，军力实只有增加。在春秋中晚期，晋全国的兵力至少已达四千九百乘（鲁昭十三年，晋治兵于邾南，甲车四千乘。齐伐夷仪之役，晋车千乘在中牟，均可证晋车之多）。如以一乘三十人计算，则晋国共有十五万左右的兵，再加上别组的徒兵等，当更不止此数。但到了春秋末年，晋势日衰，又有"戎马不驾，卿无军行，公乘无人，卒列无长"的情形了。

（二）齐国。齐国在春秋初年，国军已有三军，约千乘三万人的兵力。到后来军制虽未甚改变，而军力当有大大的增加，才能维持他东方强国的地位。戍卫之役，齐桓公已用了三百乘的兵力。春秋末年，齐伐晋冠氏，丧车五百。吴、鲁、齐艾陵之战，齐国也丧失了八百乘的兵车。晋、郑铁之战，晋兵收获郑人替齐人转送范氏的粟米千车。一战的损失如此之多，则其全国的兵力当不下数千乘。

（三）楚国。楚国的军制，王室的禁旅有左右广，每广十五乘，合为三十乘。又有宫甲，也是王宫中的兵甲。其全国似无一定的军数，出战时大致为三军。城濮之役，晋人所获献周的楚俘为驷介（四马被甲）百乘，徒兵千人。但楚国在春秋列国中军队实在是最多的(鲁桓公十三年,楚人伐罗之役,尽师以行而终被罗人所败,当时楚国的军数似尚不多。鲁庄公二十八年,令尹子元伐郑之役,也还只用车六百乘。至楚共王时的杨桥之役,已兵多至使多兵的晋国害怕不动。鲁成公十八年,楚以三百乘戍宋的彭城,此时楚军已很多了)。当楚灵王时,单是陈、蔡、二不羹四县的兵力已有四千乘,再加上申、息诸大县和其他地方的军队,当在万乘数十万人以上。楚国又有"组甲"、"被练"之兵,乃是所谓"简师"(简选之师)。而舟师则常用以对付吴、濮的。

(四)秦国。秦国全国的军数缺乏确实的记载。鲁僖公时,秦人袭郑,过周北门,左右免胄而下,超乘者三百乘。鲁昭公时,秦君的母弟鍼因为权势太大,实力几与秦君相并,被逼奔晋,随从的车有千乘之多。一个公子的实力已大到如此,则秦国全国的兵力必也不下数千乘(但鲁定公五年,秦救楚之役用车只五百乘)。

(五)鲁国。鲁国的军制本为二军;襄公十一年,作三军;昭公五年,又把中军废了,仍复为二军。鲁国的国军大致始终在千乘三万人左右:僖公时,"公车千乘,公徒三万";襄公十八年,鲁国和莒国都向晋请求各领兵车千乘从其本国攻齐。昭公八年,鲁人大蒐于红,仍是革车千乘。

(六)郑国。郑国的军力当在鲁国之上。春秋初年,郑国已有三军,内战用的军队已达二百乘。三军外并有徒兵和临时添置的军队。其国军实力至少在千乘以上。鲁襄公十一年,郑人赂晋兵车百乘。二十五年,郑子展、子产带车七百乘伐陈,车数与城濮之战晋车之数相等。哀公二年,晋、郑铁之战,晋将卫太子蒯聩登铁丘上观望郑军,看见郑军很多,害怕起来,自投于车下。此战晋人以郑为大敌,可见郑国的兵力自春秋初年到末年始终不弱(郑兵曾与晋、楚和诸侯联军开战,诸侯的兵甚至畏郑不敢越过郑境,反被郑军所败。郑国军力的强大于此可见)。

(七)宋国。宋为次等国家中的大国,兵力也不很弱,当在千乘以上。鲁宣公二年,宋、郑大棘之战,郑兵俘获宋车四百六十乘;宋人又以兵车百乘,文马百驷,向郑赎取华元。宋国损失数百乘兵力还不算什么,可见其实力之强了。

(八)卫国。卫在西周时为东方大国,兵力当必不弱。但在春秋时则为弱国,兵力较差。自被狄人破灭之后,文公元年(鲁僖公元年)革车只有三十乘,末年到了三百乘,其后当更有增加。鲁成公二年,齐、卫新筑之战,《左传》中有"且告车来甚众"的话,系指卫军而言的,是卫国的军力到此时已略强了。到春秋晚年,齐、卫伐晋,卫车五百乘,卫人高嚷着"晋国虽五次来伐我,我们尚能应战",可见他们全国的兵力至少也在千乘左右了。

(九)吴国。吴是春秋晚期的霸国,军力自然很强。吴、齐艾陵之战,吴有中上下右四军,其左军当留守在国内,是吴国有五军的军制,鲁哀公十三年,吴、晋会于黄池,吴国陈列中左右三军带甲之士三万人为方阵,以与晋人争长,则其国军至少在五万人以上。

(十)越国。越也是春秋末年的强国。据记载,越也有五军的组织。越王勾践攻吴,发习流(流放的罪人)二千人、教士(普通战士)四万人、君子(王的私卒)六千人、诸御(高等军士)一千人,约五万人的兵力,这当是倾国之师了。越地较吴为小,其全国的兵力在灭吴以前似乎在吴之下;所以夫椒之败,越王只以"甲楯五千保于会稽"。

至于周室的军队,武王伐纣还只用甲车三百乘,虎贲三千人;

但到西周的晚年，出征的军队已达三千乘，其实力当不亚于春秋时的晋国。然到春秋时，王室大衰，实际上恐不够六军之数了。鲁桓公五年，周桓王起倾国之师伐郑，王领中军，虢公林父领右军，周公黑肩领左军，只有三军之众。春秋初年周室尚有相当的势力，其军力已单薄得不值郑人一击；何况王畿日削，王纲日坠之后，不但"其车三千"的盛况不能恢复，就是春秋初年固有的实力恐也不能保持了。

各国内部大世族的实力，普通约在百乘左右；少的只有几十乘以至于十余乘；但也有较大的实力存在。如春秋中年，晋国的郤氏已是"富半公室，家半三军"。刚到春秋晚期，晋国的韩家所属已有七县的地方，共有七百乘的兵力。又如鲁国的季氏自从四分公室而取其二以后，私属的甲士也已到了七千人以上。

武器 周代的武器大致用青铜制造。其种类略有戈、矛、剑、戟、刀、斧、钺等，大别为"击兵"（横击的兵器）、"刺兵"（直刺的兵器）、"句兵"（钩曲的兵器）三类。此外尚有弓箭和石块，用以及远。甲胄干楯，用以防身。旗帜，用作标记。"钩援"（云梯之类）、"临车"（从上临下的车）、"冲车"（从旁冲突的车），用以攻城。擂鼓进兵，鸣金退兵。军队所住，除帐幕外，筑土自卫，是谓"营垒"。

爵位 爵位是封建制度中的中心制度，有了爵位，才有所谓等级，有了等级，才能成立封建社会。据较早的记载，周制：天子为一位，公为一位，侯为一位，伯为一位，子、男同为一位，凡五等；君为一位，卿为一位，大夫为一位，上士为一位，中士为一位，下士为一位，凡六等。这种说法的下半截还大致可信，至于上半截的五等爵制（公、侯、伯、子、男），用较可靠的记载和铜器铭文比勘起来，便知道完全是附会！据近人的考证：古诸侯称爵并无一定，有些诸侯甚至于自称为"王"：除夷狄的国家外，中原如晋、齐、郑、宋、吕等国的国君也多有称过王的痕迹存在。又如宋、卫、陈、蔡、纪、滕诸国的君主，或称公，或称侯，或称子；杞或称伯，或称子；楚或称王，或称公，或称伯，或称子；许或称子，或称男。这都足以证明五等爵号的大半实在是些国君的通称：公即是君，伯为人民之长与诸侯之长，子本是蛮夷君主之称。周代真正的五等爵，有人说就是被后人说为畿服制的侯、甸、男、采、卫。这种说法虽尚有可疑之点，大致似乎是不错的！我们觉得侯、甸、男是三等诸侯，采、卫是二等附庸。这种猜想，不知道对不对？

较大国家的上等的卿似乎也受册命于天子，小国和下等的卿及大夫以下则由诸侯自加册命（诸侯有功的，王赐给他"命"或各种赐物，卿大夫有功的，也由天子或诸侯赐给他"命"、"物"）。据记载：天子三公九卿或六卿，大国和次国都是三卿；小国二卿。但春秋时如晋、郑、宋等国都有六卿制的存在。卿之中有上卿、中卿、下卿之分；大夫中也有上大夫、中大夫、下大夫之分；至士有上、中、下之分，那更不必说了。

西周官制 以上是爵制，再说官制。西周时的官制，现在已略可考，大致王之下有"卿事（士）寮"，人数似无一定，常数或为六人。他们执掌着国家的大政。"卿事寮"之下有"诸尹"，"诸尹"之中最高的似为"大史寮"，亦似不止一人。又有"尹氏"，或称"内史尹"，或"作册尹"等（"太师"似亦即此官），他们都是执掌典册诏命之类的大官。又有"大保"，官阶也甚高（或即卿士之一）。有"冢宰"和"宰"，似是掌王室家事的官。有"宗伯"，亦称"大宗"，是掌礼仪的官。"大祝"，是掌祭祷的官。有"冢司土（徒）"，是掌土地徒役的官。"司马",是掌军赋的官,"司工(空)",是掌建筑工程等事的官(司徒、司马、司空古或称为"三事",职位很是重要)。三司之外有"司寇",是掌刑狱警察等事的官,地位较低。又有"师氏"、"亚旅"、"虎臣",是掌军旅的官。有"趣马",是掌马的官。"膳夫"是掌王食和出纳王命的官。此外又有"里君",似是地方之长。西周时王朝的官重要的如上。其他诸侯之国和各都邑中的官制,大略与王朝不甚出入,其详不可得考了。

春秋普通官制 春秋时的官制各国不同,但也有大致的共同点:有冢宰,或作太宰,居国君的左右,等于后世的丞相,官位甚高,但也有地位较低的;太宰的下面有少宰等。最重要的官是四司:司徒、司马、司空(宋国因避武公的讳改司空为司城)、司寇(南方楚、陈等国称司寇为司败),职掌与西周时略同。司寇之下,有尉氏、理、士、刑史等,分掌刑狱等事。四司在有些国家中又有大少之分(如大司马、少司马;大司寇、少司寇等)。四司之外,重要的官有宗伯,掌宗庙祭祀等礼;宗伯的下面有宗人等(一说宗伯亦称"宗人"),分掌祭祀礼节等事。又有太师、太傅、少师、少傅等,是君主和太子们受指导的师傅。有太史、内史、外史、左史、右史、祝史、卜史、筮史、祭史、巫史等,是掌管书记、典籍、历数、地理、掌故、祷告、卜筮、祭祀、接神等事的官;在古代史和巫是不分的;史职最为繁多。有行人,是掌管外交事物的官。——以上是重要的内官。

外官中重要的有邑大夫或作邑宰,掌一邑的政事。封人,掌城筑封疆等事。候正、候人等,掌送迎宾客和斥候等事。此外,内外官吏还有许多不甚重要的职名,在这里无庸列举了(当时各国似又有田畯、工正、匠师、贾正等官,掌农工商等事,这是值得一提的)。

第三章 从西周到春秋时的政治制度和宗教学术

各国特有官制 上面说的是各国大致共通的官制,至于各国特有的官职,较重要的,据今日所知,晋国有固定的三军将佐,或称将军;中军的将又称元帅。三军将佐是为"六卿"。六卿又称"六正",六正之下有所谓"五吏"(文职)、"三十帅"(武职),可见其属官很多。三军又各有军大夫,每军约各二人。又有军尉、候奄,大致是临时设置的官职;中军的尉有佐。中上军又各有军司马,是掌管军中刑罚等事的官。有公族大夫等,是掌管公族和卿大夫子弟教育的官。有执秩,是掌爵秩的官。有县大夫,或作县守,其属下有县师舆尉等,是从县制下产生的地方官吏。

齐国有左右二相,这是后世左右丞相制度的由来。周、鲁、郑、宋、卫、楚等国似也有相制的存在,但不可详考了。

楚国有令尹,是执政的大官(令尹和司马又称为"卿士")。有莫敖,职位次于令尹。有左尹、右尹,似是令尹的佐官。有环列之尹,是掌管王宫卫兵的官。又有箴尹、连尹、寝尹、工尹、乐尹、莠尹、监马尹、中厩尹、宫厩尹、右领等官,其职无庸详考。有左右司马,似是司马的属官。有县公(楚君称王,所以他的官吏称公),亦称县尹,是一县的长官(伍奢的儿子伍尚为棠邑大夫,称棠君尚,是楚的县长又称君。按:"公"与"君"古同音,"君"与"尹"同形,实即一事。又齐国的邑大夫有时亦称"公",如"棠公",或是仿于楚制的)。

秦国有庶长、不更等官,似是军职,其详不可考。

鲁国有县人的官(这个官职恐是周、齐等国所共有的),是都鄙制度下的地方官吏。

宋国有左师、右师(宋以二师四司为"六卿"),是可以执政的大官(鲁国也有左师的官,地位似不甚重要)。有大尹,是君主所亲近的大官。

郑国有少正（鲁国似也有此官），据说乃是"卿官"。有马师，似是管兵马库的官（鲁国也有此官）。有褚师（宋、卫也有此官），是掌市的官。

至于王室的官吏，特立的有卿士、三吏（三公），是执政的大官。王朝官吏自西周以来多称公、称伯、称子，爵位等于畿外的诸侯，虽然实力远不如他们。近畿的诸侯也常有做王官的事，如郑、虢等国的君主都以得为王官为荣。但这类情形只盛行于春秋初年以前，到了春秋中年以后，王纲大坠，这类事情便少见了。

卿大夫家官 卿大夫的家里也有许多职官，见于记载的，如家宰、家大夫、家宗人、家司马等，大致和列国的官制一样。

教育制度 周代的教育制度，古书上虽说得天花乱坠，其实多不可靠。现在只抽取他们所说的大致可靠的部分来叙述一下：那时的学制大概分为大学、小学二等；大学立在国都之内，小学立在乡邑和家中。学校所造就的人才，只是王子、公子和卿大夫士们的子孙。他们先进小学，然后循序进入大学（当时的学校又是议论朝政的所在，《左传》载郑人游于乡校议论执政，所谓"人"当是朝廷上一班执事的人员）。那时教育的课程大致分为文、武两项：文的教育的科目是书（文字）、数（计数）、诗、书、礼、乐以及其他的古典等。诗是祭祀用的颂神歌和当时士大夫们抒情的作品，其中较多的还推各国流行的民歌。书是王朝和侯国史官所记的诰誓等档案。礼是各国通行的仪节。乐是古代和当代的音乐（诗便是奏乐时所歌唱的词句）。诗书在当时不知道已否写成书本？至于礼和乐两项最重要的科目，则本来并没有写成的书本，他们只凭口头的传授和实际的演习。武的教育科目有射、御、技击等项。他们也像现在的体育家一般，整天裸着臂膀练习射箭、御车和干戈等的使用。武的教育是他们所最注重的。学校的"校"字似乎就从比较武艺的意义出来。除了上述文、武两项普通的教育以外，还有许多专门的科目，如卜筮、历数等等，那是专门家所学的东西，似是父子相传，不授外人的。当时的贵族女子似乎也受过相当的教育，便是所谓"姆教"；至于制度如何，没有可靠的材料，不敢随便乱说。

教育目标 那时贵族阶级的教育虽说文武合一，但就实际情形推测，似乎比较偏重于武事。用西方的名词说来，那时的教育是一种"武士教育"。这是封建时代的普遍情形。那时武士的生活，一方面以技艺为尚，一方面又沉浸于礼仪和音乐的空气中。他们的教育目标，是要造成德、智、体、艺四位合一的"君子"的人格。

教育程度 一般人都以为春秋是个礼学盛行的时代，这个观念实在是错误的！我们知道，春秋时士大夫的学问实在非常浅陋。现在姑且举出两个例子来一说：

鲁宣公十六年，晋将士会带兵灭掉赤狄甲氏和留吁铎辰等部落，立下大功，晋侯向周王请求封册，命他为中军主帅，兼做太傅的官，执掌国典。不久王室起了内乱，晋侯派士会去和协王室，周王接待他，等到献上菜来，乃是些零碎的肉块。士会不知道王室的礼节，私向旁人打听。周王听见了，便召他来对他说道："你难道不知道吗？天子的享礼用体荐（把整只的猪分成七块做菜），宴礼用折俎（零碎的肉块），诸侯当受天子的享礼，卿当受天子的宴礼。这是王室的典制呵！"士会碰了一个钉子，回国以后才去讲求典礼，以修晋国之法。我们知道士会是晋国的贤大夫，又做着"博闻宣教"的太傅的官，他竟不知道王室的普通典制，给周王教训一顿回来，这可以证明当时的贵族阶级是怎样的不学无术！

鲁昭公七年，昭公到楚国去朝见，经过郑国，郑伯在本地慰劳昭公，由大夫孟僖子做"介"（相礼的副使）。他竟不能赞相仪节。到了楚国，他又不能答谢楚人郊劳的礼。回国以后，自觉羞耻，才去讲习仪文；只要听得有知道礼节的人，就向他去请教。到临终的时候，又吩咐他的两个儿子去做知礼的孔子的门徒，以盖他的前愆。我们知道鲁国是封建礼教的博物院，孟僖子又是鲁国的贤大夫，他竟至于不能当相礼的差使，这又可见当时礼学是怎样的荒芜了。因为当时礼学荒芜，一班贤士大夫有传授礼节的师傅的需要，所以我们的大圣人孔子便应运而起。

平民阶级的教育　在春秋时，至少在孔子以前，平民阶级可以说除了从小受父兄们各行职业的专门训练以外，所受的国家教育只有打仗一事。所谓"礼不下庶人"，他们只是受统治阶级的奴隶训练，去供给争权夺利的牺牲，哪里有什么教育可言。他们刚好给贵族们愚弄利用，贵族阶级用以统治他们的，便是所谓"刑"。

刑法　"刑"的作用本在镇压被征服的人民，所以征伐所用的兵和诛罚所用的刑，在古代是不分的。到了人民已被压服以后，刑便转化成维持封建社会秩序的工具了。古代重要的刑罚，约有黥（刺面）、劓（割鼻）、聝（截耳）、刖（斩足）、椓（宫刑）、大辟（斩）等若干种，以罪的轻重为施刑的等差。据说古代的刑律共有三千条之多（案：周初刑罚最严，凡不孝不慈不恭不友和酗酒的人都处死刑），最轻的罪只用鞭扑的刑。在军队里又有"贯耳"（用箭穿耳）之刑。俘虏了人，把他截下一只耳朵，叫做"聝"。贵族阶级，犯了大罪才加以刑杀，犯了较轻的罪，则或夺爵位，或把他们流放到远处去，就算了事；所谓"刑不上大夫"，大辟以下残伤肢体的刑，似乎

第三章　从西周到春秋时的政治制度和宗教学术

是不大用在贵族们的身上的。凡是受了黥、劓、剕、刖、椓等刑的人大半都成为奴隶。有时一个家长或族长犯了罪，整家或整族便都降为奴隶了。据说秦国在文公时已定下一人犯罪，诛灭三族（三族的说法很多，没有一定）的刑律；在《左传》等书中我们也时常看见有灭族的事；《尚书》中更有"孥戮"之文：大约古代已有这种惨酷的刑法了（据说古代的刑罚是随世轻重的，所谓"刑乱国用重典，刑新国用轻典，刑平国用中典"）。

法典　成文法的公布乃是春秋晚期的事，但把法律著于典籍，那却是很早就有的。例如《左传》载周代有"九刑"之书；又载周文王之法，有"有亡荒阅"（有逃亡的奴隶，必定大阅寻查）的话；楚文王《仆区之法》，有"盗所隐器，与盗同罪"（隐藏盗赃的人与盗犯同等的罪）的话。此外，晋文公有《被庐之法》，楚庄王有《茅门之法》，范宣子有刑书，《吕刑》更有"明启刑书"的话（卫祝佗也说："臣展四体，以率旧职，犹惧不给，而烦刑书。"），大概都是把简要的条律记载在典籍上，以备治狱时的参考而已，并不是公布于人民的（古代的公布法典只有临时的诰、誓等，但性质是不永久、不固定的）。

非刑与赎刑　在周代虽已有较文明、较固定的刑法，但是刑制仍很混乱。非刑如车裂（用车将人的身体分裂）、镬烹（把人放在镬里烹煮）、焚烧、肉醢（把人斩成肉酱）等等，仍是不断的施行着。又贵族犯罪，多有赐自尽的，自尽是用绳绞或毒药鸩死。又据说，女人犯罪，除死刑外，不加残伤肢体的刑罚；就是犯了死刑，也不得暴露尸体的（男子犯大罪的把他的尸体暴露在原野或朝市上示众）。此外，还有一件事须特别一提，那便是所谓"赎刑"的问题。据说，古代一般人犯罪有疑问的,准许他们用黄金(铜)或兵器等赎罪,但不知道确实与否?

周人的神祇世界 殷以前是传说时代,社会文化的情形,我们已无法得着正确的明了。然而我们却知道:在殷代,那时迷信的思想充满于全社会,占卜和祭祀占去那时人们很多的时间。占卜是向神鬼请求启示,祭祀是向神鬼祷求降福免灾。他们以为神鬼是天天同人类打着交道的。但是殷代的神鬼世界的详情,我们知道得不如周代的清楚,周人的宗教似乎比较殷人的单纯些,他们所想象的神祇世界大致是这样:

封建社会之上有一个天王,所以神鬼世界之上也有一位上帝。封建社会里有大小封君,都统属于天王,所以神鬼世界里也有大小神祇,都统属于上帝。上帝是一位有意志、有人格的主宰,他很关心人间的事情,会得赏善罚恶,又会命令人王统治全世界,据说他还是人王们的始祖呢。人王被称为天的儿子,所以天子服事上帝也应当像儿子服事父亲一般,应当时时刻刻把上帝放在心头,把最好的东西请上帝吃,把最好的娱乐请上帝享受。只有天子能够同天直接打交道,普通的人是无缘和上帝接近的。

上帝之外,最有权威的神祇便是掌管人们所住的土地的社神和掌管人们所吃的谷类的稷神。社神又称"后土",他的名字唤做禹,又叫勾龙,他是受上帝之命下凡来平治水土的伟人。稷神又称"后稷"(又有田神称"田祖",或许即是稷的化身),他的名字就唤做稷,他也是受上帝之命下凡来播植谷种的天使。禹平定了水土,稷便在土上播了谷种,于是人们住的也有了,吃的也有了,感恩报德,把他们特别崇敬起来,所以"社稷"一个名词就成了国家的代名词。我们须知道:这原是农业社会所构成的观念。

日、月、星辰、山、川等在那时也已被当作神祇崇奉了。日、月、星辰的神能主使雪霜风雨的合时或不合时;山川等神又是水旱疠疫等灾祸的主管者。他们多半也有名字可查,如日神叫做羲和,月神叫做常羲,她们俩是上帝的左右夫人,日、月都是她们所产生的。商星的神叫做阏伯,参星的神叫做实沈,他们俩是上帝的儿子,原住在荒林里,整天的打架,上帝看不过,把阏伯迁到商丘,派他主管辰星(就是商星);把实沈迁到大夏,派他主管参星;使得他们俩永远不能会面。又如封嵎山的神叫做防风,据说,古时大禹在会稽山聚会群神,防风到得太晚,禹就把他杀死示威,因为他长得太长大了,他的骨节撑满了一辆车。汾水的神叫做臺骀,他因疏通汾水和洮水有功,受了上帝的嘉奖,被封在汾水为神。山崩川竭,人们当作大灾兆看待,国君们是要举行种种仪式以表示不幸的。

此外还有许多各色各样的神祇,一时也说不完。如火神叫做回禄;水神叫做玄冥;灶神叫炎帝,能起火灾;宗布神(驱除灾害的神)叫做羿,能除去地下的百害;降福的神叫做勾芒;刑神叫做蓐收。他们都是些"人面鸟身"、"人面虎爪"的怪物。

秦齐两国的特别祀典 据记载,秦、齐两国所奉的神祇最是复杂诡异。秦文公梦见一条黄蛇从天上游下地来,以为这是上帝的征验,就作了一个鄜畤(鄜是地名,畤是祭神的所在),郊祭白帝。后来他又得到一块像石头的物事,也立了一个神祠,把它当做神祇去祭祀,这位神被称为"陈宝"。秦宣公时又作密畤,祭祀青帝。后来的秦灵公(在春秋后)更在吴阳地方作上畤,祭祀黄帝;作下畤,祭祀炎帝(赤帝)。这四种颜色的天帝配上后来汉高祖所增立的黑帝,便是所谓"五方帝"。

齐国的特别祀典有八神。八神是:(一)天主,(二)地主,(三)兵主,(四)阴主,(五)阳主,(六)月主,(七)日主,(八)四时主。这种祀典把阴阳与天地并尊,似是阴阳思想盛行后的产品,它的起源恐怕不会很早的。

鬼 人死了之后灵魂会变成"鬼",鬼的地位虽下于神,但与人的关系更为密切。他们也很爱管人间的闲事,和神一样会得赏善罚恶;因为他们比神更接近人们,时常会得出现,会为人的祸患,人们看见他是很害怕的。他们又会求食,求不到食也会饿,饿了就要作怪逼人去祭祀他们了(鬼神也同封建社会里的人一般,不大会迁移地址的)。

妖怪 神鬼之外,又有妖怪。据说,木石的怪叫做"夔蝄蜽",水的怪叫做"龙罔象",土的怪叫做"羵羊",妖怪的种类也很多了(各种灵物都会变成怪的)。

祭祀 凡是鬼神都有受人祭祀的资格,那时的祀典是这样:祭上帝的礼唤做"郊",一年一次;也把天子的最有功德的祖先去配享,例如周人的始祖后稷,一面是稷神,一面又是配天而享的太祖(鲁人祭稷为郊,所以祈农事)。社稷神都有专祠,无论大都小邑,都有社稷坛;上自天子,下至庶民,都有他们的社(国家的社称为"大社"或"冢土","土"即是"社");社稷好比现在的城隍庙或土地堂一般,时时有受祭祀的资格。祭山川的礼唤做"旅"或"望",也是极重要的祀典;祭祀它们大约也有一定的时间和次数。山川是神灵所聚的地方,《山海经》里记着祭山川的礼数很多。据记载,只有天子、诸侯才配祭祀山川。至于日、月、星辰以及其他的神祇的祀典,在当时自也有规定,但详细的制度已不甚可考了。

从天子到士都有宗庙去祭祀他们的祖先(不同族类,鬼神是不享他们的祭祀的)。宗庙大致分为两种:一种是合祭众祖的太庙(一称"大室"[？],以太祖为主),一种是分祭一祖的专庙。据说,除太祖和最有功德的祖宗外,寻常的祖宗的专庙,经过若干代之后,便因亲尽被毁了。祭祖宗的礼是最繁琐,顶重要的有"禘"、"烝"、"尝"等祭。禘礼在孔子时已不很明白了,据我们的研究,禘只是一种平常的祭祖礼。烝、尝大概是四时献新的祭礼。每年祭祖大致有一定的次数。三年有一次大祭,唤做"殷祭"。

遇到有事时,便是鬼神的幸运临头了。建一处都邑,打一次仗,以及结婚、死人、生病等等,差不多都要祭祀。人若不祀,鬼神会得向人要求,拿免祸赐福为条件。尤其是水旱等灾荒,鬼神更被看成救主。最有名的祷旱的雩祭,在干燥的北方大陆上,除平时举行以外,遇到灾荒,更要大事赛祭去挽救。

那时人把祭祀和打仗看成同等重大的国事,所以举行祭祀时非常慎重:在祭祀之前,主祭的人先要离开家庭到清净的所在去斋戒几天。祭祖宗的时候,要找一个人扮成他的模样来做供奉的具体对象,这叫做"尸",亦称"神保"。祭神鬼的牺牲,多用整只的牛、马、羊、猪、狗等。有些国家也用人为牺牲。这类牺牲,或者像后世的办法,给神祇嗅嗅味道;或请尸来尝尝;或者把它焚毁了,或埋在地下,沉在水里,给神祇去着实的享用。焚给鬼神的币帛,也统是真的而不是纸做的。献给鬼神的玉不能摆一下就算了,要埋在土里或沉入水中。但鬼神也像小孩子一般,可以哄骗:"你们若答应我的请求,我便把玉献给你们;你们若不答应,我就把玉收藏起来了。"这是历史上有名的大圣人周公对待他已死的祖父的妙策。鬼神有时也会提出无理的要求,如楚令尹子玉制了一顶"琼弁玉缨"的帽子,河神看中了它,向子玉要索,把保他战胜作条件,子玉不肯,结果就至于丧师辱国。

诸神中最与民众接近的是"社"。大致每年春秋佳日有一次社祭的赛会。这时候,鼓乐、歌舞、优伎、酒肉和城里乡下的俏姑娘引诱得举国若狂。在齐国,也许因为民庶物丰,礼教的束缚比较轻,社祭的赛会特别使人迷恋:连轻易不出都城的鲁君也忍不住要去看看(社祭之外,只有年终合祀万物的"蜡"祭也具赛会的性质。据说举行蜡祭的时候也是"一国之人皆若狂"的)。国家每逢出兵打仗的时候,先须祭社,祭毕把祭肉分给将士们,这叫做"受脤"。得胜回来的军队要到社前献俘;有些国家有时且把最高贵的俘虏当场宰了,用作祭品。战时"不用命"的人也在社前受戮。此外遇到大水、大火、日蚀和山崩等灾难,也须到社里去击鼓杀牲献币而祭。遇着人们有争执的时候,社更成为盟誓的所在。社神真是一个最好管闲事的神啊!

卜筮 至少在殷代,已有占卜之法;到了周代,仍旧继续行用。卜的工具是用龟的腹甲或兽骨,先把它磨刮平了,在上面钻凿出孔;然后在孔中用火焚灼成坼裂的痕;这种裂文便是所谓"兆";兆有吉有凶;所卜的事和卜得的兆的吉凶都写出辞句来,这便是所谓"卜辞"(卜辞刻在兆旁)。近年来在安阳殷虚发掘出来的龟甲兽骨很多,使得我们明了那时占卜情况的一般。

周人除用卜法以外,又造出一种"筮法"。筮法的详细情形已不甚可考了。我们只知筮的工具是用一种蓍草,它的兆象是用一种叫做"卦"的符号来表示,卦是"爻"积成的,爻便是━或╍的符号;三爻叠起来便成一个卦。卦有八个,是☰(乾)、☱(兑)、☲(离)、☳(震)、☴(巽)、☵(坎)、☶(艮)☷(坤)。这些卦的起源怎样,到现在还是问题;不过我们知道,卦和蓍草一定有些关系。用两个卦叠合起来,便成功一个整卦,如䷓,便是"观"卦。整卦八八相乘,共有六十四个。每卦的卦和爻,都有吉凶的应验。卦有卦辞,爻有爻辞;这类辞句古代一定很多,到后来纂集成一部书,便是现在所传《五经》中的《易经》。筮比卜的方法来得简便,所以在周代筮的应用范围较卜为广。但那时人看筮法不如卜法的可靠,因之有"筮短龟长"的批评。

宗教的学问 在神鬼世界压倒人间世界的时代,宗教就是学问,巫、祝们就是学者。神鬼时常会下降到人间,巫是神人的媒介,神灵会降附在他们的身上,所以他们特别知道神鬼世界的情形。一定要精爽聪明足以与神灵交通的人才有充当巫的资格。祝是替人们祷告神祇的专门职业者,他们同筮一样能知道人们所不能知道的事情。巫、祝与史又是一类人物。史本是掌管记载的官,但也兼管着祭祀卜筮等事;他们多是世官,又掌着典籍,知识愈富,所以上知天文,下知地理,中知人事,博观古今,能医卜星相,乃是当时贵族们最重要的顾问。他们会从天象和人事里看出吉凶的预兆,所以他们既是智囊,同时又是预言家。

传统思想 周人传统的政治和道德的观念,据研究是这样:他们要敬事上天,遵法先祖,尊重君上,慈爱臣民,修明道德(道德要明哲、宽容、谦冲、柔和、虔敬、威仪、正直、果毅、笃厚、孝友),慎用刑罚(折狱最须"中正"),勤修政事,屏除奢侈,以礼教治国,兵威镇众,而励用中道:这类思想已开后来儒家等思想的先河。

文字 中国文字起于"象形"。商代的文字,据现在发现的甲骨卜辞看来,还只是些复杂流动的"象形"字。周代铜器上所刻的字,与卜辞文字相去不远,而较为进步;这种文字,或可称为"大篆"。到春秋时篆文已有流变。到战国时,一部分国家的文字变改得更厉害,便成为所谓"古文"了。

文学与科学 除了思想以外,周代的文学和科学等也有相当的进展。现存的《诗经》,一小部分是西周的作品,而大部分则是春秋时代的作品;这里面有较深刻的思想,浓厚的感情,美妙生动的文辞,连章成篇的组织,已较"卜辞"时代的文学大有进步了。就是春秋时人的辞令,婉曲巧妙,虽出后人的追述,也总有些素底的:这也是一种文学。至于科学,较可叙述的有天文学和医学:天文学已能产生较精细的历法,医学也已有了能断人病症和生死的良医;虽然此时的天文学大致还被星占等迷信所掩蔽,医学也还染有巫术的色彩。

艺术 那时的艺术,看传世的工艺品,都很精细讲究,不亚于后世的作品。建筑物,据记载也已有了雕墙画栋和数里的宫室。但是代表那时代的艺术,自然是为封建时代惟一的陶养性情的工具——音乐。那时的乐谱虽不传于后世,然据记载,著名的《韶乐》已能使我们的孔子听了后三个月尝不出肉的滋味来了。在那时,乐与礼是并重的,都是贵族阶级人人必须学习的艺术。当举行祭祀宴会等典礼的时候,必须奏乐。奏乐时,有歌有舞。歌辞的一部分,便是现传的《诗经》。舞,最热闹的是"万舞",万舞是许多武士左手拿着乐器,右手拿着雉羽,或两手拿着武器,摆舞出种种的姿势。这种乐舞一方面是娱乐,一方面还含有习武的作用。又有地下奏乐之礼,是一种很隆重的仪节。

据说,郑、卫两国的乐曲是最淫靡的,但是迷人的魔力却颇不小。这是一种新起的音乐,所以称为"新声"。大圣人孔子曾有"放郑声"的主张。又宋国有一种特殊的乐,唤做"桑林",是在举行大典礼时奏的。有一次,宋人用了"桑林"接待当时的伯主晋悼公;舞队出来,前面用了大旗和雉羽做标帜,舞容很是可怕,吓得晋侯躲入房中,后来甚至于因受惊而生病;可见这种乐舞定是当时不经见的了。

"西周"和"春秋"是个野蛮到文明的过渡时代。这时代的思想,是由神本的宗教进化到人本的哲学;同时各项学术也都渐渐脱离宗教的势力而独立。关于这点,我们在后面还要叙述。

第四章　种族疆域与列国世系追述

所谓"华夏"与"中国"　中国民族是一个复合体。其中最主要的体干当然是所谓"华夏"族。但这"华夏"族,也并不是一种单纯的种族,他也是一个复合体。原来古代所谓"中国"人其实可分为东西两支:东支的代表是殷商,西支的代表是夏、周。夏、商、周三代原是三个不同的氏族。殷商起自东方,血统与东方夷族很是接近,从种种方面看来,或竟与淮夷为一族。夏人起自西北,其种族来源不可确知,但与周人的关系必很密切。周人起自西方,血统与西方戎族很是接近,从种种方面看来,或竟与氐、羌为一族。至于姜姓各国,更是西羌的近支,近人已论定了。至春秋时人所谓"华夏",实是文明伟大的意思;所谓"中国",便是天下之中的意思;其意义只是文化的与地域的,种族的意义很少。如果讲起种族来,则当时所谓"夷蛮戎狄"不是"诸夏"的血族,也都是他们的近亲。

周人起于陕西,那地方大约本是夏人根据地的一部,他们又或者与夏人有些渊源,所以自称为"夏"。因周人势力的扩展,"夏"的一个名词就渐渐成为中原人的通称。春秋时中原人常常自称"诸夏",而称文化落后住在山林里的氏族为"蛮夷戎狄"。"夷"、"夏"对立的观念于是确立,渐渐变成种族的称号了。

所谓"夷蛮戎狄"　除华夏族住在中原开化的地方外,较偏僻的地方都给所谓"夷蛮戎狄"居住着。古人把"夷蛮戎狄"四个名词分配给东南西北,称为"东夷、南蛮、西戎、北狄",这种分配是不很确当的:因为"夷蛮戎狄"本都不是固定的种族称号,"夷"、"蛮"和"狄"是中原人鄙视文化落后的氏族的称呼,"戎"也是侵寇的意思,因此在较古的书上,四方的种族称"夷"称"蛮"称"戎"称"狄"原无一定。我们如要研究古代的种族,应得用另一种分类的方法;我们现在姑且把"华夏"以外的古代种族或氏族分为十一个支派来叙述:

鸟夷 （一）鸟夷。这大概是一种以鸟为图腾的种族。他们的分布地在东方沿海一带。如徐戎、淮夷等都是他的同族。春秋时齐、鲁等国的土地也本是他们的故居。这一族的首长似即殷人,除殷人入华夏的集团外,在春秋时,住在淮水流域的仍称"淮夷";与淮夷杂居的有徐（即徐戎）和群舒等。住在海边的称为"东夷",东夷之国有介（在今山东胶县一带）、莱（在今山东黄县一带）、根牟（在今山东沂水县一带）、郯（在今山东郯城县一带）、莒（在今山东莒县一带）、夷（在今山东即墨县一带）等。

貉 （二）貉。这一族在战国以前不甚露头角,大致服属于华夏和其他种族。他的盘踞地大致由今陕西北部直达东北朝鲜境内;战国时尚在中国之北,其后只东北一带有之。此族与殷人也至少有些关系。此外尚有这族的近支肃慎一族,为女真人之先,据传周代时曾入贡,服属于中国。但其根据地在那时似在今河北省境内。

戎 （三）戎。这一族疑是商、奄的遗民或同族。《书经》里称殷为"戎殷",周初的铜器铭文里也有"伐东国痛戎"的话,近人释为伐奄。《潜夫论》载宋微子后有戎氏,都是殷奄的余裔可称"戎"

的证据。此族在春秋时居今山东曹县一带，也正与殷商的根据地相近。

山戎 （四）山戎。这一支不知应属何种，旧说以为即北戎，似不可信。其居地在春秋时似近太行山脉。

北戎 （五）北戎。这族也不知应属何种（或许即是"狄"的一支）。其种人大约散居在今黄河下游北岸一带，居齐、晋、郑、邢诸国之间，所以常与诸国交战。我颇疑"北戎"并非一族的专名，凡住居黄河下游北岸一带的文化落后部属都可称为"北戎"，所以其种族很难确指。

西方戎族 （六）西方"戎"族。西方称"戎"的种族很多，大略有：（甲）陆浑戎。陆浑戎中又有姜姓和允姓的两支。姜戎是羌族的一支，与齐、许、申、吕等国同祖。允姓之戎或说为姜戎的分派。他们本都居秦、晋之间的瓜州（即陆浑），后来迁到晋南周西的地方，仍称为"陆浑"。（乙）扬拒、泉皋、伊雒之戎。杂居在伊、雒两水流域。这些或是犬戎的分支，或是陆浑戎和其他"戎"族的同族，尚不能确定。（丙）蛮氏之戎，一名茅戎，亦称"戎蛮"。这支似是羌族与苗族的混合种，春秋时或居今山西南境（茅戎），或居汝水流域（戎蛮）。（丁）犬戎，似亦羌种。西周时居周室王畿的西北，春秋时似因被秦所败，其一部东迁到今河南、陕西两省交界一带。（戊）骊戎、大戎（以上两种姬姓）、小戎（旧说允姓，恐非）等，似都与周、齐等国为同族。春秋时当居晋国的附近。（己）其他"戎"族。如縣诸（在今甘肃天水县附近）、绲戎（即昆夷）、翟䝠（在今甘肃陇西县附近）、义渠（在今甘肃宁县附近）、大荔（在今陕西朝邑县附近）、乌氏（在今甘肃平凉县附近）、朐衍（未详何处）等，多在今陕西、甘肃两省境内。

狄 （七）狄。狄的种类也很多，大抵居于北方，最重要的有三种：（甲）赤狄，根据地在今山西省，东掠今河南北部，到今山东、河北两省境内，正当今黄河北岸。（乙）白狄，根据地在黄河西岸，今陕西省境内，其种人的一部也有来到东方的。（丙）长狄，亦称"鄋瞒"。似是另一种族服役于狄人的。其时常出没之地似在东方鲁、齐、卫、宋诸国之间。狄族据近人的考证，就是商、周之间的鬼方和昆夷，西周时的玁狁和犬戎，本居周畿的西北。西周灭亡后，此族东侵，其在黄河中下游东西北三面的即称为"狄"。我很疑心"狄"也是羌族，本为西方"戎"种的一支（西方"戎"种的大宗就是羌族）。后来的匈奴也是这族的近亲。又春秋时晋国的北面有无终氏之戎，旧说即山戎，很有问题，疑是狄与山戎的混种。

荆蛮 （八）荆蛮。即是楚国的土著，这一支当是苗族。居今河南省南部和湖北省一带。所谓"卢戎"、"罗"、"群蛮"之类疑都属此族。

越族 （九）越族。即吴、越等地的土著。这一支和马来人的血统似很近，春秋时住在长江以南的沿海一带。

濮 （十）濮。似即今猓猡族的前辈。古时本居今河南南部和湖北北部，春秋时其一部或居吴、楚两国之间，或居楚国的西南境。

巴 （十一）巴。这一支是氐族。本居楚、邓、秦三国之间，即今河南南部、湖北北部与陕西南部一带。后其一部居今四川省的东部。

种族结论 以上十一族中，除荆蛮、越、濮等南方种族本与华夏族关系较疏外（至春秋时，这些族的一部也已加入华夏系之中），其他如鸟夷、貉、东戎、西戎、狄、巴等都是华夏族的近亲,并非真正的异族,不过因其文化落后,以至风俗语言等都和华夏的人有不同罢了。

三代疆域 三代疆域的详细已不甚可考了,大致推测起来,夏代的"中国"约有今河南省的西部、山西省的南部和陕西省的东部一带。殷代除兼有"夏虚"外,并将"中国"的疆域东面推到今山东省的西部,北面推到今河北省的南部(或已至北部),南面推到今淮水流域。到了西周时,"中国"的疆域益发扩大,《左传》上载周人自称:"我自夏以后稷、魏、骀、芮、岐、毕(当都在今陕西省境内),吾西土也;及武王克商,蒲姑(即齐地)、商(宋、卫地)、奄(鲁地),吾东土也;巴、濮、楚、邓(都在今河南省南部及湖北省北部),吾南土也;肃慎、燕、亳(当都在今河北省境内),吾北土也。"是周人所添出的地方就是今陕西省的一部,河南省的南部和湖北省的北部。其势力且及今河北省的北部。今华北区的大部已在华夏族控制之下了。

西北的失地 周自昭、穆以后累世南征,虽把南方渐渐开辟,但西北方面受到"戎"族的侵略,失地似也不少。到西周灭亡,周室东迁,西方之地几乎尽被"戎"族所占,秦人虽曾努力经营,但一时也似不能恢复西周的盛况。当春秋之时,中国在西北方的领土,恐不及西周盛时的广大了。

东周王畿 东周定都雒邑(今洛阳城附近),春秋之初,王畿尚大,略有今河南省的西北部,就是前清的河南(治洛阳)、怀庆(治沁阳)两府和汝州(治临汝)的地方。其后"酒泉赐虢,虎牢赐郑,允姓之戎人居伊川,温原(在黄河北岸沁阳附近)苏忿生之田与郑复以赐晋",于是周境东不及虎牢,南至伊、汝二水之间,西不及殽、函,北距黄河,广运不过一二百里之间罢了。

鲁国疆域 其他列国的疆域比较可以测知的,约有鲁、齐、晋、楚、宋、卫、郑、秦、吴、越十国。鲁国都曲阜(今县),疆域所包,略有今山东省南部小半省,兼涉苏北一隅之地。大致东到今沂水之东,南到今鲁、苏两省交界处,西到今郓城、巨野、城武、单诸县境,北到泰山及汶水之北,以泰山脉及汶水北岸地与齐为界,广运约二三百里之间。

齐国疆域 齐国都营丘(今山东临淄县附近),疆域所包,略有今山东北半省。大致东到海,南到穆陵关与泰山,西到古黄河及今运河之西,北到冀、鲁交界一带,东西长而南北狭,广运约三五百里之间。

晋国疆域 晋国初都翼,亦称绛(在今山西翼城县附近),后迁新田(在今山西曲沃县附近)。春秋初年疆域尚小,献公以来灭国甚多,疆域日辟,到春秋中期以后,晋略有今山西省的大部分(除北部外),河北省的西南部,河南省的北端、西端,陕西省的东端,兼涉山东省的西端。纵横跨五省的境地。

楚国疆域 楚国初都丹阳(在今河南省西南部丹、淅二水交流处),后迁今湖北省西部江陵县附近(案:此说甚有问题),春秋时都郢(今江陵县?)复迁于鄀(在今湖北宜城县附近?)。从春秋初年到末年灭国不已,所以疆域极大,约有今湖北省的大部分,河南省的南部,江西省的北端,安徽省的北半省,兼涉陕西南端,江苏东端等地。大致东到今苏、皖交界处,东南似沿长江为界,南到洞庭、鄱阳两湖间,西达川、鄂、陕三省交界一带,北至秦岭山脉及淮水之北,地跨七八省,为春秋第一大国。

宋国疆域 宋都商丘（今县），其疆域所包，约有今河南东北部及江苏西北端，山东西端，即前清归德全府及开封、徐州、曹州等府一部之地。大致东至彭城之东，南边陈、蔡，西接汴梁，北至曹州以北，纵横约二三百里之间。

卫国疆域 卫国初都朝歌（在今河南淇县），疆域本大，春秋时国都被狄所破，迁至楚丘（在今河南滑县附近），后又迁帝丘（在今河北濮阳县附近），疆域日渐削小，约有今河北南端，河南北端及山东西端之一部，地多奇零，与宋、鲁、齐、晋诸国相错。

郑国疆域 郑国初在西方，后东迁都新郑（今县附近）。其疆域约有今河南北半省之中部。大致：东有汴梁，南包许昌，西距虎牢，北越黄河。纵横约一二百里之间。

秦国疆域 秦国初有今甘肃东部天水县附近，后迁平阳，在今陕西郿县附近。春秋时都雍（今陕西凤翔）。其疆域不易确考，约有今陕西省中部及甘肃省东南端一带地。大致：东距黄河、潼关，东北距河西地，南距秦岭，西距陇山，北或抵平凉、泾川、延安附近。其地远不及晋、楚之大。

吴国疆域 吴国或都今吴县附近（？）。其疆域亦不易确知，大略有今江苏省的大部分，兼涉皖北、皖南、浙西（？）一部之地。东至海，南有太湖，西及苏、皖边界，北距徐、海二州，与宋、鲁接界。

越国疆域 越国或都今绍兴附近（？）。其疆域更不易考，大略有今浙江北半省的大部分（？），东至海，南或至今浙江中部，西或至今江西省境内，北至今嘉兴一带（？），与吴接界。

春秋疆域总论 以上十国疆域，连东周王畿，约占今山东、河南、江苏、安徽、湖北五省之全部，及河北（西南部）、山西（缺北部)、陕西(中部)、甘肃(东南端)、浙江(北半省)、江西(北端)六省之一部,再加燕国之地(春秋中年以后,似有今河北东北半省之一部),今华北全区几已整个开发,并及华中之一部。但这些地方中还杂有许多小国和小部落,未开化之地尚多。大致黄河下游开化程度最高,黄河中游次之,长江中游又次之,长江下游开化程度最低。至各国疆域大小的等第,大致楚国最大,晋次之,吴次之,齐次之,秦次之,越、燕次之,宋次之,鲁次之,卫、郑、周是最小。

列国世系绪论 春秋是列国并峙的时代,在讲春秋史之前,除了应该略叙三代的历史以外,还应该叙述春秋以前的列国世系。春秋列国甚多,较重要的有鲁、齐、晋、秦、楚、宋、卫、郑、陈、蔡、吴、越十二国,现在且略叙这十二国在春秋以前的历史。

鲁国世系　(一)鲁。鲁是周公旦的儿子伯禽的封国。周公旦有大功于国,周初平定的东方,需要宗室功臣去镇压,于是封伯禽于旧奄国的地方,为周室的大藩。伯禽本封于明,周初铜器中有"明公保"的称号,据近人考证,明公保就是伯禽。《令彝》铭文记载着周王令周公的儿子明保尹三事四方。《明公毁》铭文又记周王令明公带了三族去伐东国。《周书·费誓》据旧说是伯禽伐淮夷、徐戎的誓师词,可见伯禽对于周室也是很有功劳的。伯禽八传到武公敖,那时周宣王在位,武公带了他的大儿子括和小儿子戏去朝周,宣王很喜欢戏,就立戏为鲁太子。武公死后,戏即位,是为懿公。过了九年,懿公的哥哥括的儿子伯御结合了国人杀死懿公而自立。又过了十一年,周宣王带兵伐鲁,把伯御杀了,改立他的叔父公子称为鲁君,是为孝公。孝公传子惠公弗湟,惠公的长夫人孟子早死,没有儿子,继室庶夫人声子生个儿子名叫息姑,后来惠公又娶了宋公的女儿仲子为夫人,生个儿子叫做轨。惠公死后,轨还年幼，由息姑摄位，是为隐公。隐公元年，就是《春秋经》托始的一年。

齐国世系　（二）齐。齐国公室的始祖是周室的功臣师尚父，他姓姜，名望。周室的灭商，得他的力量最大，所以始封于吕（在现在河南省南阳县），到东方平定以后，又封他于齐，与鲁并为周初的大国。师尚父系始封之公，所以后人称为"太公"。太公四传至哀公不辰，被纪国的君在周夷王面前说了坏话，夷王把哀公杀了，因此结下了齐、纪之世仇。哀公八传为僖公禄甫，僖公九年入春秋。

晋国世系　（三）晋。晋的始封祖据旧说是周成王的幼弟虞，成王灭了唐国，就封他在那里，称为"唐叔虞"。但我很疑心唐叔的辈行要高于成王，因为春秋时的铜器铭文里曾说唐公辅佐武王，唐公是武王所封。唐公若是唐叔，那末唐叔当是与武王同世的人，或者他与管叔、蔡叔、康叔等同为武王诸弟之一，也未可知。又《书序》里说唐叔得到了一种异样的禾种，献给成王，成王叫唐叔到远地去送给周公，这说若是可信，也可证唐叔的年纪并不幼小。唐叔的儿子晋侯燮父迁居在晋水之傍，改国号为晋。晋侯七传为穆侯费王，穆侯生了两个嫡子，长的叫做仇，小的叫做成师。穆侯死，弟殇叔自立。过了三年，太子仇攻掉殇叔，自己即位，是为文侯。那时周幽王被犬戎所杀，文侯与诸侯推立平王，攻杀与平王并立的携王，对于平王很有功劳，平王赐给他秬鬯（秬是黑色的黍，鬯是鬯草，用以酿酒的）和彤弓彤矢、卢弓卢矢（彤是红色，卢是黑色）等器物，命他与郑国夹辅周室。文侯死后，子昭侯伯即位，封文侯的弟成师于曲沃，称为"曲沃桓叔"。过了七年，晋国的大臣潘父杀了昭侯，想迎立桓叔为君，被晋人所拒绝，由昭侯的儿子孝侯平嗣位。不久曲沃桓叔也去世，桓叔的儿子庄伯嗣位，带兵伐翼（晋的国都),杀了孝侯;翼人又立孝侯的弟鄂侯为君。鄂侯二年,曲沃庄伯十一年入春秋。

秦国世系 (四)秦。秦是嬴姓之族。据传说,他们的始祖叫做大业;大业生大费,又叫做柏翳,与禹同平水土有功,做了帝舜的女婿。大费生了两个儿子:一个叫做大廉,为鸟俗氏的始祖;一个叫做若木,为费氏的始祖。大廉的玄孙叫做"孟戏中衍",身体是一头鸟,却会说人话,他做了殷帝太戊的御者,世有功绩,遂为诸侯。传了多少代之后到蜚廉,蜚廉生恶来,父子两人都以材力做商纣的宠臣。周武王灭商,把蜚廉、恶来都杀了。蜚廉的孙子叫做孟增,又叫作宅皋狼,做了周成王的臣子。以上所述的世系,当然不可尽信。大约秦人本是东方的种族,与春秋时的郯国是同族。据古书记载,武庚叛周时,有熊盈族与他同叛,周公东征熊盈族的国家有十七国,俘虏回来的有九国。"盈"就是"嬴",秦人大约就在那时被迁到西方的(据《史记·秦本纪》:中衍的玄孙中潏已因亲归周,保西垂,其说似不可信)。宅皋狼再传为造父,造父替周穆王驾马有功,受封于赵城,便是后来赵氏的始祖。另有一个与造父同族的人叫做非子,也是蜚廉的六世孙,住在犬丘的地方,善于养马,做了周孝王养马的官,服务很有成绩,孝王封他在秦地作附庸,称为"秦嬴"。秦嬴三传到秦仲,适当周厉王时,那时西戎作乱,把住在犬丘地方的秦嬴同族灭了。周宣王即位,命秦仲为大夫,叫他去讨伐西戎,反被西戎所杀。秦仲有五个儿子,长子庄公,得到周的帮助,打败了西戎,兼有了犬丘之地,做周室的西垂大夫。庄公死,子襄公嗣位。七年,犬戎杀周幽王,襄公带兵救周,战伐很有功劳。平王东迁,襄公又用兵护送,于是平王就封他为诸侯,叫他去攻打"戎"

族，许他如把"戎"族赶走，就拿岐山以西的地方赐给他。到襄公的儿子文公的时候，居然把"戎"族赶跑，占有了岐山一带的地方；据说他把岐山以东的地献给周室。文公四十四年入春秋。

楚国世系　（五）楚。楚的王室是芈姓之族。据传说，他们的始祖叫做祝融，做高辛氏的火正。祝融的后裔分为六姓，最末的一支便是芈姓。芈姓的祖先叫做季连；季连的后裔有个叫做鬻熊的，做周文王的臣子。三传到熊绎，受了周成王的封，立国于丹阳，那就是楚国的第一代君主。以上的世系，也是很有疑问的。查甲骨卜辞里有一片"辛卯，寻楚……"的记载，可见殷代已有楚的国名。又"鬻熊"或许就是"祝融"的演变，他的时代当在殷代。楚王室实在也是东方的种族。周初的铜器铭文记周王伐楚，驻兵在炎的地方，这该是后来的郯国，地在山东。《左传》又记昆吾之虚在卫，昆吾是楚的同族。《诗经·鄘风》里也有楚宫、楚室的名称。《春秋》里更有楚丘的地名：一在现在山东省曹县，一在河南省滑县。大约楚人本来居住在现今山东省与河南省之间。《逸周书》记周公东征熊盈族十七国，俘回来的九国，"熊"是楚氏，"盈"就是"嬴"，所以我们很疑心楚人同秦人一样，都本是东方的种族而被周人硬迁到西方去的。楚人迁到西方以后，就住在丹阳，当丹水、淅水交流之处；《史记》载秦、楚交兵在丹阳，这个丹阳就是楚的初国。熊绎五传到熊渠，当周夷王时，兴兵伐庸和扬越，一直到鄂，封他的大儿子康为句亶王，中儿子红为鄂王，小儿子执疵为越章王。在这里有个疑问，便是楚在熊渠时既已强盛，为什么到若干传之后的若敖、蚡冒和武王、文王，《左传》中反说他们"筚路蓝缕以启山林"，"土不过同"（方百里为一同）？我以为这大约是因为周人平定南方，开辟

第四章 种族疆域与列国世系追述

疆域直到"南海",楚人在那时受了一次大压迫,被逼南迁,重新经营,因而直到武王时才渐渐地复兴起来。武王名熊通,是熊渠的十一传孙。武王十九年入春秋。

宋国世系 (六)宋。宋是殷宗室微子启的封国。周公摄政时,纣子武庚叛周,被周公打灭,便封已投降的殷室宗亲微子启于宋,代武庚为殷后。周公的用意,大约是叫他帮助周室镇压殷民的。微子十二传为宣公力,宣公死时让位给他的弟和,是为穆公。穆公七年入春秋。

卫国世系 (七)卫。卫国公室的始祖是周武王的弟康叔封。康叔原先封于康地,彝器铭文和《易经》里的"康侯"就是他(康国不知在何处)。武王、周公灭殷,命康叔监视殷国,《周书》里《康诰》、《酒诰》两篇便是武王或周公命康叔的训词。周公实封康叔于殷故地,便是卫国(卫就是殷,"殷"或作"鄘")。康叔八传为僖侯,僖侯有两个儿子:长的叫做共伯余,小的叫做和。僖侯很宠爱和,赐给他很多的财物,他便拿这财物去联络士民。僖侯去世,共伯余即位,他就招集了兵士去攻共伯,共伯自杀,和即位,是为武公。武公即位以后,勤修政事,百姓很爱戴他。周幽王被犬戎所杀,武公带了人马去救周很有功绩,为西周末年最有名的诸侯。武公再传为桓公完,桓公十三年入春秋。

郑国世系 (八)郑。郑的始封祖是周厉王的小儿子,名友,宣王时受封于郑(在今陕西省华县),是为桓公。桓公是一个很贤能的君主,颇得国民的信爱。幽王时,入为王朝的司徒,替王室办事也很有成绩。那时周室已衰,戎狄强盛,桓公恐怕自己与王室同归于尽,因此去问周的一个太史叫做史伯的,什么所在可以避难。史伯告诉他说,济、洛、河、颍四水之间虢、郐两国所在的地方最为稳固;教他先把妻子财物寄存在那里,有事的时候就可以带了王室的军队把这地方占领。桓公依了他的话办去,后来郑国果然得了虢、郐一带的领土,迁到了东方。西周灭亡,桓公殉难,他的儿子武公掘突嗣位,拥护平王有功,仍做王朝的卿士。武公去世,太子寤生即位,是为庄公。庄公二十二年入春秋。

陈国世系 （九）陈。陈是古时虞国的后裔,姓妫。有个叫做虞阏父的做周室的陶正有功,周武王把自己的长女太姬嫁给虞阏父的儿子满,封他在陈国（在今河南省淮阳县）,是为胡公。胡公十一传为桓公鲍,桓公二十三年入春秋。

蔡国世系 （十）蔡。蔡是周武王的弟蔡叔度的封国（在今河南省上蔡县）。武王灭殷,命蔡叔度与管叔鲜监视殷国。周公摄政时,纣子武庚联合二叔叛周;周公东征胜利,蔡叔度被放死。他的儿子名胡,德行比父亲好,周公便重封了他,是为"蔡仲"。蔡仲九传为宣侯考父,宣侯二十八年入春秋。

吴国世系 （十一）吴。吴国王室的始祖据说是周太王的长子太伯和次子仲雍。因为他们的弟弟王季特别贤能,而且王季有个极好的儿子叫做昌（文王）,太王想立王季为后嗣,以便将来挨次把君位传到昌的身上。太伯和仲雍二人知道父亲的意思,要成全他,于是结伴逃到"荆蛮"去,后来就建立了吴国。这种传说很是可疑:太伯、仲雍生当周室势力尚未大发达的时候,古代交通闭塞,就是要逃,怎能逃到这么远的地方去？又《左传》提到山西虞国的祖宗也是太伯、虞仲,虞仲就是仲雍（《史记·吴世家》把虞仲当作仲雍的曾孙,是不对的）。《史记》也说武王封虞仲于夏虚,可见太伯、虞仲是虞国的祖先,与在江苏的吴国并没有什么关系。我疑心吴、越的王室都是楚的支族：《史记》说仲雍的玄孙叫做熊遂，"熊"是楚国王室的氏，楚的君主的名上都有一个"熊"字。《史记》说太伯、仲雍逃奔荆蛮，《楚世家》又记熊渠封三子于江上楚蛮之地，其少子执疵封于越章，越章就是豫章，古豫章在淮南江北之间，可见楚的势力早已发展到长江下游。所以说吴、楚王室是一族，并不算很武断；何况吴本是楚的属国呢。吴的冒为姬姓当在春秋时。大约自从吴与晋交通，势力渐渐北上，他们就顶了已亡的虞国的祖宗（"虞"、"吴"古是一字），自认为周的支族，以便参预中国诸侯盟会。这似乎是一个很近情理的假设。从熊遂传十三代到寿梦，吴国开始强大。见于《春秋》。（又我近来又疑吴或本为汉阳诸姬之一，乃虞国的别封。其后东迁者，另有考证。）

越国世系 （十二）越。越国王室的始祖据说是夏少康的庶子无余，禹巡行天下，死于会稽；少康恐怕禹在会稽的祭祀绝了，于是封庶子无余于越，典守祭禹的礼节。这个说法也是毫不足信的：禹会会稽，究竟在什么地方，到现在还不能确定。何况这种传说本是一种神话，万不能当作事实看。《史记》记越的世系从无余到允常只有二十多代，与楚、吴的世系差不多长，这怎么可以把无余说成夏代的人？我以为越国的王室定是楚的同族：《国语》同《世本》都说越是芈姓。《史记》记熊渠立少子执疵为越章王，这大约就是越的始封。《墨子》说"越王繄亏出自有遽"，据清人考证，繄亏就是无余，有遽就是熊渠。这说如对，越的王室确是楚的支族了。越到允常时开始强盛，见于《春秋》。

列国世系结论 以上所述十二国，春秋以前的世系并不是完全确实的。这因为在周代各国的史籍本不全，又经过秦火的焚烧，史料越发残缺了；汉朝人根据不全的记载，随意凑合成列国的世系，我们现在根据他们的记载来重述，自然不会合于事实。这真是没有办法的事情！这里所述，有些地方根据先秦的史料来订正汉人的错误，有些地方还是只能依随汉人。在这古史研究的草创时代，也只能做到这样了。至于春秋时的列国世系，我们将在以下各章中随时述及，不必让枯燥无味的世系表来多占篇幅罢。

第五章　黄河下游诸国的争雄

东周初年的王室形势　从周室开始东迁算起,直到春秋时代的开始,约有四十多年,在这四十多年中,史料异常缺乏,我们所知道的,重要的只有一事,就是周室初迁时是靠着晋、郑两国的夹辅而立国的。晋国在黄河北岸,郑国在南岸,一个蔽护周室的北面,一个蔽护他的东面;同时有虞(在今山西平陆县)、虢(在今河南陕县)两国掩蔽其西,申、吕(都在今河南南阳县附近)遮护其南。这时楚国尚未大兴;西戎被秦、虢两国牵制,也很难东侵;东面尽是周室的封建诸侯,更无祸患;北面虽戎狄环绕,晋国的力量也还镇压得住;所以东周初年王室的地位还很稳固。这时周室似乎还能控制西方的一部,而近畿的西方之事似乎是委给虢国的。虢国是文王的弟弟虢仲的封国(另有东虢,是文王弟虢叔的封国,在今河南成皋县,被郑所灭),本在西周王畿之内(都今陕西宝鸡县附近),后随平王东迁到今河南陕县附近,正当崤、函要塞,足以抵制西戎的侵略。周王因虢国地势重要,且有御戎的功绩,所以很重视他。不久之后,晋国分为翼和曲沃两国,内乱不止,南面楚国已渐渐兴起,侵略申、吕、许诸国,致劳王师远戍,于是周室的真正屏蔽就只剩郑、虢两国了。

黄河下游诸国形势　郑、虢两国中以郑为强,郑国一面是周室的唯一雄藩,一面又几乎做了东方诸侯的领袖。当春秋初年,乃是黄河下游诸国的世界，我们在这里应得先把这些国家的形势大略谈谈。我们所谓"黄河下游"是指洛邑以东的地方，这里大部分都是平原地带，所以它的文化最先发达，商代就兴起于此。当西周时，周室以征服者的资格，在经济上向东方竭力榨取，弄得"东人之子，职劳不来（东人劳苦，而不见抚慰）；西人之子，粲粲衣服"；东方文化的发展似乎暂时被阻遏住。到了西周灭亡，周室在东方的压力大去，于是黄河下游诸国就首先兴起了。

黄河下游的群国中以宋、卫、齐、鲁、陈、蔡、郑七国为代表。宋国四面都是平原，地形最难守易攻，周室所以封微子于此，似乎也有防他反侧的意思。幸而在宋国东南面的都是些东夷和淮夷，势力分散，且似服属于宋国，不足为患。南面是陈、蔡，势力更是薄弱，在春秋初年这两国且常被宋国所利用。宋国所应防御的是西方和北方：宋的北面为鲁、卫两国，势力尚不很强，只有西面的郑国才是宋国的劲敌。

卫国在春秋初年西、北两面均邻戎狄，东面是雄齐，南面是郑、宋，卫国介在诸大之间，地势平衍，国力又不强盛，简直无从谈起发展。当春秋之初，郑国强盛，势力向东挥发，宋、卫两国最感压迫，所以常常联结起来抵抗郑人。

齐国在春秋初年，国土虽较大而势力未盛，在当时历史舞台上还不算是要角。齐国负山带河而蔽海，三面均有天然屏障，形势很好，且有鱼盐之利，足使人民趋于富庶。在他东面的都是些弱小的夷族，正可供他吞并；在他北面的似是些戎族，势力较强；但也不足为大患。在他西面的是卫国，更弱小不足道；在他南面的是鲁国，国力较卫略强，在春秋初年颇有与齐争雄之势。

鲁国北凭泰山，东依大海，南抚淮夷，只有西南部地势较平，与宋接界；西北汶水流域的沃田又与齐连界，当春秋之初鲁常以宋、齐两国为敌手，也是地理形势所造成的事实。

陈、蔡两国都较为弱小，邻近淮夷与宋，当楚国未起于西南方时，陈、蔡常服属于宋而与郑为敌国。这是因为陈、蔡与宋国的关系较为密切，而郑是新兴的强国，容易招人忌恨之故。

郑国北凭黄河，西依周室，当北方的晋和南方的楚尚未兴起之时，只有东方才有敌国。他虽是小国，但挟了王臣的地位，足以东向与宋争雄，宋合卫、陈、蔡四国之力尚不足以抑制他的新兴之势。他又东面与齐、鲁联欢，夹攻宋、卫，这就使宋国的地位始终立不起来。

郑国的内乱　郑国虽是春秋最初期的唯一强国，但他的地位也不是容易得来的。在刚入春秋时期的当儿，郑国内部也险些闹出一件大乱子来：原来郑庄公的母亲——郑武公的夫人武姜，是个很偏爱的妇人。她生了两个儿子：大的就是庄公，小的叫做叔段。《左传》上说郑庄公是在武姜睡梦中出生的，那时候惊吓了他的母亲，因此他便受不到母爱，家庭的幸福给叔段独占了。其实女人家偏爱小儿子本是情理中的事，《左传》上的话恐怕只是后人在郑庄公的名字（寤生）上替武姜想出来的不爱大儿子的理由。武姜既偏爱她的小儿子，便屡次在她的丈夫武公的面前请求立叔段为太子；武公不愿废长立幼，不答应她。等到武公去世庄公即位，武姜又在庄公面前替叔段要求封邑：先要制邑（在今河南汜水县附近），庄公因为那是一处险塞，不肯给叔段；跟着又要京邑（在今河南荥阳县附近），庄公答应了，便封叔段在那里，称为京城太叔。这同晋公子成师的封曲沃是差不多的一件事。成师封于曲沃以后便想吞晋，叔段封于京以后也想争夺郑国。他第一步先命郑国的西鄙、北鄙的地方兼属于自己，不久又把这两处地方完全划做自己的领土，一直达到廪延的地方（在今河南延津县附近）。第二步他便修筑城池，招练兵马，与他母亲约好日期，请她做内应，想一举攻入郑都。庄公打听明白他们的阴谋，就命大夫公子吕带了二百乘兵车去打京城，京城的人都背叛太叔段，太叔段只得逃到鄢邑（在今河南鄢陵县附近）。庄公又指挥兵将追打过去，他立足不住，远逃到共邑（在今河南辉县）去了。在太叔段初封京城的时候，大臣祭仲曾劝谏庄公道："京城太高大了。把这地方封太叔是很不妥当的。"庄公装着很无用的样子说道："这是太夫人姜氏的意思啊，有什么办法？"祭仲又说："她哪里会厌足，不如提早防备，不要使他们的势力发展开来才好。"庄公就说："他们多做不合理的事情，一定会自走到死路上去的，你姑且候着罢！"等到了叔段的势力渐渐发展的时候，又有公子吕一再劝谏庄公，叫他赶快铲除叔段。庄公说："不必，他们的势力来得愈厚，便崩倒得愈快了！"在这里可见庄公的处心积虑，要想加重叔段的罪状，以便一举将他除掉。我们看他的计划何等的严密，他的手段是何等的毒辣！然而郑国所以不致造成分裂的局面，也就靠着庄公的能干。叔段奔共的时候，他的儿子公孙滑逃到卫国，卫国为了他起兵伐郑，夺取了廪延的地方。郑国也用了王室同虢国的兵马回打卫国，以为报复。

卫国的内乱　　不久，卫国也起了内乱。原因是卫国在先的君主庄公有个庶出的儿子，叫做公子州吁，很为庄公所宠爱。他生性喜欢武事，庄公并不禁止他弄兵。庄公的嫡夫人庄姜却把另外一位庶夫人戴妫所生的儿子完当作自己的儿子，而很嫌恶州吁。那时卫国的大臣有个叫做石碏的也曾在庄公面前说州吁的不好，劝

第五章　黄河下游诸国的争雄

庄公抑制他，庄公不听。等到庄公去世，公子完即位，是为桓公；石碏也告了老。桓公十六年（鲁隐公四年），州吁作乱，杀了桓公，自立为卫君。他恐怕国人不服，想与诸侯联络，并耀武于外国，以安定自己的君位，于是耸动了宋国，又联合了陈、蔡两国起兵伐郑，把郑国的东门围了五天。那年秋天，宋、卫等国再起兵伐郑，又来联合鲁国；鲁隐公不愿与他们联络，但终因公子翚的请求，去凑了一回热闹。诸侯的人马把郑国的步兵打败，割了郑国的禾子回去。这回主战的国家是宋与卫，至于鲁、陈、蔡都只是附从。我们应记住：在春秋初年，郑国的敌人是宋、卫两国。卫州吁出了两次兵，仍旧不能使全国的人民归附自己，于是他便派他的同党石厚（石碏的儿子）去问他父亲，怎样才能安定君位？石碏本来嫌恶州吁，曾告诫石厚，不要去同州吁打伙伴，石厚不肯听从。到此时，他趁着他们来请教，胸中便打定了主意，对他的儿子说道："要想安定君位，非去觐见天子不可！"那时离西周时代不远，王室还有些威权，周王不是轻易可以觐见的，石厚又问："怎样才能得到觐王的机会呢？"石碏教他道："陈国的君主（桓公）正有宠于周王，陈国与卫国现在正和睦，如果你们肯去朝陈，请陈国转向周王请求，就能够达到目的了。"于是州吁便带了石厚去朝陈君。石碏暗地派人到陈国去说道："这两个人是杀害敝国先君的逆贼，请贵国把他们除了罢！"石碏是卫国的国老，说话很有效力，所以陈国听了他的话，便把州吁、石厚二人拿下，向卫国邀请监斩官。卫国派右宰丑去监斩了州吁。石碏也派了他的家宰獳羊肩去监斩石厚。州吁既死，卫国人便向邢国去迎公子晋回国为君，是为宣公。

郑宋卫诸国的争衡　郑国趁了卫国的乱，起兵侵扰他们的郊野，回报了围东门一役的仇恨。卫国也用了南燕国（在今河南延津县）的兵去回打郑国，却被郑国用埋伏夹攻之计杀了个大败。在这里看来，卫国到底不是郑国的对手。不但卫国，就是宋国也被郑国用了王室的军队同郕（在今山东邹县）兵打进了外城；宋国虽起兵报复，也是得不到多大的便宜。这时郑国又先向陈国求和，陈侯迷信宋、卫，不许，郑国又把陈国打得大败。当时齐国看见宋、卫、郑等国互相攻伐，想来做个和事老，便于温的地方召会三国，在瓦屋的地方结了一次盟（在此以前，宋、陈与郑已曾讲和，郑、陈且已联姻）。不料口血未干，郑国就借了宋公"不共王职"的罪名（大约是宋公不肯随郑伯朝王），自说奉了周王的命起兵伐宋。鲁国也因宋国不来告警，与宋绝了交好。郑国便乘机联合了鲁、齐两国再伐宋国。鲁兵打败宋兵，郑兵夺取了宋邑郜、防，做人情送给鲁国，来讨鲁国的好。宋国也联合了卫、蔡两国的兵回打郑国，三国的兵反被郑兵在戴的地方（在今河南考城县附近）打得全军覆没。此后郑国又连次伐宋，把宋国打得喘不过气来，于是宋国就发生了内乱。

宋国的内乱　　原来宋国那时是殇公与夷在位，殇公是穆公的侄儿，因为穆公的即位是受了他哥哥宣公的让，所以他要把君位让还宣公的儿子与夷，而叫自己的儿子公子冯出居郑国。殇公即位以后，郑国要想把公子冯送回宋国来（似是想借此要挟宋国），因此宋、郑两国结了怨，大家相斫了好几年。宋殇公在位十年，倒打了十一次的仗，百姓很吃些苦头，弄得都对殇公不满。恰巧那时宋国的太宰华督与穆公的顾命大臣大司马孔父不知为了什么事情结怨，华督在百姓前宣言说："我国连年打仗，都是司马（孔父）的主意。"他便纠集了徒党攻杀孔父。孔父是殇公的保护人，华督害怕殇公要替孔父报仇就把殇公一并杀了。殇公死后，宋人就向郑国迎立了公子冯为君,是为庄公;这是要表示与郑亲善的意思。从此以后,宋、郑的争斗便暂告一段落。这时已是鲁桓公的二年了。

鲁郑的交涉 至于鲁国同郑国的交涉是这样:当鲁隐公做公子的时候,曾带兵与郑国在狐壤地方开仗,被郑国捉了去,郑人把他囚在大夫尹氏家里。隐公向尹氏厚纳贿赂,又在尹氏所奉祭的钟巫之神面前祷告了,就与尹氏一同逃归鲁国。隐公即位以后的第六年才与郑国通好,曾答应郑国用祭泰山的祊田掉换祭周公的许田(许本是鲁的附庸,所以鲁有祭周公的许田;郑国不知何故也有祭泰山的祊田?祊田近鲁,许田近郑,所以两国愿意掉换)。在此以前鲁臣公子豫已曾私与邾、郑两国结盟;到此时鲁国又曾帮助郑国打宋国(在先鲁国本是宋的与国)。后来更邀合了齐国帮郑国打许国(在今河南许昌县),攻进了许都;许君奔卫。因为鲁国原是许国的宗主国,所以齐僖公拿许国让给鲁国,鲁国不受,转让给郑国,想是报答他夺取宋邑让给鲁国的好意。这可以说是鲁、郑两国的交换条件。

鲁国的内变 就在伐许的一年(鲁隐公十一年)上,鲁国也发生了内变,原因是鲁国有个专权的大臣公子翚(羽父)想巴结隐公,在隐公的面前自请去杀隐公的弟弟轨,使得他好永久做鲁国的君。他要求隐公给他做太宰,以为他设策的酬报。不料隐公说:"以前我是因为太子轨年幼,所以即了位;现在时机到了,我正要把君位交还他呢。不久的将来,我就派人到菟裘地方筑别馆,预备到那里去养老了。"公子翚听见这话,害怕太子轨即位以后要怀恨他,便反到轨的面前去说隐公的坏话,请设法结果了隐公。先是当隐公从郑国逃回的时候,因为感谢尹氏和钟巫之神,便在鲁国也立了钟巫的神祠，常常去祭祀。在这年的十一月，隐公去祭钟巫，在社圃斋戒，住在一家蒍氏的家里。公子翚得到这个机会，就派了个刺客到蒍家去把隐公刺死，拥太子轨即位，是为桓公。他们反把弑君的罪名推在蒍氏的头上，杀了蒍家的几个人算了事。桓公即位以后，就与郑国修好，他和郑国在越的地方结了一次盟，把掉换祊田和许田的事办妥。他又娶妻于齐国，是僖公的女儿，是为文姜。

周郑的交涉 这时候郑国的气焰正盛，各国没有一个不怕郑的，所以陈、宋、鲁、齐等国都亲起郑来。于是郑国人的胆子愈弄愈大，过了若干时，他竟敢同周王打起仗来。原因是郑国的武公、庄公都做周平王的卿士，在王室很有权柄；后来平王大约为了郑国太强横的缘故，不愿他独把王朝的内政，想把郑伯掌握的周室政权分一半给虢国。郑庄公知道了，大不高兴。平王安慰他说："哪里有这件事呢！"他情愿同郑国交换质子：王子狐到郑国去，郑公子忽也到周朝来，交换做押品。这已损坏了王室的威严。

平王死后，孙桓王林即位，打算真把政权分给虢公。郑庄公听得这消息，便派大夫祭足（祭仲）带了兵马去把周的温地同成周（东周的都城）的麦和禾子一齐割了去，于是周朝同郑国的感情大破裂了。但是两方面都还暂时敷衍着：郑庄公还去朝周，虽然得不到桓王的敬礼，桓王也并没有把郑伯的政权完全剥夺（这时大约虢公为周室的右卿士，而郑伯为左卿士）。后来郑国还曾以齐人朝王，并用过王师去伐宋国。毕竟是桓王不识相，他向郑国取了邬、刘、蒍、邘四邑的田，而把自己拿不动的苏忿生（周朝的臣子）的田（都在黄河北岸一带）换给郑国；郑国自然大不高兴。接着桓王又把郑伯的政权完全夺了，于是郑伯不朝。桓王大怒，在鲁桓公五年的秋天，招集了虢、蔡、卫、陈等国的兵,御驾亲征去伐郑,郑国也就起兵抵抗王师。两方在繻葛地方开战,郑国用了鱼丽之阵把王师同诸侯的兵打得大败。桓王甚至被郑将祝聃射中了肩头,于是天子的威严扫地了!从此以后,"王命"两个字便不算什么,周室的真正地位也就连列国都不如起来了。

郑国的极盛 郑国打胜周王以后,势力格外强盛。那时齐国被北戎侵扰,也向郑国去讨救兵(北戎先曾侵郑,被郑兵打得大败)。郑太子忽带了兵马救齐,大败戎兵。齐僖公想把女儿嫁给郑太子忽,以为姻援,却被太子忽辞绝了。这次战争,诸侯的大夫多有带兵替齐国守御的。齐国答谢诸侯的好意,馈送粮饩给各国大夫,请鲁国按班次代为分派,鲁国分后了郑国,郑太子忽很不高兴。后来郑国竟联结了齐、卫两国的兵来伐鲁。这也可见郑国在当时的强横了。

郑国当庄公时代,凭藉了"挟天子以令诸侯"的地位,采用了"远交(交齐、鲁)近攻(攻宋、卫)"的政策,努力经营,国际的地位就蒸蒸日上。到了庄公末年,几乎成为春秋最初期的伯主(庄公败周以后又曾合齐、卫之师伐周邑盟、向,王迁盟、向之民于郑,也可见郑人势焰之盛)。鲁桓公十一年,齐、卫、郑、宋盟于恶曹,郑的敌国都变成他的与国了。民国七年在新郑出土的铜器中有王子婴次炉,据近人考证,王子婴次就是郑子仪,他的父亲便是庄公。这话若确,就证明了郑庄公称过王的,想来是败周以后的事了。

第六章　齐桓称霸前的国际形势

绪论　黄河下游的诸国中，以形势论，以国力论，最容易发展的，本来是齐国。但因这时西方的压力刚去，东方各国一时还透不过气来。同时周室的尊严尚在，与王家关系较切近的国家到底占些便宜；而郑庄公又是一位不世出的雄主，敢于力征经营，所以春秋最初期的历史竟成了郑国独强之局。但一时的机会毕竟敌不过自然的形势，东方的霸权终于渐渐落入齐国的手里。

郑国的中衰　鲁桓公十一年的夏天，郑庄公去世，国内发生变乱，郑国就中衰了。原来庄公的太子名叫做忽，是邓国的女儿邓曼所生。庄公又娶了宋国雍氏的女儿叫做雍姞，生个儿子叫做突。雍氏是宋国的贵族，为宋国的君主庄公所宠。郑庄公死后，太子忽即位，是为昭公。宋国人气愤不过，设法诱骗了郑国的大臣祭仲到宋国来，把他拘住，硬逼他拥立公子突为君。祭仲本是昭公的保护人，到这时因为自己的性命要紧，只得答应宋人，与他们结盟，带了公子突回国，拥他即位，是为厉公。昭公便逃到卫国去了。当厉公将要回国的时候，也被宋人拘住，逼着要贿赂，厉公只得答应。厉公即位以后，宋国逼讨贿赂很急，逼得郑国喘不过气来，宋、郑间的国际感情就日趋恶劣，将要打起仗来。那时鲁国连同宋国会盟，想出来做调和人。鲁桓公十二年，鲁侯又同宋国在句渎之丘结了一次盟，但讲和的事情仍不见头绪；再会于虚和龟两处地方，宋国到底不肯答应和议。那时激恼了鲁国，便与郑国会盟于武父的地方，联兵伐宋。到了第二年，郑国又联合了纪、鲁两国，与齐、宋、卫、燕（南燕）四国开战，结果四国联军打得大败。于是鲁、郑两国格外交好，连次会盟，联成一气。在这里可以看出郑鲁与宋卫到底是两个国际的集团（齐本也是郑党，这次所以加入宋、卫一边，乃因纪与鲁联合的缘故，参看下文），此时差不多又恢复了春秋开始的形势。又可看出郑究竟比宋强，所以在这个时候郑还能占到胜利，真所谓"百足之虫死而不僵"了。但宋国吃了亏哪里肯服，就又联合了齐、蔡、卫、陈诸国的兵伐郑，焚了郑国的渠门，一直打进大街；又侵扰郑国的东郊，夺取了牛首的地方，把郑国大宫（祖庙）的椽子抢回去做了宋国卢门的椽子。这一次的战事，因为寡不敌众，却是郑国吃了亏了。

  郑国在败弱之际，内部又发生变乱起来。原因是厉公为祭仲所拥立，所以政事很被祭仲把持；厉公颇忌他，就派他的女婿雍纠设计去杀他。不料雍纠是个没用的脚色，他不知怎样把消息透漏给他的妻子雍姬。雍姬便去问她的母亲道："父亲与丈夫是哪一个亲近些？"母亲道："只要是个男人，都可以做女人的丈夫；但父亲却只有一个！"雍姬听了这话，便把雍纠的阴谋暗示给祭仲。于是祭仲把雍纠杀了。厉公一看事情不稳，逃到蔡国去。昭公就回国复了位。先前被郑所灭的许国也乘这机会复了国。厉公又引动郑国栎地的人民杀了守将檀伯，占居栎地，做昭公的敌人。鲁国本与厉公交好，便结合宋、卫、陈、蔡等国一再伐郑，想送厉公回国，结果没有成功；于是鲁、郑也分裂了。在这里，我们知道伐郑的五国中，鲁本是郑党，这次伐郑还是为了郑；宋、卫、陈、蔡四国却是郑的敌人，他们只不过想乘机打劫罢了。

卫国的第二次内乱 郑国的内乱未定,跟着卫国又发生了内乱。原因是卫国的宣公收纳了他的庶母夷姜为妻,生个儿子叫急子,把他交给宗亲大臣右公子职保护。急子长大以后,宣公替他娶了齐国的女儿;因为齐女长得美丽,宣公舍不得配给儿子,自己收用了,是为宣姜。宣姜生了两个儿子:一个叫做寿,一个叫做朔。宣公又把寿交给另一宗亲大臣左公子洩保护。夷姜因为失了宠,自己吊死。宣姜与他的小儿子朔日夜在宣公面前说急子的坏话,宣公信了谗言,就派急子到齐国去,暗遣刺客在莘的地方等待着杀他。宣姜的大儿子寿听得这消息,忙去告与急子,叫他赶快逃走。急子不肯,说:"天下哪里有没有父亲的国家可以逃奔呢!"寿看劝他不醒,便用了一计:在他动身的时候,替他饯行,把他灌醉,寿自己载了急子的行旌先去,想牺牲了自己来救急子,果然给刺客杀了。急子却不肯对不住他的弟弟,急忙赶去,对刺客说道:"你们要杀的是我,他是个无罪的人,你们杀错了!"于是刺客又把急子杀死。为了这个缘故,急子和寿的保护人左右两公子都怨恨朔,鲁桓公十二年,宣公去世,朔即位,是为惠公,隔了四年,二公子起来作乱,拥立了公子黔牟,惠公只得逃到齐国去。

齐鲁的暗斗 这时齐、鲁两国正因纪国(在今山东寿光县一带)的事发生冲突:原来纪国的君所娶的是鲁国的女儿,所以鲁要保护纪。因为齐、纪是世仇,齐国常想灭纪(报仇的话其实是托辞,齐国想的是开拓疆土。又齐、纪结仇的事只见于汉人的记载,究竟可信与否,也未能定)。在齐僖公的时候已与郑庄公合谋袭纪,没有成功。后来纪人嫁女为王后,似乎想藉王威以抵抗齐国,也不发生效力。鲁桓公十三年,鲁、纪、郑三国与齐、宋、卫、燕四国的战事,其中恐也包含着齐、纪的问题;这次齐国虽然失败,但究竟不能使他息了并纪的阴谋。到了僖公去世(鲁桓公十四年),他的儿子襄公诸儿即位,与鲁国修好,图谋灭纪更急;纪国向鲁国求救,鲁国也没有切实的办法,反而弄得与齐国又翻了脸:鲁桓公十七年,鲁、齐两国的兵战于奚的地方。不久鲁国助宋伐邾,似是想联宋以抗齐。但到了第二年,鲁桓公与齐襄公会于泺的地方,又与夫人文姜一同到齐国去;大约是想与齐国修好,不料竟被齐国害死;齐国只把刺客除杀以卸责。鲁国也不敢对齐国怎样。

齐国的始强 在鲁桓公死的那年,齐襄公又曾杀了郑君子亹。先是,郑庄公在世的时候,想用高渠弥做卿,太子忽很厌恶这人,竭力劝谏庄公不要用他,庄公不听,等到昭公(太子忽)复国,高渠弥怕昭公要杀他,便先把昭公杀了,拥立昭公的弟弟公子亹为君。齐襄公听见这事,想替郑国讨贼,借此可以摆出他大国的架子来;于是带了兵马驻屯在首止的地方,叫郑君来相会,公子亹不敢不从,带了高渠弥前去。襄公杀了公子亹,把高渠弥车裂了。公子亹同高渠弥既死,祭仲便向陈国迎了昭公的另一个弟弟子仪回国即位,是为郑子(不成君为"子")。

鲁桓公既死,纪国失了后援,齐国便乘机迁了纪国的郱、鄑、郚三邑的居民,把这三邑收为己有;跟着纪侯的弟弟纪季也以纪国的酅地入于齐国,纪国越发难以保存了。鲁国到这时还想与郑国一同援救纪国,但是因郑也有内乱,惧怕齐国,无力助鲁,反与齐国相合,于是纪的生命终于不能维持下去。到了鲁庄公(桓公子同,桓公死后即位)四年,纪侯便把全国交给纪季,逃出国去;纪季把纪国全部归了齐,纪国便灭亡了。

这时卫国内乱未定,卫惠公逃在齐国。齐国号召了鲁、宋、陈、蔡诸国一同伐卫,把惠公送回国去。惠公回国以后,把公子黔牟放到周国去(这大约是因为公子黔牟与周有些关系的缘故,当诸侯之师伐卫时,周兵曾来救卫),杀了左右两公子,重登了君位。

齐国的内乱　这时中原的国家已推齐国最强。齐襄公灭纪伐卫又服鲁,几乎成了桓公以前的伯主。可惜不久齐国也发生内乱,伯业没有做成功。先是,齐襄公派大夫连称、管至父两人去驻守葵丘的地方;两人是在瓜熟的时候去的,襄公对他们说道:"到明年瓜熟的时候,我派人来代你们。"到了期限,他并不派人去代,两人向襄公去请求,他也不许;因此他们两人很怨恨襄公,合谋作乱。那时齐国有个宗室叫做公孙无知,是襄公的叔父夷仲年的儿子。他为襄公的父亲僖公所宠,一切待遇都如太子。到襄公即位,把他的待遇降低了,他很怨恨。连称、管至父两人就奉了他图谋作乱,连称有个堂房的妹妹做襄公的侍妾,不为襄公所宠,他们就叫她做间谍;无知许她事成之后立她为夫人。鲁庄公八年十二月,齐襄公游于姑棼的地方,乘便在贝邱的地方打猎,受了伤,连称等就在这时发动,把襄公攻杀了,拥立公孙无知为君。不料无知又被大夫雍廪所杀。那时襄公的庶弟公子纠逃在鲁国,鲁国想把他送回齐国为君;不幸被襄公的另一个庶弟叫做公子小白的从莒国趁先回国即了位,这便是赫赫有名的齐桓公。齐桓公即位以后,发兵抵抗鲁国送公子纠来的兵,在乾时地方(在今山东博兴县附近)开战,把鲁兵杀得大败,齐兵乘胜打到鲁国,硬逼鲁国杀死公子纠,献出公子纠的臣子管仲、召忽。召忽自杀了,管仲却忍辱做了囚犯,由齐兵把他带回国去。那时齐军的主帅是鲍叔牙,本是管仲的好朋友,知道管仲是一个有大本领的人,便在半路上解放了他,在桓公面前竭力保举。桓公听了他的话,重用管仲为相,后来果然成就了所谓"一匡天下"的大功业。

楚国的形势 当春秋开始时,黄河流域诸国正在钩心斗角的时候,南方已有一个蛮夷的强国起来,这就是楚。鲁桓公二年,郑国约蔡国会于邓的地方,《左传》说这次盟会的原因是开始惧怕楚国。以郑庄公之强,尚且对楚国发生畏惧,可见楚国在那时候的强盛已经超过了郑了。楚国当时已控制了汉水流域和长江的中游,在他四面的都是些小国和野蛮的部落,楚国文化既较高,同时武力又很强盛,所以开疆辟地势如破竹,不到几十年的功夫,就成了南方唯一的霸国。

楚国的发展 鲁桓公六年,楚武王起兵侵随(在今湖北随县),先派了蒍章到随国去议和,自己带兵驻在瑕的地方等候。随国也派了一位少师前来证和。楚国的大夫斗伯比对楚王说道:"我们所以不能在汉东得志的缘故,是我们自己造成的:我们张大了武备去恐吓他们,他们自然害怕了要联合起来对付我们,弄得我们现在没法使他们离散。但是汉水东面的国家以随国为最大,随国倘若自大起来,必定丢开了其他小国;小国分离,正是楚国的利益。现在随国派来的少师是个很骄傲的人,我们可以故意把老弱残兵陈列出来去哄骗他,使他们上我们的当。"楚国的另一个大夫熊率且比听了斗伯比的话,说道:"随国有个季梁,是很有智谋的人,这套计策,恐怕骗不倒他罢?"斗伯比说:"我们用这计策是为日后打算。要知道少师是随君的宠臣,随君很听他的话呀!"楚王用了斗伯比的计策,故意把军容毁坏,然后请少师进来。少师一见楚兵疲弱,回去便请随侯起兵追赶楚师。随侯正想听他的话,季梁果然出来劝谏道:"老天爷帮楚国的忙,楚国势头正盛,他们是故意的示弱,在哄骗我们呵!"随侯听纳了季梁的话,便止住了。在斗伯比的话里,我们可以看出那时南方的形势是楚国独强,勉强能与楚国对抗的只有随国。随国联合了汉水东面的诸小国做楚国的敌人,所以楚国汲汲地要想打服他。他们所用的政策,是先离间汉东诸小国与随国的联结。

过了两年,楚国邀合南方诸侯在沈鹿地方(在今湖北钟祥县附近)盟会,只有黄、随两国不来。楚武王派了蓬章去责问黄国,自己带了大兵去伐随国,驻兵在汉水、淮水之间。季梁劝随侯与楚国讲和,楚国不许然后开战,这是使本国的人民发愤而懈怠敌人的计策。少师却对随侯说道:"我们快动手的好!不然,楚兵又要像前次一样逃走了。"随侯听了少师的话,便起兵与楚国开战,在速杞的地方被楚兵打得大败,随侯步行逃走,楚国俘获了随侯的兵车,把车右少师杀死;于是随国只得服从楚国了。

不久,楚国又开辟了濮地(在今河南省南部和湖北省一带),打败了邓国(在今河南邓县附近)和郧国(在今湖北安陆县附近)、绞国(在汉水流域湖北省境内)的兵,声势更是不可一世。不料就在这时吃了一回亏:在鲁桓公十三年,因为罗国(在今湖北宜城县?)有意对楚国挑衅,楚国起了大兵伐罗,在屡胜之后轻看了敌人,未设防备,被罗国联合了卢戎(在今湖北南漳县?)打得大败。

楚国虽然败了这一次,但实力并不大损。在鲁庄公四年,楚武王造了一种"荆尸"的阵法,在军队中参用戟队,起兵伐随,在半路上死了。令尹斗祈、莫敖屈重把丧事按住,开辟了行军的直道,在溠水上面搭了桥，领兵深入，直逼随国。随国人大怕，又同楚国讲和。莫敖假托了王命到随国与随侯结盟，并要求结会于汉汭（汉水之曲）的地方。事情办好，班师回国，渡了汉水，然后发丧。在这里，我们又可看出楚人是怎样的一种尚武力征的种族。他们肯这样努力经营，所以才能为南方的伯主。武王死后，子文王熊赀即位，联合巴国伐申，后又灭了申、息（在今河南息县附近）、邓等国，攻入了蔡国，势力骎骎北上，从此成了中原诸侯的大患了。

第七章　齐桓公的霸业

绪论　春秋初期，列国并峙，互相争胜。在这时期中，黄河流域比较活跃的国家是郑、齐、鲁、宋、卫五国。五国之中约略说来：郑、齐、鲁为一党，宋、卫为一党。两党的势力，以前一党为强盛。前一党中起初最强的是郑，后来是齐。郑、齐两国在春秋最初期，可以算是准伯主的国家。郑因发生内乱中衰，齐国代兴，灭纪败鲁，渐渐做成了真盟主。到了公元前六百七十九年（鲁庄公十五年），齐桓公正式登了伯主的宝座，应合时势的需要，做出了一番"尊王攘夷"的事业来。这"尊王攘夷"的事业，是有适合的背景的，先叙如下。

狄族探原　齐桓公时，中原的强敌在南是楚，在北有狄。据考证：狄就是商代的鬼方，周代的獯鬻和犬戎，《易经》上说商王武丁领兵伐鬼方，一打打了三年，才把他们克服。打一处仗要用三年功夫，在古代真是一个极大的战争了。古书上又记周王季伐西落鬼戎，俘获了二十个翟（狄）王；西落鬼戎就是鬼方。打一次仗就俘获了二十个王，又可见鬼方部族的强大。在文王时，也曾征伐过犬戎。到西周时，成王（或康王）又曾派了一个叫做盂的人去伐鬼方，俘获了一万三千另八十一个人回来，这真是西周对北方蛮族斗争的第一次大胜利。穆王时，又曾去征过犬戎，俘获了五个王，又得到四只白狼和白鹿，把戎族迁到太原（在河东）的地方。夷王时，命虢公带兵伐太原的戎族,到了俞泉地方,俘获了一千匹马。厉王或宣王时,猃狁内侵甚急,他们占据了焦、穫(在今山西阳城县?)地方,攻打镐、方(在今山西夏县?)、西俞等处,一直到洛水(现在陕西的洛河)和泾水(现在的泾河)的北面。周王亲征,在罍𪻐(即彭衙,在今陕西白水县)地方打败猃狁,又命大臣尹吉甫等带兵直追到太原,更命一个叫做南仲的到朔方(方)去筑城,连攻连守,才把猃狁暂时平定了。到了宣王晚年,又兴兵征伐住在太原的戎族,却得不到胜利。到幽王时,戎狄格外强盛起来,蚕食周地,结果犬戎竟把西周灭了。东周之初,戎族在西方扰乱,梁国(在今陕西韩城县)曾抵抗过"鬼方蛮",秦文公又赶走了占居周地的戎族;其后秦、虢等国与西戎就屡有交涉。鲁闵公时,以虢国之小也曾击败犬戎,可见犬戎已衰。到秦穆公的晚年,西戎全被秦所征服。秦国霸了西戎,西方的戎祸就告一段落了。

狄族的发展 西方的戎祸稍靖,北方的狄寇又起来了。上文说过,狄就是鬼方的一支,与猃狁、犬戎是同族。他们以今山西、陕西两省为根据地,势力一直到达了河北、河南和山东。晋曲沃庄伯二年(春秋前九年),翟(狄)人伐晋,一直到了晋都的郊外。晋献公时晋国强盛,兼并狄土,狄人被驱,同时,黄河下游诸国正互相争斗得筋疲力尽,狄人乘势东侵南下,一时中原诸侯大受他们的威胁,大家惧怕狄人,比惧怕楚人还要厉害些。

戎夷的侵扰 狄之外,春秋初年为中原祸患的还有诸戎。春秋时的戎族,除猃狁后裔的犬戎外,东方的戎国虽与鲁盟好,他们也有时为寇,与鲁、齐等国争战;又曾侵犯过曹国(在今山东定陶县附近)。北戎的势力较为强盛,曾侵犯过郑国,被郑国打败,又曾伐过齐国,也被郑国的救兵杀退。山戎曾侵扰过燕国(这是北燕?都城据说在今河北宛平县,恐未必可信)。扬拒、泉皋、伊雒之戎曾联兵伐周,攻破了王城,被秦、晋联军所打退(参见下文)。其他诸戎势力不强,不大为中原之患。总之,春秋时的诸戎虽不及狄族之强,然而中原列国也是受到他们的侵扰的。至于号称夷族和蛮族的,除了楚外(楚就是蛮夷的一种),在春秋时都不占势力,他们和中原就不发生什么关系。只有淮夷较强,曾侵扰过杞国,详见下文。

王室的衰微 以上所说的是"攘夷"事业的背景,至于"尊王"事业的背景,那就更容易知道了。东周王室在春秋开始的几年还有些威权,自从周、郑繻葛之战,王师大败,就一蹶不振;后来又继续发生内乱:鲁桓公十八年,周公黑肩想杀了庄王(桓王子佗,嗣桓王位),拥立桓王交给他保护的王子克(庄王弟)为君;有个大夫叫做辛伯的把周公黑肩的阴谋告诉庄王,庄王杀了周公黑肩,王子克逃到燕国去。这是春秋时周王室的第一次内乱。鲁庄公十九年,惠王在位(庄王死,子僖王胡齐立;僖王死,子惠王阆立),周室又发生第二次内乱,由郑、虢两国代为平定,惠王酬谢郑、虢二君,就赐给郑国虎牢以东的地方,赐给虢国酒泉的地方。于是王畿削小,王室也更趋衰弱了。

"尊王"与"攘夷"政策的关联 因为王室衰微,所以造成列国互相争胜的形势;因为列国互相争胜,中原内部因不统一而更不安宁,所以又造成戎、狄交侵的形势。要"攘夷"必先"尊王","尊王"的旗帜竖起,然后中原内部才能团结;内部团结,然后才能对外,所以"尊王"与"攘夷"是一致的政策。这是春秋初年的时势的需要,并不是齐桓公和管仲一二人突然想出来的花样!

第七章　齐桓公的霸业

管仲　"五霸"的事业是一部春秋的骨干,而五霸之中以齐桓、晋文为首。孟夫子说:"《春秋》,其事则齐桓、晋文。"又说:"五霸,桓公为盛。"可见齐桓公的霸业是春秋史中最重要的节目。但是齐桓公的霸业是管仲帮他做成的。管仲字夷吾,据《史记》说他是颍上的人氏,大约是周的同姓管国(在今河南郑县)之后。又据《史记》说,他少年时曾与鲍叔牙交好,鲍叔牙知道他的贤能,很敬重他。管仲那时极贫穷,与鲍叔牙一同出外经商,等到分利息的时候,管仲常常欺侮鲍叔牙,自己多要好处;鲍叔牙始终不同他计较,仍是很善待他。这段故事实在是不甚可信的。我们知道管仲是齐大夫管庄仲的儿子,乃是贵族阶级,怎会有微贱而经商的事呢?(商人在古代是微贱的阶级。)这恐怕只是战国人用了战国的时代观念造出的故事(这段故事始见于《吕氏春秋》)。后来鲍叔牙依属了公子小白,管仲也做了公子纠的臣子。等到齐襄公去世,公子小白与公子纠争国时,管仲曾发一箭,射中了小白的衣带钩。桓公(小白)即位,打败鲁兵,逼鲁国杀死公子纠,把管仲俘虏回来;因鲍叔牙的竭力保荐,管仲竟做了桓公的相,他替桓公规划政事,先立定了创霸业的基础。

管仲治齐的政策　管仲替桓公所规划的治齐国的方法,可分为内政、军政、财政三方面。他所用的政策,约略说来,是分划都鄙而集权中央,奖励农商以充实国富,修整武备以扩张国威。现在根据《国语》等书,就分内政、军政、财政三项,略叙管仲治齐的政策。

管仲的内政计划　关于内政方面,管仲所定的计划是:把国都分为六个工商的乡,十五个士(兵士的士)的乡,共为二十一乡。这十五个士的乡,由桓公自己管领五个,上卿国子和高子各管领五个。把国政也分为三项,立出三官的制度:官吏之中立出三宰,工人之中立出三族,市井之中立出三乡;又立三虞的官,管理川泽的事;立三衡的官,管理山林的事。又规定郊外三十家为一邑,每邑设一个司官;十邑为一卒,每卒设一个卒帅;十卒为一乡,每乡设一个乡帅;三乡为一县,每县设一个县帅;十县为一属,每属设一个大夫,全国共有五属,设立了五个大夫。又立出五正的官,也派他们各管一属的政事,而受大夫的统属。在每年的正月里,由五属大夫把他们治理属内的成绩报告给桓公,由桓公督责他们的功罪。于是大夫修属,属修县,县修乡,乡修卒,卒修邑,邑修家,内政就告成了。

管仲的军政计划 关于军政方面,管仲所定的计划是:作内政而把军令寄在里面。他规定国都中:五家为一轨,每轨设一个轨长;十轨为一里,每里设一个里有司;四里为一连,每连设一个连长;十连为一乡,每乡设一个乡良人。就叫他们掌管军令:每家出一个人,一轨有五个人,五人为一伍,由轨长带领着;一里有五十人,五十人为一小戎,由里有司带领着;一连有二百人,二百人为一卒,由连长带领着;一乡有二千人,二千人为一旅,由乡良人带领着;五乡有一万人,立一个元帅;一万人为一军,由五乡的元帅带领着。全国三军,就由桓公与国子、高子带领了。桓公等三人也就是元帅。这便是一种保甲制度,也是一种军国制度。他们定出这种制度来,每逢春季和秋季借了狩猎来训练军旅,于是就"卒伍整于里,军旅整于郊"了。训练完成以后,下令全国的人不许自由迁徙,每伍的人有福同享,有祸同当,人与人、家与家之间都互相团结,就做到了"夜里开战,只要听到声音,大家就不会乱伍;日里开战,只要看见容貌,大家就互相认识"的地步;这样的军队自然是最好的了。

第七章　齐桓公的霸业

那时齐国缺少军器，管仲又定出一种用军器赎罪的刑法来。臣民犯了重罪，可以用一副犀牛皮制的甲同一柄车戟赎罪；犯了轻罪，可以用一副皮制的盾同一柄车戟赎罪；犯了小罪，可以用铜铁赎罪。打官司的人应该用一束箭做入朝听审的讼费。这样一来，甲兵也便充足了。

管仲的财政计划　关于财政方面，管仲所定的计划是："相地衰征"（衰是等差的意思，征是赋税；相地衰征，就是看土地的好坏来等差赋税的轻重），通货积财，设"轻重九府"之制，观察年岁的丰凶、人民的需要来收散货物，制造钱币，由官府掌管。更提倡捕鱼煮盐的利益。于是齐国就富庶了。

管仲政策的批评　我们综看管仲治国的方法（虽然《国语》等书的记载未可尽信，但必保存些当时的真相的影子），实在是一个大政治家的手腕。他知道治国的要点先在分划内政和统一政权；富国的要点先在整理赋税和发展农商，而由国家统治经济。尤其可以佩服的，是他把军令寄在内政上，使武备不为独立的扩张。兵属于国，民属于兵，兵民合为一体，国家岂有不强盛的道理。即此可以知道一国的强盛固然需要其他内在和外在的条件，而大政治家的有益人国，也是绝对不可否认的事实！

齐鲁宋的争衡　在齐桓公称霸以前，还有齐、鲁、宋三国争衡的一段历史，这为自来研究春秋史的人们所不大注意的。现在我们先把它挑出来谈一谈：原来当齐桓公尚未成霸时，鲁国曾强盛过一时。当鲁庄公十年，齐国起兵伐鲁，大约是报上年鲁国伐齐纳公子纠的怨恨。那时鲁国虽刚吃了败仗，但元气尚不甚损伤，齐兵来时，恰巧鲁国有个很有智谋的人叫做曹刿，他去见鲁庄公，谈了一会，很合庄公的意思；庄公便带了他起兵与齐兵在长勺的地方开战。曹刿劝庄公先不要擂鼓(擂鼓便是准备开战的信号),等到齐兵擂了三次鼓,见鲁兵始终不动,正在发呆的时候,曹刿才请庄公擂鼓发兵,一下子就把齐兵打得大败而逃。曹刿又劝庄公不要就追,自己先下车去看看齐兵的车迹,再登车望望齐兵的旗帜,才请庄公发兵追赶,这一仗鲁兵就得了个大胜利。曹刿先叫庄公不要擂鼓的原因,是为了鼓是兴奋军气的物事,多擂了,军气便衰竭了;齐兵的军气已竭,鲁兵的军气方盛,所以齐兵便被鲁兵打败了。他叫庄公不要就追的原因,只为齐是大国,难以猜度,恐怕齐兵假败,另有埋伏;后来他看了齐兵的车迹紊乱,旗帜也倒了,知道他们是真败,所以又请庄公追赶。曹刿的举动是很合兵法的。查曹刿和管仲都是下级的贵族,他们都很有才能,一个被齐用,一个为鲁用,可见在当时较次的阶层已渐渐抬头了。

鲁国胜了这一仗以后,国势便振起了,于是起兵侵宋。齐国不服,又联合了宋兵来打鲁国,两国的兵驻在郎的地方。鲁国的大夫公子偃对鲁庄公说道:"宋国的军队很不整齐,我们可以先把他打败。宋兵败了,齐兵自然回去。"庄公不听他的话,他就自己带了军队从南城门偷偷出去,在战马的身上蒙了虎皮,先冲宋营;庄公带了大兵接应上去,把宋兵在乘丘地方(在今山东滋阳县附近)打得大败。宋兵既败,齐兵果然自己回去了。次年,宋国为了报复乘丘之败,又起兵来侵鲁国。庄公发兵抵御,乘宋兵尚未结阵的时候冲杀过去,又把宋兵在鄑的地方打败了。

宋国的第二次内乱 宋国被鲁国打败两次,内部又发生了变乱。先是乘丘之战,宋国的勇将南宫长万被鲁庄公亲自用了"金仆姑"(箭名)射倒,给鲁兵擒了去。宋国因他是本国的勇士,向鲁国请求释放；鲁国答应了，放他回国。那时宋国的君主是宋闵公（庄公子捷，嗣庄公位），他当面取笑南宫长万道："从前我为了你勇敢，很敬重你；现在你做了鲁国的囚虏，我要改变态度了。"南宫长万听了这话，恼羞成怒，图谋作乱，在鲁庄公十二年的秋天，他在蒙泽地方对闵公下了毒手，又杀死大夫仇牧和太宰华督，拥立公子游为君。宋国的群公子逃奔萧地，闵公的弟公子御说逃奔亳地；南宫长万派他的儿子南宫牛和部将猛获带兵围困亳邑。宋国萧邑的大夫萧叔大心同了宋戴公、武公、宣公、穆公、庄公的后裔发动曹国的兵反攻南宫长万，先到亳地把南宫牛杀死，又打到宋都杀了公子游。他们奉公子御说为君，是为桓公。猛获逃奔卫国，南宫长万逃奔陈国，宋国向卫国要回猛获，又用贿赂向陈国要回南宫长万，把他们都杀了。

齐国独强局面的造成 那时齐国已灭了谭国（在今山东历城县附近）。鲁庄公十三年，齐国邀集宋国、陈国、蔡国、邾国在北杏地方会盟，平定宋国的内乱，征召遂国（在今山东宁阳县）赴会；他们没有前来，齐国就把遂国灭了。鲁国那时连败齐、宋的兵，本很强盛，但因诸侯都归附齐国，寡不敌众，又因邻近的遂国被齐国所灭，感到威胁，便也只得和齐国在柯的地方结盟，开始与齐通好。就在那年，宋国大约因齐、鲁结合，而鲁国是宋的敌人的缘故，背叛了齐国。次年，齐桓公邀集陈、曹两国的兵伐宋，又向周室请派王师。周王派单伯带领军队跟三国的兵会合伐宋，于是宋国只得屈服了。自从郑庄公假借王命征伐诸侯以后，这是"挟天子以令诸侯"的事业的第一次重现。

便在这时，郑厉公从栎地攻打郑国，到大陵地方捉住郑子仪的臣子傅瑕；傅瑕情愿投降，替厉公做内应；厉公与他结盟，放他回国。傅瑕回去就杀了子仪同他的两个儿子，迎厉公复位。厉公回国，恩将仇报，杀了傅瑕；又怨大夫原繁不向自己，也把他生生逼死。这可见厉公手段的毒辣，不亚于他的父亲庄公。厉公看清了时势，复位以后就与齐国联结。齐桓公又邀单伯与宋、卫、郑三国在鄄的地方（在今山东濮县附近）会盟；第二年，齐、宋、陈、卫、郑五国在鄄地又重会了一次，《左传》上说齐国就在这次盟会里开始称霸了。

我们综看齐桓公创霸的经过，他的政策是先想征服鲁国，不成，便联结宋国；用了两个大国的声威，团结陈、蔡、邾诸小国成一个集团，又灭了遂国做榜样，硬把鲁国逼服。鲁国归服以后，宋国背叛齐国，桓公又邀合诸小国，假借了王命，把宋国打服。鲁、宋两大国既服，郑本是齐党，卫本是宋党，自然都来归向了。这可见齐桓公创霸时的对象是鲁、宋两国，只要征服了鲁和宋，霸业的基础便建筑完成了。

齐桓霸业总论 齐桓公的霸业可以分作三个时期来讲。第一时期约从鲁庄公十五年起至二十八年止，这个时期可以说是联结中原诸侯的时期。第二时期约从鲁庄公二十八年起至鲁僖公四年止，这个时期可以说是安内攘外的时期。第三时期约从鲁僖公五年起至十七年止，这个时期可以说是尊王和霸业成熟的时期。现在先说第一时期。

鲁郑的叛离与征服 当鲁庄公十五年的春天，齐桓公再合诸侯于鄄，开始称霸以后，这年夏天，鲁夫人文姜也到齐国结好，可说黄河下游的鲁、郑、宋、卫四大国已都服了齐国。但那时诸侯内部还未完全和协，郑、宋两国的世仇也还未尽解释。就在这年秋天，

第七章 齐桓公的霸业

齐、宋、郑三国去伐郕国（就是小邾国，在今山东滕县附近），郑国偷乘了这个机会便起兵侵宋，于是次年，齐、宋、卫三国的兵伐郑。楚国这时也来伐郑，一直打到栎的地方。这是齐、楚两大国努力以郑国为冲突焦点的开始。这年冬天，因郑国降服，齐、鲁、宋、陈、卫、郑、许、滑、滕诸国又在幽的地方同盟了一次。不久，郑国又不肯去朝齐国，于是齐国拘了郑国的执政大臣郑詹。遂国的遗民也在这时起来扑灭了齐国的驻兵。郑詹从齐国逃奔鲁国。鲁国在这时与莒联结，夫人文姜两次往莒，大约也想背叛齐国，所以齐、宋、陈三国伐鲁西鄙。

这时王室也发生内乱，大夫芮国们联结了苏、卫、燕等国拥立王子颓（庄王子）为君，周惠王奔郑，由郑、虢两国保护惠王回国平乱复位。已见上文。大约郑国因得罪齐国，所以与王室联络，想借王命来抗齐。卫国这时是齐党，卫国叛王起兵伐周，拥立王子颓，齐国不去责问，也很有助逆的嫌疑，这场安定王室的大功竟让郑国占了。要不是郑厉公不久就死，以厉公的手腕，很可能联合西方诸侯（如晋、秦、虢等国）奉了王室另外结成一个团体，以与齐国对抗。如果这样一来，春秋中世史就会变换个样子，齐国的霸业或者就此终结也未可知。幸而郑、虢两国因争周王的赏发生嫌隙，周、郑的国交也因此破裂，厉公不久又去世了，所以齐国得以乘机服了鲁国，与鲁互通姻好，国交日睦；因势又服了郑国，邀合诸侯再盟于幽，于是霸业大定。周王也派了召伯廖来赐齐桓公的命，叫他伐卫，讨立王子颓的罪。齐桓公观察情形，早已丢开卫国，这时奉了王命，大张旗鼓地去伐卫，大败卫兵，以王命数责他的罪，却取了贿赂回去。卫国既服，黄河下游诸国就结成一个团体了。（以上第一时期。)

楚国的北略 当齐桓公开始称霸的时候，楚国已灭了息、邓等国，攻入蔡国，跟着又伐郑国，势力已发展到中原。隔了两年，巴国伐楚，楚文王起兵抵御，因有内乱的缘故，打了个大败仗；回国时管城门的官吏鬻拳不肯开门，硬逼文王再去伐黄，把黄的兵打败，保全了楚国的声威。文王回到湫的地方，得疾去世；鬻拳把他葬在夕室，也自杀了。文王的儿子堵敖熊囏即位，被弟弟熊恽杀死；熊恽自立，是为成王。鲁庄公二十三年，楚成王开始派使聘问鲁国，这是楚国与东方诸侯交通之始。

鲁庄公二十八年的秋天，楚令尹子元又带了六百乘兵车伐郑，打进郑国的外城，一直攻入大街市井。郑国却连内城的闸门也不下，兵士们学了楚国的方音出门应敌。楚兵被他们的空城计吓倒，不敢前进。恰巧这时齐、鲁、宋等诸侯的兵来救郑国，楚兵就连夜逃走了。郑国人本想逃到桐丘的地方去避难，间谍报告说，楚兵的营幕上已有乌鸦停着，大家知道楚兵已去，方才停住不走。楚令尹子元从郑国回去，竟占住了王宫，被大夫申公斗班杀死，由一个叫斗谷於菟的继为令尹。斗谷於菟就是那赫赫有名的令尹子文，他是一个很能干的人，他见当时楚国内乱未定，就自己毁了家来安定国难。楚国得了这样的贤臣，从此便格外强盛了。

山戎的征讨 此时山戎常常侵扰燕国，齐桓公起兵征伐山戎，直打到孤竹国，得胜回来。于是燕国也入了齐国的党。齐国的势焰大盛，鲁国甚至于替管仲修筑私邑小谷的城，借此向齐国讨好。齐、楚两国的势力既都发展到相当的程度，终不免有一次冲突。齐国势力较大，便先谋伐楚，向诸侯请会。

第七章　齐桓公的霸业

鲁国的第二次内乱与齐桓的安鲁　就在这时,鲁国又发生内乱。先是鲁庄公娶了大夫党氏的女儿孟任,生个儿子叫般;般长大后,有一次鲁国雩祭,先在一家梁氏的家里演习祭礼,庄公的女儿去看演礼,有个圉人(马夫)叫做荦的从墙外调戏了她,被般知道,把荦责打,荦因此记下对公子般的仇恨。鲁庄公三十二年,庄公得病将死,向他的异母的三弟叔牙问立后的事,叔牙道:"二哥庆父(叔牙的同母兄)很有才干,可以继位为君。"庄公又向他的同母的四弟季友询问,季友道:"臣愿以死力奉般为君。"庄公告诉他,叔牙曾保举庆父,季友便假托君命,派一个叫鍼季的用毒酒把叔牙毒死了。不久庄公去世,季友奉般即位,暂驻在党家;庆父利用圉人荦对般的仇恨,派他到党家把般刺死,季友逃奔陈国。鲁人又奉庄公的庶子启方即位,是为闵公。鲁闵公初立,内乱未定,就与齐桓公在落姑地方结盟,请齐国叫季友回国。齐桓公答应了,便派人到陈国去叫季友回来。齐国又派了大夫仲孙湫来省问鲁国,仲孙湫回去报告桓公道:"不把庆父除了,鲁国的国难是不会完结的。"桓公便问:"怎样除去庆父?"仲孙湫答道:"他作乱不息,自会自己走到死路上去的,你可以姑且等候着!"桓公又问:"我们可否乘机取了鲁国?"仲孙湫道:"鲁国还保存着周礼,未可轻动,你应当竭力安定鲁难,才是正理!"不久,鲁闵公又被庆父派人害死,季友奉庄公另一庶子公子申逃奔邾国;庆父也因对付不下国人而逃奔莒国。庆父既去,季友就回国奉公子申即位,是为僖公;送贿赂到莒国,请求他们把庆父押解回国,莒国答应了,送庆父来,庆父自知罪大,在半路上自杀了。这时齐国又派上卿高子来与鲁国结盟,竭力拉拢鲁国,鲁国的国难就从此平息。

狄人的南侵与邢卫的救护 此时狄人起兵攻打邢国(在今河北邢台县附近?),管仲对齐桓公说道:"戎狄的性情和豺狼一般,没法使他们满足的;诸夏之国都是亲戚,不可丢了他们;安乐是酖毒,不可过分留恋。请你起兵救邢罢!"桓公听了他的话,就发兵去救了邢国。不久狄人又起兵伐卫,卫懿公(惠公子赤,嗣惠公位)起倾国之师抵御,在荥泽地方开战,卫兵大败,懿公被杀。狄人长驱攻入卫都,竟灭了卫国;并追败卫国的遗民,直至黄河。宋国救出卫国的遗民,男女只有七百三十个人。添上了共、滕两邑的居民,刚凑满五千人,就在曹地(在今河南滑县)立了卫惠公庶兄昭伯的儿子申为君,是为戴公。齐桓公派他的儿子公子无亏带领三百乘兵车,三千名甲士替卫国戍守曹邑,又送给卫君乘马、祭服和牲口、木材等等,并送给卫夫人乘车和做衣服用的细锦。这时郑国命大夫高克带兵驻守河上,大约也是防御狄人的。驻兵竟致溃散而归,这也可见狄人的强盛了。隔了些时,狄兵又攻邢很急,齐桓公再邀宋、曹两国的兵救邢。邢国的人逃出城来,投奔诸侯的军队。诸侯的兵赶走狄人,把邢国迁到夷仪地方(在今山东聊城县?),齐桓公更命诸侯的军队替邢国筑了城。卫国的戴公去世,弟文公燬即位,齐桓公又带领诸侯的军队修筑楚丘城(亦在今河南滑县),把卫国迁到那里。《左传》上形容这两国人民的高兴,说:"邢国的迁徙好像回家一样,卫国也忘记了灭亡了。"(卫文公穿了粗布的衣,戴了粗帛的冠,以俭朴治国,努力复兴事业,提倡农工商和教育,并任用能臣,不久卫国便渐渐复兴了。)这安鲁、救邢、存卫,是齐桓公的三件大功业。

齐楚的争衡 北方的狄难未息,南方的楚患又起。鲁僖公元年，楚国再起兵伐郑。齐桓公邀诸侯在柽的地方盟会，图谋救郑。从鲁僖公二年到三年，齐国又结合了宋、江、黄（江在今河南息县附近，黄在今河南潢川县附近）三国在贯和阳谷地方接连盟会了两次。江、黄两国本是楚的与国，到此时也归入了齐国的掖下了。齐国的势力越发扩张，楚国恰在这时连次伐郑，齐桓公便召合鲁、宋、陈、卫、郑、许、曹等国的兵侵蔡（蔡这时是楚国的与国），蔡民溃散，诸侯的兵就顺道伐楚。楚王派了一个使者来质问齐桓公道："你住在北海，我住在南海，任何事情都是没有关涉的。这次你们会到我们这边来，不知是为了什么事？"管仲代桓公答道："从前召康公奉了周王的命令，曾对我们的先君太公说过：'五种侯，九个伯，你都可以专征！东边到海，西边到河，南边到穆陵，北边到无棣，你都去得！'你们不向周王进贡祭祀用的灌酒的包茅，已是失礼；况且周昭王南征，死在半路上，与你们也不无关系。我们现在前来，正是为的责问这个。"楚使答道："不进贡确是我们寡君的罪；至于昭王南征不归的一件事，你只好到水边上去责问了！"齐桓公见楚国的态度强硬，便进兵驻在陉的地方（在今河南郾城县附近）。楚王又派一个大夫叫做屈完的到诸侯的军营里来讲和，诸侯的兵便退驻在召陵地方（亦在今河南郾城县）。齐桓公陈列了诸侯的军队，招屈完同车前去，指点给他观看，说道："带了这许多人马去打仗，谁还能抵挡得？带了这许多人马去攻城，还有什么城不可攻破？"屈完答道："您若用德义安抚诸侯，谁敢不服；如果用兵力来威胁我们，那末楚国可以把方城山当城，把汉水当池；城这么高，池这么深，你的兵虽多，也是没用的呵！"齐桓公一听屈完的话厉害，便许他与诸侯结了盟。

齐桓的东略的开始　伐楚的事刚刚完结，不料诸侯内部就闹出了意见。原来那时诸侯的军队中有一个陈国的大夫辕涛涂,对郑国的一个大夫申侯说道:"各国的兵如果打从我们两国之间回去,我们的本国一定要受到很大的破费。如果再到东方去,向东夷示威一次,循着海边回去,岂不很好!"申侯说:"这个办法不错!"辕涛涂听了申侯赞成他的话,就把这个回兵的计划去告诉齐桓公,齐桓公答应了。回兵行到东方,军队因疲劳的缘故很受损失。申侯反去见齐桓公说道:"我们的军队疲乏了,打从东方回去,遇到敌人,恐怕要失败的。如打从陈、郑两国之间回去,叫他们供给军队的粮饷器物,岂不是好!"齐桓公一听这话不错,便把郑国的虎牢地方赐给申侯,而把辕涛涂拘押了。一方又派鲁国同江、黄两国的兵去伐陈国,讨他不忠于诸侯的罪。过了些时,齐、鲁、宋、卫、郑、许、曹等国又联兵侵陈。陈国赶快向诸侯求和,齐国才把辕涛涂放了回去。(以上第二时期。)

周室的安定 那时周惠王想废黜他的太子郑而立少子叔带为太子,周室内部又发生不宁的现象。鲁僖公五年,齐桓公又邀合诸侯与太子郑在首止地方结会,图谋安定周室。陈国的辕涛涂这时和郑国的申侯也在会,辕涛涂怨恨申侯前次给他当上,便在这时反劝申侯修筑齐桓公赐给他的采邑虎牢,更替他向诸侯请助,就把虎牢城修筑得很坚固。等到这座城修好以后,辕涛涂便到郑文公(厉公子捷,嗣厉公位)面前去说申侯的坏话:"申侯修筑他的赐邑很坚固,目的是想叛你呀!"郑文公听了他的逸言,申侯从此得了罪了。诸侯在首止结盟,周惠王却派大臣周公去召郑文公来,劝他道:"我保护你去服从楚国,再叫晋国辅助你,可以不受齐国的气而得到安宁了。"郑文公正怕齐桓公与他的臣子申侯联络,于他不利,得了王命,很是喜欢,却又畏惧齐国,就不与诸侯结盟,私自逃回国去;于

第七章　齐桓公的霸业

是诸侯的兵伐郑，围住郑国新密地方。楚国这时灭了弦国（在今河南潢川县附近），因救助郑国，又把许国围住；诸侯的兵救了许国就放下了郑国了。隔了一年，齐国又起兵伐郑。郑文公杀了申侯向齐国解说。诸侯在宁母地方结盟，管仲劝齐桓公修礼于诸侯，命诸侯向周王修职贡之礼。就在这时，郑伯派太子华听命于会，太子华却对齐桓公说道："我们国内的洩、孔、子人三家实在是违背你命令的主谋者，你若除去这三家，我就可以拿郑国做你的内臣了。"这是郑太子华要想借了齐国的势力自立为君的计划。齐桓公将要答应他，管仲忙谏止道："你以礼和信联结诸侯，现在帮助儿子反叛父亲，这是不合理的事情，诸侯定要不服。你如不答应郑太子华的请求，郑国是一样会降服的。"齐桓公听了管仲的话，就辞谢了郑太子华；太子华从此得罪于郑君（后被郑君所杀），郑国果然来向齐国乞盟了。

就在这时候，周惠王去世，太子郑很怕他弟弟叔带要作乱，便不发丧，先向齐国乞援。鲁僖公八年，齐国邀合诸侯与周人在洮的地方结盟，郑国也来请盟，诸侯奉太子郑即位，是为襄王。襄王定了位，然后才敢发丧。

葵丘之会　　隔了一年（鲁僖公九年），齐桓公又邀鲁、宋、卫、郑、许、曹等国在葵丘地方（在今河南考城县附近）相会修好，周襄王派了大臣周公（宰孔）来赐给齐桓公祭肉。齐桓公将要下堂行拜礼，周公又传周王的后命道："伯舅（天子叫异姓的诸侯为伯舅）的年纪大了，加赐一级，不必下拜！"齐桓公敬谨答道："天威不远就在面前，小白怎敢贪受天子的恩命，废掉下拜的礼节。"他就下阶行了拜礼，再登堂接受王赐。在这里我们可以看出一点消息，就是周天子的威严在春秋以前表面上反没有这样煊赫,到了此时,周天子的真正实力已消灭无遗,而他的威严在表面上反而比前格外煊赫起来,这就是霸主的手段和作用。因了一班霸主"尊王"的权术,君臣间的礼制才谨严了。后来的儒家特别注重君臣的礼节,他们号为祖述三王,实在乃是祖述的五霸啊!这年秋天,齐桓公与诸侯又在葵丘结盟,发出宣言道:"凡我同盟的人,既盟之后,大家都要相好!"又申明周天子的禁令道:"不可壅塞泉水!不可多藏谷米!不可改换嫡子!不可以妾为妻!不可使妇人参预国事!"这次盟会就是历史上有名的"葵丘之会",是齐桓公创霸的一场压轴好戏。

齐霸的渐衰 不久,晋国的献公去世,国内发生变乱(详见下章),齐桓公带了诸侯的兵伐晋,到了高梁地方(在今山西临汾县附近)就回去了。后来又派大夫隰朋带兵会合周、秦两国送晋惠公回国即位。这是东方的国家与西方黄河上游的国家正式发生关系之始。

隔了一年(鲁僖公十一年),周襄王的弟弟叔带招了扬拒、泉皋、伊雒之戎来打周国,攻进了王城,焚毁了东门。秦、晋两国发兵伐戎救周。楚国在这时也灭了黄国。狄兵也再来灭了温国(就是苏国,周王畿内的诸侯,在今河南温县附近),并侵扰卫、郑等国。齐桓公只能联合许国去伐了北戎,以牵制入寇的戎狄;并发诸侯的兵替卫国修筑城郭;又派了管仲、隰朋两人替周室、晋国跟戎人讲和。他既不能讨平戎族,又不能征伐楚国,更不能征服狄人。齐国的霸业到此时实在已经中衰了。

鲁僖公十三年,齐桓公为了淮夷侵扰杞国和戎族侵扰周室,又邀诸侯在咸的地方盟会,发诸侯的兵替周室守御。次年,又与诸侯修筑缘陵的城,迁了杞国过去。不久,楚国又起兵攻打徐国,诸侯盟于牡丘,起兵伐厉(楚的与国)以救徐,不得胜利,结果仍被楚国将徐国的兵在娄林地方打败了。又隔了一年(鲁僖公十六年)周王再向齐国警报戎难,齐桓公再征集诸侯的兵驻守周地。就在这年,齐国又邀诸侯在淮水上盟会,替鄫国(在今山东峄县附近)修筑城池,防御淮夷,并想起兵向东夷示威,不料筑城的人多害了病,城没有筑成就班师了。次年,齐国又与徐人伐了楚的与国英氏。此时鲁兵灭了项国,鲁僖公还在诸侯的会(淮之会)上,齐桓公责问鲁国灭小国的罪,就把僖公拘下了。鲁夫人声姜为了僖公的事,与齐桓公在卞地相会,齐国才把僖公放回。这年的冬天,齐桓公就去世了。(以上第三时期。)

齐桓霸业结论　统看齐桓公的霸业,他的势力实在只限于东方一带。黄河上游的秦、晋,和南方的楚,北方的狄,他并不能把他们征服。他的实力实在还很单薄,只靠了诸侯的团结,才勉强做出一点场面来。至于他的功绩,约略说来,在安内方面,是有相当的成就的;对于攘外,却多半只做出一些空把戏。然而中原的所以不致沦亡,周天子的所以还能保持他的虚位至数百年之久,这确是他的功劳,至少可以说这个局面是他所提倡造成的。倘使没有齐桓公的创霸,那时晋国未强,中原没有大国支撑,周室固然不能免于灭亡,就是中原全区,也一定被蛮族践踏了。所以后来的孔夫子便说:"管仲辅相齐桓公,做了诸侯的霸主,一匡(正)天下。要没有管仲,我们都要披散头发,衣襟开向左边,成为蛮族统治下的人民了!"这段话确是极公正的批评。即此可见齐桓公与管仲两人对于保存中原种族和文化的伟大的功绩!

第八章 秦晋的崛起与晋文称霸前的国际形势

黄河上游的形势 所谓"黄河上游"是指雒邑以西的今河南、山西西部和陕西一带地方。在这区域内,较大的国家除周以外,有晋、秦、虞、虢等国。其中晋国扼居河曲一带,表里山河,四面都是戎狄的小部落,地大势固,又易发展。秦国偏居河西,出口为晋、虞、虢等国所扼,虽便于守,却难于攻。虞、虢两国地势最为险要:虞扼茅津,虢据殽函,可惜两国地小势孤,反被晋人所灭。晋国得了虞、虢,便西向足以制秦,东向足以争霸。晋国在春秋时为第一强国,便是这个原因!

晋国的统一 当齐桓公"九合诸侯"称霸黄河下游的时候,黄河的中上游已有两个大国起来,这便是晋与秦。晋鄂侯六年(鲁隐公五年),曲沃庄伯联合了郑、邢两国的兵伐翼(晋都。晋本国此时也称作翼,像商因都殷而称作殷一样),周桓王也做人情,派尹氏、武氏去助曲沃;鄂侯受这强力的压迫,只得逃奔到随邑(晋地)。不久曲沃背叛周室,周王又派虢公带兵讨伐,立鄂侯的儿子光为晋君,是为哀侯。次年,翼国的大族在随地迎接前晋君,把他送入鄂邑(在今山西宁乡县),这便是"鄂侯"名号的由来。那时晋国的本邦也是鄂侯、哀侯父子两君并立着。鲁隐公七年,曲沃庄伯去世,子称继位,是为曲沃武公。鲁桓公三年,曲沃武公伐翼,在汾隰地方把哀侯掳获杀了,晋人又立哀侯的儿子小子侯为君。鲁桓公七年,曲沃武公又诱杀了小子侯,顺势灭了翼国。周桓王帮定了翼,派虢仲立哀侯的弟缗为晋君;又派虢仲带领芮、梁、荀、贾四国的兵去伐曲沃。但是曲沃的势力一天强似一天,周王到底压抑不住。到了鲁庄公十六年(就是齐桓公开始称霸的次年),曲沃武公又起兵伐晋,灭了侯缗。到这时,周僖王没法对付,只得承认这既成事实,就派虢公去任命曲沃伯主领一军为晋侯,是为晋武公。从此曲沃的支庶之封竟成了正式的诸侯了。从桓叔初封曲沃到武公并晋,晋国共计分裂了六十七年,到了此时才重告统一。武公刚做了晋侯,便听了周臣芮国的鼓动,去伐周的夷邑,杀死夷邑大夫夷诡诸(在并晋以前,武公已曾伐过夷邑,俘获夷诡诸),闹得周室的执政大臣周公忌父因此逃奔虢国。于此可见王室势力的衰微和曲沃的强横了。

晋献的发展 鲁庄公十七年,晋武公去世,子佹诸继立,是为献公。献公是一个雄主,晋国强盛的基础完全在他的手里造成。他即位以后,便与虢国朝王,受了周王的赏赐,国际地位渐高。那时曲沃桓叔与庄伯的后裔在晋国很骄横,逼迫公室,献公用了大夫士芳的计策离间桓、庄之族的内部,使他们自相残杀,结果献公竟把群公子统统杀死,内患告靖,政权便集中于中央了。献公平定内患以后,定都绛邑(献公北广翼都,称为绛邑),渐渐向外发展。鲁闵公元年,晋献公始作二军,起兵打灭耿(在今山西河津县)、霍(在今山西霍县)、魏(在今山西芮城县)三国,把耿、魏赐给臣下赵夙和毕万,这就伏下了后来三家分晋的根苗。次年,献公又因狄人的东南下(攻伐邢、卫),派太子申生带兵伐狄族东山皋落氏(在今山西垣曲县一带),败狄兵于稷桑,可见晋国国势到此时已很强盛了。在此以前,虢国曾再度起兵侵晋,献公想报复这仇恨,就用了大夫荀息的计谋,把自己珍藏的屈地所产的良马和垂棘地方所出的宝玉送给虞国,向他借道伐虢(虢在虞南,晋在虞北,所以晋伐虢定要借道于虞)。虞公是个很贪利的人,见了宝物,便一口答应晋国,并且情愿起兵助晋伐虢。那时虞国有个很有智谋的大夫叫做宫之奇的看破晋国的阴谋,谏劝虞公不要让道给晋国出兵;虞公不听,竟兴师会合晋兵伐虢,破灭了虢国的要邑下阳(在今山西平陆县)。隔了三年(鲁僖公五年,就是齐桓公伐楚的次年),晋国又向虞国借道伐虢,破了虢都上阳,就把虢国全吞灭了。回兵驻在虞地,顺势又灭了虞国。虞、虢既灭,晋国就更强大,再败狄兵,开始想参预中原诸侯的盟会了。

秦国的发展 秦国自从文公赶走戎族,占有了岐山一带的地方,国势已渐渐强盛起来。文公再传到宁公,徙居平阳(在今陕西岐山县),派兵伐灭荡社(西戎亳国邑名,约在今陕西三原县)和荡氏。又曾侵芮围魏,生俘芮伯回国(后来又把他送回)。宁公死后,秦曾内乱,后宁公长子武公嗣位,兴兵伐彭戏氏(即彭衙),到了华山的下面。更伐灭邽、冀戎(或说邽戎约在今甘肃天水县,冀戎约在今甘肃甘谷县),开始建立县制。又取了杜国(在今陕西长安县)和故郑国(在今陕西华县)的地,灭了小虢国(在今陕西宝鸡县,据说是西虢之余)。武公死,弟德公嗣位,迁都雍邑(在今陕西凤翔县)。德公死,长子宣公嗣位,曾战败晋人。宣公死,弟成公嗣位。成公死,弟穆公任好嗣位。穆公是个很有为的君主,即位后,就伐败茅津戎。他娶了晋献公的女儿做夫人，与晋通了姻好，重用虞人百里奚（本是虞公的臣子，被晋所房，晋国把他当做陪嫁的媵臣）和蹇叔们，势力更向东方发展，于是与晋国就时常发生接触了（后来在鲁僖公十八、十九两年，秦国又蚕食在黄河西岸的梁国的土地，把他灭了）。

晋国的第二度内乱　晋献公虽是个雄才大略的君主，但他对于女色方面却是非常糊涂。他先娶了贾国的女儿做夫人，没有儿子；就收纳了他的庶母齐姜为妻，生了一男一女：女的嫁给秦穆公做夫人，男的叫做申生，立为太子。他又在戎国娶了两个庶妾，生了两个儿子，叫做重耳与夷吾。后来献公伐骊戎，又收纳了骊戎之君的女儿骊姬同她的妹妹，骊姬很为献公所宠，被立为夫人。骊姬生个儿子，叫做奚齐，她的妹妹生个儿子，叫做卓子。骊姬想立她的儿子为太子，便勾连献公的外嬖梁五与东关嬖五两人，叫他们劝献公派太子申生去守曲沃（在今山西闻喜县），重耳去守蒲邑（在今山西隰县），夷吾去守屈邑（在今山西吉县），群公子都去驻守各处边地，只留骊姬同她妹妹的儿子在绛都。他们一切布置好了以后，又使用一条毒计，先由骊姬叫申生去祭祀他的母亲齐姜（那时齐姜已死），等到申生在曲沃祭祀之后，把祭肉进献给献公，献公刚在外面打猎，骊姬把肉放在宫里，过了六天，献公才回来，她在肉里放了毒药，然后进献上去；献公试出肉里有毒，骊姬便乘机诉说申生想弑父自立，于是激怒献公，把太子申生活活逼死。申生死后，骊姬又诉说重耳、夷吾都与申生同谋，献公就派人去杀二公子，逼得重耳逃奔狄国，夷吾逃奔梁国。骊姬把群公子统统赶掉，她的儿子奚齐便被立为太子。不久，献公得病，把奚齐托给他的傅荀息。献公去世，荀息拥奚齐即位；晋大夫里克、㔻郑们想迎立重耳为君，便纠合了三公子（申生、重耳、夷吾）的徒党在丧次杀死奚齐。荀息又立奚齐的弟卓子为君，里克更把卓子杀死，荀息也殉了难。于是晋国走入了混乱无君的状态。

  秦晋的争衡 这时公子夷吾在梁国，想回国为君，向秦国请求援助。秦穆公看见晋国内乱，正想乘机捞些便宜，便要约夷吾把晋国河外（黄河之南）一带地方送给秦国做援助他的报酬，夷吾答应了。秦国便联合齐国和周室送夷吾回国即位，是为惠公。惠公回国之后，先杀了里克、㔻郑们，除去内部的有力人物，对外更想赖掉送秦国的贿赂，于是内外都对他不满意。不久晋国荒年，向秦国乞籴，秦国运送了很多的谷米给晋。过了几时，秦国也遭了饥荒，向晋国乞籴，晋国却拒绝了；于是激恼秦国，起兵伐晋。惠公发兵抵御，秦兵深入到了韩原地方（今山西河津县和万泉县间），两军激战；晋兵大败，惠公被秦兵生擒了去。幸而秦穆公的夫人是惠公的姊妹，听得惠公被掳，便带了儿女走到一所台上，脚下踏着薪柴，拿寻死要挟穆公，逼他与晋国讲和；晋国的大臣阴饴甥会秦穆公在王城地方结盟，也用话讽示穆公向他请求释放惠公。过些时，穆公果然把惠公放回国去，一面收取了晋国河东地方，达到要挟的目的。惠公回国，更把他的太子圉送到秦国做押当，这时晋国差不多完全被秦国压服了。

  春秋初年秦晋两国历史的独立性 这段秦、晋的兴起与争衡的历史，在春秋初期的历史里差不多另成一片段。春秋初期的历史在地域上可以分成三方面：第一方面是黄河下游诸国的历史，这是春秋初期历史的中心；第二方面是长江上游楚国和汉东诸国的历史,这一地域在春秋初期的后半期已与黄河下游诸国发生相当的关系;第三方面便是黄河上游秦、晋、虞、虢诸国的历史,这一地域直到春秋中期才与上两地域正式地发生关系,在此以前,它的历史是独立的,自应当分别叙述。

齐霸的结束 从鲁庄公十五年,齐桓公再合诸侯于鄄,开始称霸,到鲁僖公十七年,三十余年间,"九合诸侯,一匡天下",齐国的盟主地位始终没有变迁。直到齐桓公去世,齐国才渐渐中衰了。原来齐桓公虽是个有名的霸主,但一方面却又是一个好色的庸人。他娶了三位夫人,是周、徐、蔡三国的女儿,都没有生儿子。又收纳了许多庶妾,内宠地位如夫人的共有六人,生了六个儿子:卫国的女儿长卫姬生公子无亏(武孟),少卫姬生公子元(后来的惠公),郑国的女儿郑姬生公子昭(后来的孝公),葛国的女儿葛嬴生公子潘(后来的昭公),密国的女儿密姬生公子商人(后来的懿公),宋国华氏的女儿宋华子生公子雍。这六位公子都是庶妾所生,地位平等,大家都可以做太子;齐桓公恐怕死后诸子争位,就预先与管仲把公子昭嘱托给宋襄公(桓公子,名兹父,嗣桓公位),立为太子。那时齐国有个雍巫,又名易牙,以善于烹调为长卫姬所宠,又得桓公的宠阉寺人貂的引荐,做菜给桓公吃,也得了宠。这班嬖幸大家在桓公的面前撺掇立公子无亏为太子,桓公就答应了。后来管仲去世,齐国失了镇压的大臣,五公子都起来图谋储位,齐国的内部就栽下了变乱的种子。等到齐桓公去世,易牙进宫,与寺人貂奉了长卫姬们作乱,杀死群吏,拥立公子无亏为君;公子昭逃到了宋国去。宋襄公见齐国有乱,想乘机起来抢夺盟主的位子,就结合曹、卫、邾三国起兵伐齐。齐人杀了公子无亏向诸侯解说。宋襄公想送公子昭回国,齐人也情愿迎立公子昭为君,只因四公子之徒在中作梗,只得与宋兵开战。宋襄公把齐兵在甗的地方打败,送公子昭回国即位,是为孝公,在宋兵伐齐的时候,鲁国曾起兵救齐,狄国也来救齐。鲁、狄两国都曾受过齐桓公的压迫的,到这时反来救援齐国,这可见齐桓公遗烈之盛了。但郑国却乘齐丧去朝楚国;邢国也乘机联合狄兵伐卫,围困了卫国菟圃地方。卫文公甚至想把国家让给父兄子弟与朝众,大众不肯,合力起兵在訾娄地方抵御狄兵;狄兵见卫国强硬,就回国去了。

宋襄的图霸 宋襄公既打败了齐兵,自以为国势强盛,足以代齐为盟主,就先向诸侯示威,拘了滕君婴齐以为不服的诸侯的榜样。又邀合曹、邾等国在曹地结盟,鄫国的君赴会稍迟,宋襄公就叫邾人把他拘了,当作牺牲品去祭祀次睢地方的社神,想借此威服东夷。不久襄公又因曹国不服,起兵围了曹都。卫国也在这时起兵伐邢,报复他勾结狄人围困卫邑的仇恨。陈国邀合了楚、鲁、郑、蔡诸国在齐地结盟,重修桓公之好。过了些时,齐国也邀合狄国在邢地结盟,狄人侵卫,替邢国打算抵抗卫国的侵略(这时卫国已复兴,滑国也叛郑而服于卫)。但邢国不久仍被卫国灭了。这时的诸侯中,大概楚、齐、鲁、郑、陈、蔡、邢、狄诸国合成一大集团,共同威胁宋国;宋襄公的一党只有卫、邾、许、滑等寥寥几国,势力实在很是薄弱。宋襄公却不度德,不量力,仍妄想做盟主。鲁僖公二十一年,宋襄公在鹿上地方邀齐、楚两国结盟,向楚国请求诸侯;楚人假意允许了他,暗地里却布下了天罗地网。到了这年秋天,楚、郑、陈、蔡、许、曹诸国在盂的地方邀宋结会,宋襄公自矜信义,不带兵去赴会,楚国乘机把他拘住,起兵伐宋。鲁僖公代宋国向楚国讨饶,在薄(即亳)的地方会合诸侯结盟,就在这次会里,楚国把宋襄公释放回国。

楚宋的争衡与宋的失败 宋襄公被楚国玩弄于股掌之上,仍不觉悟,回国以后,因郑伯到楚国去朝见,又邀合卫、许、滕诸国的兵伐郑,想征服郑国。楚人哪里容他猖狂,就起兵伐宋以救郑。宋襄公将要与楚兵开战,宋国的大司马公孙固谏劝襄公道:"老天爷丢弃商国已很久了,你硬要重兴祖业,恐怕是不容易的事情吧。"原来春秋时有一种"一姓不再兴"的迷信,以为一国灭了,就不能重新兴起来,如果勉强去兴复已灭的国,就要得罪上天了。宋襄公不听大司马的谏劝,竟起兵与楚兵在泓水(在今河南柘城县一带)开战。宋国兵少,先排成阵势,楚兵还未全数渡过泓水,司马目夷劝襄公道:"他们兵多,我们兵少,实力上敌不过,不如乘他们正在渡水的时候掩杀过去,或者可以得胜。"襄公仍是不听。等到楚兵全数渡过泓水,还未排列成队,司马又请乘机攻击,襄公始终不肯。等楚兵排好了阵,两国正式开战,宋兵大败,襄公的股上受了重伤,战士死得很多。宋国人都抱怨襄公,襄公却道:"君子不杀已经受伤的人和年老的人;乘险隘去压迫敌人,是不合古人行军之道的。寡人虽是亡国之余,也决不肯攻击尚未列阵的军队!"宋襄公这种迂腐的话,正是后来墨、儒两家"非攻"、"王道"等等话头的老祖宗(这时楚既败宋,而楚的同族郏国也大败鲁兵,中原的形势真危险极了)。宋国在大败之后,一蹶不振。齐国乘机也借口于前次宋国不与诸侯在齐地结盟的过错,起兵伐宋,围困了宋的缗邑。不久,宋襄公因伤重去世,宋国的霸业就此草草不终场地结束了。

楚国的强横 宋兵既败,楚国的气焰更是不可一世。楚兵凯旋回国，郑文公派他的夫人芈氏（楚王的姊妹）和姜氏（齐国的女儿）到柯泽的地方去慰劳楚王。楚王叫乐师陈列从宋国得来的俘虏和砍下的敌人的耳朵给郑夫人看，借此表示楚国的兵威。郑君又邀请楚王到国内来受享，招待他的礼数很是隆重。夜里楚王回营，郑夫人芈氏又带了眷属去相送，楚王好色，顺手拣了郑君的两个女儿带回国去，这可见谄媚敌国总是没有好结果的！到了宋襄公去世之后，楚国又派大将成得臣（子玉）带兵伐陈，责罚他有二心于宋国的罪，夺取了陈国的焦夷地方，又替陈国的敌人顿国筑了城，借以逼迫陈国（后来楚人又兴兵围陈，把顿君送回顿国）。成得臣得胜回国，令尹子文因他有功，就把他自己的令尹位子让给了他，这就种下了后来丧师城濮的祸根。

周室的大乱　这时中原没有霸主，诸侯互相攻伐，夷狄入侵（陆浑之戎也在这时迁入周地伊川），时势危乱到了极点，弄得周天子也蒙了尘。先前，郑国的属国滑国叛郑附卫，郑国起兵讨罪，攻入了滑都，滑人乞降。郑兵回国，滑人又去归附卫国，于是郑公子士泄、堵俞弥带兵再伐滑国。周室那时与卫、滑两国相好，周襄王派大夫伯服和游孙伯两人到郑国去替滑人讲和；郑伯怨恨前次惠王回国不赏给厉公重器，又怨襄王偏爱卫、滑，就不听王命，把伯服等拘了。襄王大怒，将要引动狄兵攻郑，周王的大臣富辰谏劝襄王道："从前周公悲伤管、蔡二叔的不合作，所以广封亲戚，以为周室的屏卫。后来召穆公忧虑周德衰微，又在成周纠合宗族，作诗讽劝后人要兄弟和睦。郑国是厉、宣二王的近亲，又在平、惠二王时立过大功，在诸侯中与周室最为亲昵。现在周德更衰了，您不该违背周、召二公的遗训，去引夷狄攻击兄弟！"襄王不听他的谏劝，竟派大夫颓叔、桃子两人去发动狄兵。狄国果然兴兵伐郑,夺取了郑国的栎邑。襄王很感激狄人,就立狄女为后。富辰又进谏词,襄王仍是不听,于是大祸就起来了。引起这场大祸来的,是周王的亲弟弟王子带(甘昭公)。王子带在先为他的母亲惠后所宠,惠后想立他为太子;事未成,惠后便去世了。襄王定位,子带奔齐。后来襄王召他回国,又与狄后通奸;被周王知道,废了狄后。前次奉使狄国的颓叔、桃子两人恐怕自己因此得罪狄人,就奉了子带作乱,引动狄兵攻周。周王出奔到坎欿的地方,国人把他迎接回国。狄兵进攻,周兵御战大败,周室大臣周公忌父、原伯、毛伯、富辰们都殉了难。襄王逃到郑国,住在氾的地方。子带带了狄后住在温的地方(狄人所侵的周地),俨然自立为王了。

中原的新危机　在狄兵入犯王室的时候,楚国的势力正骎骎日上,宋国也投降了楚,宋成公(襄公子王臣,嗣襄公位)到楚国去朝见。蛮族的势力内侵到这种地步,中原的形势比齐桓公初年还要险恶。这时齐国既不能再兴,于是第二次尊王攘夷的事业就落到黄河上游的唯一姬姓大国——晋国的手里去了。

第九章　城濮之战与晋文襄的霸业

晋国的积乱　晋国自从惠公被秦国所掳,国势一衰;狄人又乘晋国之败,起兵侵晋,夺取了狐厨、受铎两个地方,渡过汾水,一直打到昆都。晋国受外患的逼迫以此时为最甚。那时晋太子圉到秦国为质,秦穆公送还晋国河东的土地,又把女儿嫁给太子圉为妻。哪知太子圉不愿做押品,乘机逃回晋国,于是晋国又得罪了秦国。不久晋惠公去世,太子圉即位,是为怀公。怀公很猜忌在外逃亡的公子重耳,下令群臣的亲属不准跟从重耳,如果过了一定的期限仍不回国的,便治罪无赦。这时晋国老臣狐突的儿子狐毛和狐偃二人跟从重耳在秦,狐突不召他们回来;怀公拘了狐突逼他去召,狐突仍是不肯,怀公就把他杀了,这一事就大失了晋国的人心。

文公的复国　且说晋公子重耳自被他的父亲献公所迫,逃奔狄国,跟从他的人有狐偃、赵衰、颠颉、魏犨、胥臣们,都是晋国的俊杰。狄君待遇重耳很好,那时狄人伐同族的廧咎如,掳获了廧咎如的两个女儿叔隗和季隗,就送给重耳为妻;重耳自己娶了季隗,把叔隗配给了从人赵衰。重耳在狄国住了十二年,离狄往齐。齐桓公又把宗女姜氏嫁给他。重耳在齐国有八十匹马的财富,感觉满意,便想久住齐国不图发展了。他的从臣狐偃们很不以为然,大家在一处桑树底下商量动身的计划。不料恰有一个婢女在树上采桑,听到他们的私话,便去告诉姜氏。姜氏不愿漏出消息把她杀了,私下对重耳说道:"我知道你有经营四方的大志,听到这个消息的人已被我除掉了。"重耳道:"我并没有这个意思。"姜氏力劝重耳以事业为重,不要贪图安乐;无奈重耳不肯。姜氏只得与狐偃同谋,用酒灌醉重耳,把他送出国去。重耳在路上醒了,很是愤怒,但也没有法子了。于是他周历曹、宋、郑等国,来到楚国。楚王招待他很好,在宴会时,楚王一再询问重耳道:"公子如回到晋国,可以用什么来报答我呢?"重耳答道:"如果蒙了您的威灵得回晋国,将来晋、楚治兵,在中原相遇的时候,一定避您三舍(三十里为一舍)之地,这就是唯一的报答你的办法了。"楚国的令尹子玉一听重耳的话厉害,请楚王把他除去;楚王不肯,反用厚币把他送到秦国去。那时晋太子圉已从秦国逃回,秦穆公与晋惠公父子绝了交好,想提拔重耳为晋君,送了五个女儿给他为妻妾,晋怀公的夫人怀嬴也在其内。惠公既死,怀公又不得晋国的人心,秦穆公就乘机兴兵送重耳回国;晋国的臣子做了内应,迎立重耳为君,是为文公。怀公逃奔到高梁地方,文公派人去把他杀死了。那时惠公的旧臣吕甥和郤芮尚在,恐怕也被文公所害,想先下手为强,计划已定。幸亏有从前奉了献公的命追逼文公的寺人披来向文公讨好告密,文公便偷偷地出国,在王城地方与秦穆公相会。吕、郤二人起事,焚烧公宫,找不到文公,赶到河上;秦穆公把他们引诱来杀了。文公迎接夫人嬴氏回国,秦穆公送给文公卫士三千人,以为镇定内乱之用。文公回国以后,勤理军政,举贤任能,省用足财,晋国大治,就立下了开创霸业的基础。

晋国的勤王　便在这时,周襄王因避狄难出居郑国,派使者向鲁、晋、秦诸国告难。秦穆公带兵驻在河上,想送周王回国。狐偃向晋文公说道:"求诸侯没有比勤王更好的,您赶快去继续您祖宗文侯的功业罢!"于是文公辞去秦师,亲自带兵驻在阳樊地方,派右军围住温邑,左军迎接襄王。襄王复位,杀了子带。文公前去朝见天子,襄王待他的礼节非常隆重。文公进一步向襄王请求自己死后改用隧葬的典制(在地下掘了地道,送柩入内安葬,这是天子的葬礼),襄王不让他上僭,只把王室所不能统治的阳樊、温、原、欑茅的田送给他,作为他勤王的报酬(四邑在山南河北,水北为阳,所以称为"南阳")。四邑中阳樊和原都不肯服晋,晋人用兵把他们都打服了。

晋楚的争竞 晋文公勤王之后,积极向外发展势力,也联合秦国去打近楚的鄀国(在商密附近)。秦兵乘势攻入楚境,破了楚邑商密(在今河南内乡县一带),俘获了楚将申公子仪和息公子边回去。那时鲁国与卫、莒结盟,齐人不愿意这事,侵鲁很急,鲁国派大夫公子遂和臧文仲去楚国去请兵伐齐。宋国也在这时背楚投晋,于是楚兵先伐宋国,围困缗邑。鲁国引楚兵伐齐,夺取了齐国的谷邑(在今山东东阿县),把桓公的儿子公子雍放在那里,叫易牙辅佐他,作鲁国的援助,由楚大夫申公叔侯带兵驻守。鲁僖公二十七年冬天,楚王亲征,带了郑、陈、蔡、许诸国的兵围宋,鲁国也来与诸侯在宋地结盟。宋国派公孙固到晋国去告急。晋大夫先轸对文公说道:"报施(文公出亡过宋的时候,曾受过宋君的厚赠)救患,取威定霸,都在这一举了!"狐偃也向文公说:"楚国这时刚得到曹国的归附,又新与卫国结姻。我们如果起兵去打曹、卫两国,楚兵一定前来救援,这样便可免除齐、宋的祸患了。"于是文公先在被庐地方蒐阅军队,开始建立三军,命郤縠为元帅,带领中军,郤溱为佐;狐毛带领上军,狐偃为佐;栾枝带领下军,先轸为佐;又命荀林父为公车的御戎,魏犨为车右,起兵侵曹伐卫,夺取了卫国五鹿地方(在今河北濮阳县附近)。晋、齐两国在敛盂地方结盟;卫成公(文公子郑,嗣文公位)也请与盟,晋人不许,卫国人把卫侯赶到了襄牛地方,以向晋国解说。这时鲁国派公子买带兵替卫国守御,楚兵救卫不胜,鲁国畏惧晋国,便杀了公子买向晋国解说,对楚国却说因为他不尽力守御的缘故。

城濮之战 晋兵攻入曹都,楚兵也围宋很急,宋国再向晋国告急。晋文公因齐、秦两国未肯合作,不敢轻易与楚国决裂,很是踌躇。先轸(这时郤縠已死,先轸代为中军元帅,胥臣为下军佐将)献策道:"叫宋国送贿赂给齐、秦两国,就请齐、秦替宋国向楚讲和;我们拘了曹君,把曹、卫的田分给宋人,楚国爱护曹、卫,必不肯许宋国的和,这样我们就能得到齐、秦两国的合作了。"文公照计办去,把曹伯拘了送给宋国(曹本是宋的属国,现在降楚与宋为敌,所以晋文公有这举动)。楚王回驻申地,派人叫申叔离开齐国的谷邑,叫令尹子玉也离开宋国,不要与晋国作对。子玉不肯,派手下伯棼向楚王请求对晋宣战,道:"我并不敢说这次战事定能获胜,不过想借此塞住进谗言的人的嘴罢了。"楚王听了子玉的话,很不高兴,只分了少许的兵给他,由他去干。子玉得到楚王的援兵,便派使对晋文公说道:"只要你让卫侯复国,重封曹国,我也可以解除宋国的围。"先轸又献策,劝文公暗地允许曹、卫两君复国,以离间曹、卫与楚的联络;一面拘了楚使,藉以激怒楚国。文公又照办了,曹、卫两国便向楚国告绝。子玉大怒,起兵追赶晋军。晋文公实践从前答应楚王的话,退兵三舍,避开楚军。楚军大众想止住不追,子玉不肯,又带兵前进。晋、宋、齐、秦四国的军队驻在城濮(在今山东濮县)地方,楚兵背了险阻立营。晋文公很忧虑楚兵占得优胜的地势,狐偃劝文公道:"我们这仗如能打胜,一定可以得到诸侯;就是不胜的话,我们的国家据山临河,险隘很多,也是一定没有什么祸患的。"文公听了他的话,才决定与楚开战。当时两国递了战讯,在鲁僖公二十八年四月己巳那天,晋、楚两方正式在城濮开战(齐、秦、宋三国的兵助晋),晋下军佐将胥臣带了本部抵挡从楚的陈、蔡两国的军队。楚军方面,令尹子玉带领中军,大将子西带领左军,子上带领右军,与晋国的三军相敌。胥臣在战马上蒙了虎皮,先向陈、蔡的军队冲杀过去。陈、蔡的兵抵挡不住,四散逃奔,楚国的右军也跟着溃散了。晋国上军将领狐毛建了两面大旗,假意向后退去(大旗所在就是大将所在,这是表示大将已退);下军将领栾枝也叫兵车拖了薪柴假意逃走(用薪柴拖起灰尘,这是要表示全军已走)。楚兵追逐过去,晋中军将佐先轸、郤溱发动中军公族的兵向横里攻击,狐毛、狐偃带了上军夹攻楚将子西的兵,于是楚国的左军也溃散了。战争结束,楚军大败。只有令尹子玉收住中军,独得不败。晋兵在楚营里吃了三天的粮,到癸酉那天才班师回去。

  城濮之战是春秋前期的第一次大战,这次战争实在关系中原的全局。这时楚国的势力差不多已经蹂躏了整个的中原,黄河下游的大国,如齐如宋都被楚所侵略,鲁、卫、郑、陈、蔡等国都已投降了楚人。一面狄兵也曾攻入王畿,逼得周天子蒙尘。齐桓公的霸业至此已成陈迹。这个时代,真是所谓"南夷与北狄交侵,中国不绝如缕"的时代。要不是晋文公崛起北方,勉力支持大局,那么不到战国,周室和中原诸侯早已一扫而空了。城濮一战,楚军败绩,南夷的势力即退出了中原,北狄的势力也渐渐衰微下去,于是华夏国家和文化的生命才能维持,这不能不说是晋文公的大功!

践土之会 晋文公从城濮凯旋,回到衡雍地方,就在践土(衡雍、践土都在今河南广武县附近)建了王宫,请周天子前来莅会。郑国先时曾做楚兵的引导,这时见楚兵大败,非常害怕,急向晋国求和,晋、郑两国便在衡雍结了盟。周王到会,晋文公把从楚国得来的俘虏献给周王,就由郑伯傅相周王,用从前平王待晋文侯的礼接待了文公。跟着周王又宴飨文公,命卿士尹氏、王子虎和内史叔兴父策命晋侯为侯伯(诸侯之长),赐给他大辂(祭祀所乘的车)之服、戎辂(兵车)之服和彤弓彤矢、卢弓卢矢、秬鬯等物,另外又赐给他虎贲(勇士)三百人。天使降诏道:"天王对叔父说:'你应该恭恭敬敬服从王的命令,安定四方的国家,并纠正天子的过失!'"文公三次辞谢,才从命答道:"重耳敢再拜稽首奉扬天子的光大休美的命令!"他受了赐策,出入接连三次觐见天子。

这时卫侯听到楚兵大败的消息,大惧出奔楚国,又到陈国去,命大夫元咺奉弟弟叔武去受诸侯的盟。五月癸亥(《春秋经》作癸丑)那天,周室大臣王子虎邀会诸侯在王庭结盟。盟辞道:"大家协力辅佐王室,不得互相侵害!有谁背了这盟,天神降下罚来,使他兵败国亡,子孙老幼统统受到灾祸!"这次盟会是葵丘之会以后的第一次大会,晋、齐、鲁、宋、卫、郑、蔡、莒诸国一起与盟,陈侯也来赴会。晋文公在这次盟会里便正式成了盟主了。

晋卫的交涉 楚令尹子玉兵败回国,在半路上,楚王派人对他说道:"你若回国,怎样对得住申、息二地的父老?"(申、息二地的子弟多从子玉战死。)子玉便在连谷地方自己吊死。晋文公听到这一消息,大喜道:"我从此没有后患了!"过了些时,晋国允许卫国复国。先是在卫侯出亡的时候,曾有人对他说:"元咺已立叔武为君了!"那时元咺的儿子角跟着卫侯,卫侯误信人言,把他杀了。等到卫侯回国,又杀了叔武,元咺逃奔晋国。晋文公又召集齐、秦、鲁、宋、郑、陈、蔡、莒、邾等在温地结会,召了周天子来,叫诸侯去朝见;并请周王狩猎,掩过召王的事。一面宣布卫侯的罪状,把他拘了,叫他与元咺去对讼。结果,卫侯失败,晋人杀了卫臣士荣,又砍了卫臣鍼庄子的脚,着他们替代卫侯受了刑罚。又把卫侯送到王都囚禁起来;由元咺回国,另立公子瑕为卫君。隔了两年,鲁僖公向晋国替卫侯说了好话,又送贿赂给周、晋两国,晋文公才释放了卫侯。卫侯先结了内应,杀死元咺与公子瑕等,然后回国复位。

郑国的叛服 当诸侯在温地结会时,许国不服晋国,晋文公指挥诸侯的兵围困许国。文公在路上得了病,听了筮史的话,才把曹伯释放回国,但仍把曹国的土地的一部分分给诸侯,以惩罚曹国的罪。次年(鲁僖公二十九年),文公又因郑国不服,派狐偃会合王臣和诸侯的大夫,再在翟泉地方结盟(这次只有鲁国是国君亲到的),计划伐郑。次年的春天,晋兵侵郑,试他有无抵抗的力量。这年九月,晋文公正式邀合秦国的兵围困郑国,晋国驻在函陵地方,秦军驻在氾邑的南面,郑国很是危急。郑伯听了大夫佚之狐的话,派老臣烛之武乘夜缒城到秦军去,见秦伯说道:"郑国与秦国的当中隔着晋国,秦国是不能越过晋国取得郑地的。郑国灭亡,无非白便宜了晋国。晋国越发强大,秦国就要吃亏了!您若赦了郑国,将来秦国行旅往来,郑国可以做东道主人,与您只有好处。而且您从前曾帮过晋君的忙,晋君答应送给您焦、瑕等地方,但他早上渡过河来,晚上就在那里筑了城池来抵拒您了!他若在东面并吞了郑国,必定又要向西方扩张领土,这除了侵夺秦国的地,还去侵夺哪国呢?"秦伯一听烛之武的话不错,便私与郑国结盟,派大夫杞子、逢孙、杨孙三人带兵替郑国守御,自己带了大兵回国。晋文公见秦兵已去,便也只得班师回国。郑人迎了奔晋的公子兰为郑君的太子,以与晋国讲和,晋、郑间的纠纷才算解决。但围郑之役却成了文公复国以后晋、秦两国决裂的先声。

狄族的渐衰 晋文公既在南面打败楚人,做了盟主,一面又想翦灭邻近的狄族,就先在三军之外建立三行的步军,后来又改作五军(三军之外再作上下二新军),用来对付狄人。狄人曾乘晋伐郑的机会侵晋。同盟的齐国后来又曾围困卫国,逼卫国迁都到帝丘(在今河北濮阳县)地方。但楚国见晋国日渐强盛,却忍气请和,派大夫斗章聘问晋国,晋国也派阳处父去报聘,晋、楚两国开始通好。不久狄国有乱,卫国起兵侵狄,报复上年狄围卫的仇恨;狄人请和,卫和狄也结了盟。自从城濮一战之后,蛮族的势力一落千丈,中原反危为安,转弱为强。晋文公"攘夷"的功绩确是远在齐桓公之上!

晋秦新冲突的开始 晋、秦两国的国交,从鲁僖公三十年合兵围郑一役发生了裂痕之后,晋文公始终不愿与秦起衅。到了鲁僖公三十二年的冬天,文公去世,太子欢即位,是为襄公。秦国却在这时乘机起兵侵袭郑国。原来秦国所派驻守郑国的领兵将官杞子很得郑君的信任,郑君派他掌管北门的锁钥;他就起了野心,暗地派人去请秦穆公起兵前来,自己愿做内应。穆公得到这个机会,先向大臣蹇叔询问意见,蹇叔劝穆公不要动这无名之师。穆公不听。派大夫孟明视(百里奚子)、西乞术、白乙丙三人带兵前往。秦军经过周国,到了滑国(在今河南偃师县附近)的境界,恰巧有两个郑国商人名叫弦高和奚施的,到周国去做买卖,在路上遇见秦兵,他们知道来意不善,为保护祖国起见,弦高便派奚施赶快回国,把消息报告郑君;一面把自己的货物当做犒军的礼物,假托郑君的命,前去犒劳秦军道:"敝国君主知道你们前来,特派我来犒劳贵国的军队。"郑穆公(即公子兰,文公子,嗣文公位)得到奚施的报告,派人去侦探秦国驻军的客馆,看见他们确有阴谋的准备,便向他们说道:"你们久住在敝国,我们供应不起了。现在我知道你们将要回国,没有别的礼物相送,只有原圃里所养的麋鹿,请你们取些去罢。"杞子们知道阴谋已经泄漏,只得起身逃走。孟明探得郑国已有准备,感觉前进必没有好处,顺便灭了滑国,班师回去了。

晋国听得秦兵暗袭郑国的消息,元帅先轸竭力主张邀击秦军,便发出命令,一面召起姜戎的兵,一面襄公穿了墨染的麻衣(因为这时晋文公未葬,所以襄公穿了凶服从戎),兴师御敌。秦兵回国,在殽山险地(在今河南陕县附近)碰到晋兵与姜戎的夹攻,杀得全军覆没。晋军捉了秦军的主帅孟明、西乞、白乙等三人回国。襄公的嫡母——文公的夫人——文嬴是秦国的女儿,向襄公替秦国的三帅求情道:"他们(指三帅)败坏了我们两国的国交,我们的国君恨不得生嚼他们的肉哩。你不如做个人情,放他们回去领罪罢!"襄公答应了,便释放三帅回国。先轸上朝,听得这事气得直抖,也不顾襄公在面前,便唾骂道:"武人们费尽气力在战场上把敌人擒住,却因妇人家一句话,便把他们放了!毁坏军实,兴长寇雠,我怕我们的国家离灭亡不远了!"襄公一听他的话不错,便派阳处父前去追赶;赶到河边,孟明等已经下船了。阳处父解了自己驾车的左

第九章 城濮之战与晋文襄的霸业

马,假托襄公的命,赠给孟明,想引诱他登岸拜谢,乘机把他拿获。孟明看透阳处父的计策,就在舟中稽首拜谢道:"承蒙贵国君主的恩惠,不把我们杀了用血去涂战鼓,而叫我们回本国去领罪。敝国的君主如把我们治罪,我们死后也不会忘掉贵国的恩德;如果敝国君主看重贵国君主的面子,也把我们赦免了,三年之后当来贵国拜谢君赐!"孟明等回国,秦穆公穿了素服到郊外,对着军营痛哭道:"我违背了蹇叔的话,害你们受了辱,这都是我的罪过,你们是没有罪的!"就把孟明等统统赦免,仍命孟明当国为政。

狄人的膺惩 晋襄公也是个有雄才的君主,所以文公虽死,晋国的霸业依旧不衰,他即位以后,西边既打败了秦人,北边又重创了狄寇。先是,狄人乘晋国有国丧,起兵侵齐。那时中原少了一个霸主,诸侯便受到夷狄的侵略,这可见霸主在春秋时的重要。狄人侵齐之后,见晋国无甚举动,就顺便去打晋国,一直攻到箕的地方(在今山西太谷县,一说在蒲县)。晋襄公亲征,把狄兵在箕地打败,下军大夫郤缺(郤芮子。郤芮有罪夺爵,文公因胥臣的保荐仍用郤缺为下军大夫)斩获了白狄的君主。在这次战争之中,晋元帅先轸因为他前次在襄公面前失了臣礼,自己感觉有罪,就除去头盔,冲入狄阵战死。襄公闻讯,很是震悼,回国以后,就命他的儿子先且居继任为中军元帅;并命郤缺为卿,还给他父亲郤芮的封土冀邑。这次战事,晋君亲征,狄人方面丧了君主,晋国方面也丧了元帅,乃是晋狄间仅有的一次大战。

晋襄的南略 晋襄公既连败秦、狄的兵,国势大振。因那时许国归附楚国,于是晋、郑、陈三国便合兵伐许。楚国起兵救许,先侵陈、蔡两国以牵制晋兵。陈、蔡两国被侵,向楚国求和;楚兵又顺便

185

打到郑国,攻打郑国的桔柣之门。晋兵救郑,也先攻蔡国以牵制楚兵。楚兵回救蔡国,与晋兵夹着泜水(在今河南叶县一带)结营,两不相下。晋军统帅阳处父是个胆小鬼,不敢轻易与楚兵交战,便设下一计,派人对楚军统帅令尹子上说道:"你们若要开战,我们可以退兵三十里,让你们渡过河来,排阵交锋;否则你们退兵,让我军渡河接战也好。"楚人恐怕晋兵在半渡的时候邀击,就自动退兵三十里让晋兵渡河。阳处父一见楚人中计,就宣言道:"楚兵逃走了!"一面径自领兵回去。楚兵见晋兵走了,便也只得回国。楚王却听信了太子商臣的谗言,认为令尹子上受赂辱国,把他杀死(子上曾劝楚王勿立商臣为太子,所以商臣与他结下仇恨)。所以这次晋楚相争,结果又被晋国占得了便宜。

晋襄的东征 晋襄公对西(秦),对北(狄),对南(楚)都得到了相当的胜利之后,就开始经营东方诸侯了。先是,卫国自从与狄相和之后,国势好转,在晋文公的末年,卫成公因恨晋国前次拘辱他的仇恨,就不肯去朝晋,反派大夫孔达领兵侵郑,攻打緜訾和匡的地方,表示不听霸主的命令。晋襄公候父丧过了周年,派使遍告诸侯,起兵伐卫。晋兵到了南阳地方,元帅先且居劝襄公道:"卫国不朝我国,和我国不朝周天子是一样的罪状。我们不可学他人的坏样。请您去朝王,由我领兵去伐卫。"于是襄公便在温地朝见周王(这可见春秋时霸主"尊王"的作用),先且居和胥臣领兵直攻卫国,拔取了戚邑,擒获守将孙昭子。卫国派使去向陈国告急,陈君对卫使说道:"你们可再去伐晋,我自来替你们解说。"卫国听了陈国的话,就派孔达领兵伐晋。后来晋国又邀合鲁、宋、郑、陈等国在垂陇的地方(在今河南荥泽县附近)结盟,预备讨卫。陈侯替卫国求和,拘了孔达向晋国解说。

晋秦的互攻 这时秦穆公想洗雪前次被晋打败的耻辱,在鲁文公(僖公子兴,嗣僖公位)二年的春天,命孟明领兵伐晋。晋襄公亲征,在彭衙(在今陕西白水县)地方与秦兵开战。晋将狼瞫带领所部直冲秦阵,力战而死;晋国大兵随杀过去,又把秦兵打得大败。晋人嘲笑秦国这次所兴的兵是"拜赐之师"。孟明再次丧师回国,秦穆公依旧重用他。孟明增修国政,预备再举伐晋报仇。这年的冬天,晋、宋、郑、陈诸国又合兵伐秦,夺取了汪和彭衙二邑,用来报复前次彭衙之役秦伐晋的仇恨。

鲁文公三年的夏天,秦穆公亲自领兵伐晋,渡过黄河,便把渡船烧了,以表示不胜不回的意思。晋国知道这次秦兵来势厉害,便采取守而不战的政策。秦兵夺取了晋国王官和郊两处地方,从茅津渡河,封埋了死在殽地的秦国战士的尸首,才回国去。秦国这次伐晋得了胜利,西戎各国都来归服,秦穆公"益国十二,开地千里",就做了西戎的霸主了。但是晋国并不肯甘服,隔了一年,又起兵伐秦,围困邧和新城两邑,报复了王官之役的仇恨。可见在春秋时,晋、秦的国际交涉,总是晋占上风的。

晋楚的东方争竞 这时楚成王已被他的太子商臣所弑,商臣即位,是为穆王。鲁文公三年的春天,晋国联合诸侯的兵向楚国示威,把服楚的沈国(在今安徽阜阳县附近)打溃。楚国也起兵围困已服晋的江国(在今河南息县),晋将先仆领兵伐楚以救江。晋国又把江国被楚侵扰的事报告周王,周王派了王叔桓公会合晋将阳处父再伐楚国。晋兵在方城地方攻城,遇到楚将息公子朱的兵,阳处父仍不敢轻易与楚开战,就班师回国,江国终究被楚灭掉。不久，楚兵又灭了六（在今安徽六安县）与蓼（在今河南固始县）两国。这可见楚国的声势在晋的全盛时代也并不衰息。

晋国人才的凋落与赵氏的得政　鲁文公六年，晋国因旧臣赵衰、栾枝、先且居、胥臣等统统去世，感觉人才缺乏，在夷的地方校阅军队，舍去新立的二军，命狐射姑（狐偃子）为中军元帅，赵盾（赵衰子）为佐。命令已经发表，不料阳处父从温地回来，一力主张改换中军元帅。他是晋国的太傅，说话很有效力，晋襄公便又在董的地方重阅军队，改命赵盾为中军元帅，狐射姑为佐。这是因为阳处父本是赵衰的属吏，所以党于赵氏，并且赵盾也确比狐射姑贤能，所以襄公会听从阳处父的话。赵盾既掌国政，便创制常典，规定刑法，治理罪狱，追捕逃亡，信用券契，削除旧污，整理礼秩，修复废官，选拔才能，把国政整理完成，交给太傅阳处父和太师贾佗去行，作为常法。这样一来，晋国的国基便更稳定，而政权也就落在赵氏的手里去了。

第十章 楚的强盛与狄的衰亡

晋霸中衰的由来 晋国自文公创霸,襄公继业,终春秋之世,盟主的位子差不多始终在他们的手里。但是襄公和悼公后面的两个时期声势略为销减。尤其是在灵公到景公的时期,楚国强盛,晋国的实力比不上楚,在中原的地位常常受到倾轧,这可以说是晋霸中衰的时期。至于晋霸中衰的原因,是由于卿族的骄横,开晋国卿族专权之始的便是赵氏。赵氏虽本是晋国的大族,但在赵衰时地位还不甚高,自从赵盾得阳处父的援引执掌了晋国的国政以后,赵氏的势力便顿时大强起来,终造成了国衰君弑之祸。

晋赵狐二氏的争权 那时晋国足以与赵氏争衡的有狐氏。狐、赵两家的地位本不甚相上下(起初是狐氏地位较高),在晋襄公的末年两家同时得势,结果,狐氏被赵氏压了下去,狐氏当然不肯甘服,于是两家就起了冲突。鲁文公六年的秋天,晋襄公去世,晋国首先发生了置立嗣君的争乱。原因是:那时襄公的太子夷皋年纪太小,晋国内部发生不安宁的现状,大家想立长君来维持,赵盾主张向秦国迎立公子雍(襄公的庶弟),狐射姑却主张向陈国迎立公子乐(也是襄公的庶弟)。赵盾那肯容狐氏张狂,就竭力反对狐射姑的主张,径派大夫先蔑和士会到秦国去迎接公子雍;狐射姑也径派人到陈国去召公子乐。赵盾一时心狠,派人在郫的地方把公子乐刺杀了。狐射姑和赵盾争立嗣君,结果又是狐射姑失败,因此他迁怨到阳处父不该换他元帅的位子，就派他的同族续鞫居去把阳处父刺杀。晋人问起罪来，杀死续鞫居；狐射姑逃奔狄国，于是狐氏的势力终被赵氏铲除了。

晋灵继立之乱　那时秦穆公已死，子康公䓨即位，接受了晋国的请求，多派护卫送公子雍回国。但是襄公的夫人穆嬴每天抱着太子夷皋在朝堂上痛哭，诉说道："先君作了什么孽，他的儿子又作了什么孽，你们丢掉先君的嫡子不立，反向国外去寻找国君，将置太子于何地？"出朝以后，又抱着太子到赵家去，向赵盾顿首说道："先君曾把这个孩子交给你，对你说：'这个孩子将来要是成才，我在地下感激你的恩惠；若是不成才，我也只有怨你。'现在先君虽然去世，但他的言词还在耳边，你把这孩子丢开了，究竟是什么意思？"赵盾和诸大夫都怕穆嬴的麻烦，就不管对秦国失信，径自立了太子夷皋为君，是为灵公。一面起兵抵抗秦国送公子雍的人马。晋兵来到堇阴地方，赵盾怕秦兵深入，就连夜催动人马赶去，把秦兵在令狐（在今山西猗氏县）打败，一直把他们赶回国去。先蔑一见赵盾背约，自己觉得对不住秦国，又怕晋国不能容他，就带领所部逃奔秦国；士会也跟着去了。

晋灵公即位以后，因年纪幼小，由赵盾摄政，赵氏的势力越发强大。赵盾在扈地（在今河南原武县附近）邀会齐、鲁、宋、卫、郑、陈、许、曹等国结盟，藉以维持盟主的地位，是为晋大夫主盟之始。赵盾假晋侯之命，把前次侵夺卫国的匡和戚两邑还给卫国，外加他从申到虎牢的境地（这本来是襄公的女婿公壻池的封地，也是从卫国侵夺来的），以向卫国讨好。外面刚刚敷衍好，不料内部又发生了变乱：原来当晋襄公在夷地阅兵的时候，本想重用大夫箕郑父和先都,并派大夫士縠、梁益耳带领中军。大夫先克不赞成,说:"狐赵两家的功绩是不可埋没的。"襄公听了他的话,才改用狐射姑和赵盾将中军。先克又曾强夺大夫蒯得在堇阴的封地。所以箕郑父、先都、士縠、梁益耳、蒯得等都怨恨先克,合谋作乱,杀死了先克。晋人讨乱,又把先都、梁益耳、士縠、箕郑父、蒯得等先后都杀了。

楚穆王的北略 晋国国君既年幼,内部又屡生变乱,楚人看了这种情形,便跃跃欲试了。楚大夫范山对楚穆王说道:"晋君年轻,其意不在诸侯,北方很有可图的机会。"穆王听了他的话,就起兵伐郑,俘虏了郑将公子坚、公子龙和乐耳;郑国只得与楚讲和。晋赵盾带领鲁、宋、卫、许诸国的兵救郑,没有赶上楚兵,就作罢了。不久,楚国又起兵侵陈,攻克了壶丘地方。楚将公子朱又从东夷伐陈,被陈兵杀败,楚将公子茷被俘。陈国有此战功,反而害怕起来,与楚讲和。那时蔡国也归附了楚国。于是楚王在息地邀请郑伯、陈侯;又与蔡侯在厥貉(约在今河南项城县附近)相会,想去伐宋。宋国赶快去迎接楚王,表示听从楚国的命令,更引导楚王到本国孟诸地方(在今河南商丘县附近)去打猎。在猎时,宋公亲为楚王右阵的领队,郑伯为左阵的领队。楚司马下令清早就驾车载着取火的器物,宋公没有照办,楚左司马文之无畏便把宋公的仆人责打了去号令军中,这就结下了宋国对无畏的仇恨。厥貉之会,麇国(在今湖北郧县一带)的君也在会中,私自逃回。楚王带兵伐麇,打败麇兵,一直攻到麇都钖穴。不久楚兵又拘了舒国(约在今安徽庐江县)和宗国(亦在今庐江县)的君,围困了巢国(在今安徽巢县)。这可见那时楚国的威焰之盛。

晋秦河曲之战 当楚兵正耀武中原的时候,晋、秦两国却在起着冲突。先是,鲁文公八年,秦人伐晋,夺取武城(约在今陕西华县),以报复令狐之役的仇恨。文公十年,晋人回伐秦国,夺取少梁(即梁国地,在今陕西韩城县)。不久秦又伐晋,占领北征(在今陕西澄城县)。文公十二年,秦伯再起兵伐晋,占领羁马(在今山西永济县)。晋人起兵抵抗,在河曲(亦在今永济县一带)遇着秦兵。晋上军佐将臾骈道:"秦兵是不能够久住的;我们最好深沟高垒,固守起来,候他自退,再追杀上去,必可获胜。"赵盾听了他的话,秦兵想战不能。秦伯便问晋国的逃臣士会:"如何方得一战?"士会答说:"赵家新拔用了一个属吏叫做臾骈,很有才能,这个计策定是他出的。他们是想使我兵久住疲乏。我知道赵家又有一个庶族叫做赵穿,乃是晋君(文公?)的女婿,很为晋君和赵盾所宠。他的年纪很轻,不知道军事,又好勇而狂,他又很妒忌臾骈的佐领上军。倘若我们派轻兵去挑战,他一定会出来应战的。"秦伯听了他的话,就派遣军队去犯晋国的上军。赵穿果然出来,他追赶不上秦兵,回去发怒道:"我们吃着千辛万苦,裹了粮,坐着甲,为的是和敌人打仗。现在敌人来了,却不去厮杀,究竟是等待什么呀?"军吏对他说道:"这是我们用的计策。"赵穿说:"我不知道有什么计策!我等不及,只得独自自由行动了!"说罢,他就带领所部出营应战。赵盾听得这个消息,吃了一惊,说道:"赵穿是我国的卿,如果被秦兵虏去,我国就算吃了亏了!"于是发动大兵,出营与秦兵交战,两军稍一接触,不分胜负,各自回营。夜里,秦国派行人来到晋营递战书,说道:"两国的战士都未伤损,明天再请相见吧!"臾骈等使者去了,向大众说道:"秦使的眼睛时刻转动,说话的声气很是嘶放,这是畏惧我们的表示,他们将要逃走了。我们如在河上掩杀过去,必定能使秦军覆没。"大家正在计议的时候,赵穿却和下军佐将胥甲当着军门呼叫道:"死伤的人还未收埋,就把他们丢了,这是没有恩惠;不候开战的日期,就去薄人于险,这是没有勇气!"晋军见计谋已泄,只得作罢。秦军闻讯,连夜逃走,出境以后,重新入侵晋国,攻进了瑕邑(在今河南陕县)。这次河曲之战,晋兵本能战胜秦人的,只缘赵穿们的骄肆,败坏了军纪,以致失利。这可见卿族的强横对于国势的影响了(后来晋人讨罪,只放逐了胥甲,赵穿并不曾治罪,这些地方都足证赵氏在灵公时的势力)。

晋秦河曲之战结束后,晋国怕秦人再来侵犯,派大夫詹嘉驻在瑕地,防守桃林之塞(在今河南阌乡县,西接陕西潼关县界,就是后来秦国的函谷关),塞住了秦人的出路,这是春秋时秦人所以始终不能东征得志的重要原因。那时晋人感觉国难日重,贤才缺乏,又怕士会和狐射姑为秦、狄两方所利用。鲁文公十三年夏天,晋六卿在诸浮地方会见,商议怎样召回投奔异国的贤才。荀林父主张召回狐射姑;郤缺反对这个意见,主张召士会回国。赵盾大约恐怕狐射姑回来与己不利,便从了郤缺的话,暗派魏地(在今山西省芮城县一带)的守将魏寿余假意据了魏地叛晋降秦,去引士会回国。赵盾先把寿余的家属下狱,叫寿余连夜逃走。寿余到了秦国,向秦伯请求以魏地归降,秦伯答应了。寿余便在朝廷上暗踏士会的脚,向他表示意思;士会是个聪明人,早已领会。秦伯领兵驻在河西,想去接收魏邑。魏邑在河的东面。寿余对秦伯说:"请派个本国人为有司们所信服的,与我一同先去。"秦伯就派了士会。士会假意推辞道:"晋人是虎狼成性的,如果反悔起来,我固然被害,我家属在秦国的也要受戮,对于你也没有好处,到了那时懊悔也来不及了。"秦伯指河为誓说:"晋人如果反悔,一定把你的家属送回。"士会才动身前往。在临行的当儿,秦大夫绕朝送一条马鞭给士会,对他说道:"你不要以为秦国没有人才,不懂得你的意思,只是我的计策没有被采用呵!"士会们渡过河,魏人欢呼拥着回去。秦伯知道果然上了当,没奈何,只得把士会的家属送回晋国。

长狄的消灭 这时除楚、秦两国都对晋国加压迫外,还有狄人也乘机蠢动起来。鲁文公四年,狄人侵齐。七年,侵鲁。九年,再侵齐。十年,侵宋。十一年,又侵齐,顺便去伐鲁。鲁文公派大夫叔孙得臣领兵追赶狄人,把狄兵在咸的地方(在今山东钜野县)打败,斩获了长狄(鄋瞒)的酋长侨如。据说,在宋武公的时候(春秋前),长狄伐宋,宋司徒皇父领兵把狄兵在长丘地方打败,斩获了长狄的酋长缘斯。后来晋国灭潞(赤狄的一族,见后),又杀死侨如的弟弟焚如。此前,齐襄公二年,长狄曾伐齐国,齐将王子成父斩获焚如的弟弟荣如。卫人又杀了他们的小弟弟简如。长狄的种族就此灭亡了。以上是根据《左传》的记载,据它所说,侨如兄弟的寿竟在一百几十岁以上,这定是神话,其实际因材料缺乏,已不甚可知了。案:狄兵伐鲁以前,曾侵齐、侵宋,伐鲁以后又曾侵卫,或许侨如兄弟都死在这几次战役内,也未可知。

新城之盟 那时东方诸侯虽多归附于楚,但仍畏惧晋国,不敢完全和他脱离。当鲁文公十三年,文公到晋国去朝见,卫侯乘机与文公在沓地结会,请文公代向晋国纳款。文公朝晋回来,郑伯也学了卫侯的样,与文公在棐地结会,也请他代向晋国通好。文公都替他们转达了。卫、郑两国既都回向晋国,于是晋赵盾就邀集鲁、宋、卫、郑、陈、许、曹诸国同盟于新城(在今河南商丘县附近)。在这次盟会里,蔡国不曾与盟,晋国命大将郤缺带领上下两军伐蔡,攻入了蔡都,与蔡人结了城下之盟方才回去。

齐国的强横 就在这时,齐国发生内乱。先是,齐昭公(鲁僖公二十七年齐孝公去世,弟昭公潘即位)娶了鲁国的女儿子叔姬为妻,生个儿子叫舍;子叔姬不为昭公所宠,因之太子舍在齐国也无威势。昭公的弟弟公子商人向国人厚施恩惠,买动人心,一面倾家借贷蓄养死士,想待机而动。鲁文公十四年,齐昭公去世,舍即位,公子商人把舍杀死,将君位让给公子元(商人兄);元不肯接受,商人就自立为君,是为懿公。那时太子舍的母亲子叔姬在齐国的地位很危险,鲁国请周王转令齐国送回子叔姬。周王派单伯到齐国去劝说,齐侯不听,反把单伯和子叔姬统统拘下。鲁国又派执政大臣季孙行父到晋国去,请晋国命令齐国释放单伯和子叔姬;齐人畏惧晋国,只得把单伯释放,并答应他的请求,叫他先回鲁国去报命。但是齐国怨恨鲁国请求周室和晋国出来压制他,便起兵侵鲁西鄙。季孙行父又到晋国去报告,于是晋、宋、卫、郑、陈、蔡、许、曹诸国同盟于扈,计划伐齐。齐国一看情势不对,只得向晋侯进纳贿赂,弄得这事没有下场。后来齐国究竟看了周王的面子,把子叔姬送还鲁国。但不久齐国又起兵侵鲁,顺道伐曹,攻入曹都的外城,责问他朝贡鲁国的罪。从齐国的强横上,我们可以看出晋霸确已中衰。鲁国连次受到齐国的侵略,无处去诉冤,只得向齐国请和。那时鲁文公有病,先派季孙行父与齐侯在阳谷地方相会,齐侯不肯结盟,一定要鲁君亲来。鲁国不得已,又派大夫公子遂向齐侯纳贿,齐、鲁才得结盟。不久齐再起兵伐鲁,毕竟逼得鲁侯亲自出来结盟,才算暂时完结。这又可见霸令不行的时候，小国就要吃大国的亏了。直到齐懿公为了暴虐被臣下所弑，惠公元即位；鲁文公也同时去世，公子遂杀死太子恶和他的弟弟视，拥立宣公接；齐、鲁两国因互相利用，方才恢复了交好。自此以后，鲁国常服于齐，朝聘不绝，几乎成了齐国的属国了。

宋国第三度的内乱　当齐国内乱之前，宋国也有弑君的事情发生。原来宋昭公（成公子杵臼，嗣成公位）本是个很厉害的君主，当他父亲成公去世（在鲁文公七年），他尚未正式即位的时候，就想除去群公子，引得穆、襄二公的后裔带领国人进攻公室；六卿替公室解和，方把大乱暂时弭平。后来昭公又不礼待他的祖母襄夫人，襄夫人带领了戴氏之族杀死昭公的党徒孔叔、公孙钟离和大司马公子卬（事在鲁文公八年），大变的祸根已经种下。那时昭公的庶弟公子鲍怀抱异志，向国人厚施恩礼。宋国荒年，他倾家接济灾民；国中的贤士和宗室贵族，他无不卑躬屈节去联络。他又长着一副漂亮的面孔，引得他的祖母襄夫人想和他通奸；他不肯乱伦，襄夫人只得帮助他向国人施惠，预备夺据君位。恰巧宋昭公为国人所不满，国人就想奉了襄夫人拥立公子鲍为君。先由襄夫人定下一计，叫昭公到孟诸地方去打猎，想乘机把他杀死。昭公知道她们的计策，无法逃免，就把宫中的宝物尽数载了出去，赐给左右，叫他们离开。昭公的党羽既散，还未到孟诸，便被襄夫人派去的人攻杀了，他的死党司城荡意诸也同时殉难。昭公既死，公子鲍即位，是为文公。晋国听得宋国内乱的消息，派大将荀林父大张旗鼓地邀合卫、郑、陈等国的兵伐宋讨乱，大会于扈地，但仍让公子鲍做了宋君。这件讨逆的事也就做得虎头蛇尾而罢。

郑国的叛晋 当诸侯在扈地结会平定宋国内乱的时候,晋国因郑国心向楚国,就不肯接见郑伯。郑大夫子家写了一封国书派人送给赵盾,叙说郑国服事晋国的诚心。这封信写得又委婉,又强硬,弄得晋国没有办法,只得派大夫巩朔到郑国去修好,又与郑国交换了要人做押当。这次晋国摆出盟主架子的结果,反弄得向郑国赔小心,大国与小国交换押当的人,也算站在平等的地位了。

晋、郑虽然暂时结合,但郑国的心确已变了。原因是晋国的两次用了大题目劳动诸侯伐宋、讨齐,结果都受了贿赂而罢手,郑国觉得晋国不足有为,便与楚国结盟,合兵侵扰服晋的陈、宋两国。晋赵盾领兵救陈、宋,在棐林地方会合宋、卫、陈、曹四国的兵伐郑。楚将芍贾领兵救郑,与晋兵在北林(在今河南郑县)相遇;楚兵俘获了晋将解扬,晋人就退兵回去了。不久,晋、宋两国又联兵伐郑,也得不到什么胜利。这可以知道这时晋国的国力已经敌不过楚国了。

鲁宣公二年,郑国因宋国两次联合晋兵来犯,便受命于楚,派大将公子归生(子家)领兵伐宋。在大棘地方(在今河南柘城县)开战,宋兵大败;郑国捉了宋军的主将华元,杀了副将乐吕,又俘获甲车四百六十乘,生擒二百五十人,斩馘百人。这可见宋国终究不是郑国的对手。宋国用了一百乘兵车和四百匹文马向郑国请求赎回华元,礼物的一半已经送进郑国,华元却乘机逃回了。

在此以前,晋国因敌人太多,想与秦国讲和,赵穿又出来主张出兵去侵扰秦的与国崇国,等秦国来救援,因而与他讲和。晋人依了他的话,就由他领兵去侵崇。那知秦国虽来救援,却并不肯因此罢手。隔了些时,秦反起兵伐晋,围困了焦邑(在今河南陕县)。这可见那时赵氏倒行逆施的政策是失败了。晋赵盾领兵救焦,就从阴地(从今陕西商县至河南陕县、嵩县一带地)联合诸侯的兵侵郑。楚将斗椒领兵救郑,驻在郑地等候晋兵。赵盾不敢和楚兵开战,就班师回去了。

晋赵氏的弑逆 晋国外面既对付不下秦、楚,内部却又发生大变。据《左传》说:晋灵公为君很是淫暴,他向人民征了很重的赋税,拿来作雕画宫墙的费用。他又常常站在高台上用弹丸去弹射路上的行人,看他们躲来躲去,作为娱乐。他有一次因厨夫煮熊掌不熟,把他杀死,将尸首放在畚箕里,叫女人载了过朝。赵盾和士会在朝上看见露在畚箕外的死人的手,问知缘故,大家非常忧虑。两人商议了一会,由士会先去进谏。灵公一见士会进来,知道他要麻烦,便先说道:"我自己知道过失了,就会改正的。"士会见话说不下去,只得安慰他几句,退了出来。那知灵公依旧不肯改过,赵盾屡次进谏,灵公感觉他麻烦不过,竟派了一个刺客名叫鉏麑的去暗杀赵盾,不曾成功,鉏麑反自杀了。这件事《左传》的记载很偏袒赵氏,实在是很不可信的。赵氏在灵公时专横太甚了,灵公既长,或想收回政权,所以有铲除赵氏的计划。至于灵公的恶德,恐出赵氏的宣传,也是不可尽信的。

据《左传》说,灵公一计不成,又生二计:他请赵盾喝酒,暗地埋伏下甲士想杀死他,又被赵盾逃脱。赵盾奔向外国,他的同族赵穿看不下去,就起兵在桃园里把灵公攻杀了。赵盾还未出境,听得消息,马上回国。晋国的太史在史策上写道:"赵盾弑其君。"拿来宣示朝廷。赵盾连忙分辩道:"君并不是我弑的!"太史答说:"你是一国的正卿,国内出了弑君的大变,你出亡不过境,回来又不讨贼,君不是你弑的又是谁弑的呢！"赵盾听了没话再辩，只得叹道："是我自己弄错了！"灵公既死，赵盾就派弑君的贼赵穿到王朝去迎文公的庶子公子黑臀回国即位，是为成公。先是，晋国当骊姬乱时，立盟不许群公子住在国里，从此晋国没有"公族"。到成公即位，才下令以国卿的儿子作为"公族"（嫡子）和"余子"（嫡子的母弟）、"公行"（庶子）。赵盾的后裔本有做"公族"的份，他却把公族大夫的位子让给弟弟赵括。这是因为从前赵括的母亲赵姬（晋文公的女儿）劝赵盾的父亲赵衰从狄国接回赵盾母子，又把嫡位让给赵盾的母亲，所以赵盾报答她的恩惠。赵括做了公族大夫，赵盾自己一支做了旄车（公行）之族。自此以后，晋国国卿的势力越发增强，公室愈显无力，这已经埋下了"三家分晋"的根基了。

楚庄初立时楚国的内乱 当晋霸中衰的当儿，南方的楚国正渐渐崛强起来。楚国因国势强盛主盟中夏的缘故，也渐渐自认为华夏，于是自称"我蛮夷也"的楚便变成了"抚有蛮夷以属诸夏"的楚了。原来楚国在穆王时已很强横。到鲁文公十三年，穆王去世，子侣立，是为庄王，这便是后世所称"五霸"（照最普通说法）中的末了一个。庄王即位时很是幼弱，楚国内部也发生不宁的现象。那时令尹子孔和太师潘崇领兵去伐群舒中的舒、蓼等国，由大夫公子燮和子仪驻守国都。公子燮等作乱，派刺客去刺子孔，不能得手。公子燮等便劫持了庄王出都，将到商密地方去，大夫庐戢梨等设计把他们引诱来杀死，一场乱事方归平定。

楚庄初立时楚国的外患 鲁文公十六年，楚国又起了大饥荒。戎族起来攻击他的西南方，打到阜山（在今湖北房县），进驻大林（在今湖北荆门县）；又攻击他的东南方，到了阳丘（在今湖北钟祥县），进攻訾枝（亦在今钟祥县）。庸（在今湖北竹山县）人也带领群蛮叛楚。麇人带了百濮之族在选地(在今湖北枝江县?)聚会,预备去伐楚。楚国申、息两地的北门都戒了严,时局非常严重。楚人商议迁都到阪高险地。大夫蒍贾反对道:"我们能去,敌人岂不能去? 我们愈退让,敌人就愈进攻。不如尽力抵抗,敌人见我们虽遭荒年,仍能出兵,野心或许会消灭的。"庄王听了他的话。出兵刚十五天,百濮果然退去。楚兵从庐地(在今湖北南漳县?)前进,取出仓库里屯积的粮食,上下同心,匀食熬苦。他们驻兵在句澨(在今湖北均县)地方,派庐戢梨带兵侵庸,打到庸国的方城(在今湖北竹山县)。庸人出来追赶,楚将子扬窗被俘。过了三天,他逃回,对楚兵道:"庸兵很多,群蛮都聚在一起,不如回去兴起大兵,合并王室的军队一同前进。"大夫师叔道:"我们不如再用诱敌计去引诱他们,这就是先君蚡冒克服陉隰的方略。"楚人用了他的计策,与庸兵连战七次,都假意败退。庸人只派了裨、鯈、鱼三邑的人追赶楚兵,他们大言道:"楚国已不足与一战了!"于是他们就疏了防备。楚庄王乘驿车与大兵在临品(在今湖北均县)相会,分军为两队:大将子越领一队从石溪(约在今湖北均县)出发,子贝领一队从仞地(当亦在均县一带)出发,夹攻庸国。秦、巴两国也发兵帮助楚人(秦国自从殽地战败后就与楚国联结)。群蛮一看情势不对,就与楚国结盟。庸国势孤,立即被楚兵灭掉了。

楚庄的观兵周疆 "多难可以兴邦",这句话确是不错的! 楚国连平内乱和外患,国势正如旭日初升,他们既把晋兵在北林打败,收服了郑国;在鲁宣公三年,庄王又起兵伐陆浑之戎(在今河南陆浑县),直逼雒水,在周国的疆界上耀武扬威。周定王(襄王死后,子倾王壬臣嗣位。倾王去世,子匡王班嗣位。匡王去世,弟定王瑜嗣位)派大夫王孙满去慰劳庄王,庄王竟向王孙满询问周室镇国之宝九鼎的大小轻重。王孙满见庄王的来意不善,便用话折服他道:"一国的兴亡在于德不在于鼎,道德修好了,鼎虽小还是重的;道德如不好,鼎虽大也就变得轻了。现在周德虽衰,天命还没有完,鼎的轻重尚未可问哩。"庄王听王孙满的话强硬,知道周室尚未可轻视,就班师回去了。

楚国斗椒之乱 那时郑国因连被晋兵侵伐,已与晋讲和;楚庄王又起兵侵郑,未得胜利。不料国内又起大乱:令尹斗越椒(即子越)作乱,杀死司马芳贾,驻兵烝野,想进攻庄王。庄王用了文、成、穆三王的后裔做押当去与越椒讲和,越椒不受,进兵漳澨。庄王下令讨伐,与斗越椒的兵在皋浒(在今湖北枝江县?)开战。越椒善于射箭,他一箭穿过庄王的车辕,射到鼓架,着在钲上。再射一箭,又穿过车辕,着在车笠上。王军大惧,向后倒退。庄王派人巡谕军中道:"我们先君文王打胜息国的时候,得到了三枝利箭,两枝被斗越椒偷去,现在已放完了。"宣示毕,军心安定。庄王擂鼓进兵,一战就把若敖氏(即斗氏)灭了。

楚庄北略的失败与平定南方 这时,郑国有内乱,国君灵公(穆公子夷,嗣穆公位)被大臣公子归生所弑,弟坚嗣位,是为襄公。襄公仍不肯服楚,楚庄王既平大乱,又两次起兵伐郑。陈国见郑国被侵,与楚联和。晋大将荀林父和赵盾连次领兵救郑伐陈。楚人也第三次出兵伐郑,逼服了郑国。不久郑国又背楚向晋;晋、鲁、宋、卫、郑、曹诸国同盟于黑壤(在今山西沁水县附近),周王也派了王叔桓公来监盟,晋霸颇有中兴的气象。

楚人北征不利,知道要图中原,必须先平定南方。恰巧那时群舒背叛楚国，庄王起兵伐灭舒和蓼两国，划正疆界。一直到了滑汭（在今安徽合肥县一带）地方，与吴、越两国结了盟，方才回去。从此楚国在江淮流域的势力渐趋巩固，他们便再回头来经营北方。

楚庄的争霸 那时陈国已降了晋，庄王起兵伐陈，陈又附楚。晋国邀合宋、卫、郑、曹诸国在扈地结会，陈侯不来与会，晋荀林父带了诸侯的兵伐陈。不幸晋成公在扈地去世（子景公獳继位），诸侯的兵无功而回。楚国因郑国始终服晋，又起兵伐郑。晋将郤缺救郑，郑伯把楚兵在柳棼地方打败。郑兵虽然有功，大臣子良害怕楚国报仇，不久反与楚讲和，诸侯的兵伐郑，又取了和回去。隔了些时，楚庄王再伐郑；晋将士会救郑，在颍水的北面赶走楚兵，派诸侯的军队驻守郑地。楚国那里肯息，鲁宣公十一年，庄王又伐郑，攻到栎地。郑大臣子良说道："晋、楚两国不务修德，专用武力相争，我们只得做个随风船了！"于是楚、郑、陈三国盟于辰陵（在今河南淮阳县附近）。

郑、陈既服，楚兵顺便侵宋。庄王亲自驻在郔地等待消息，命令尹艻艾猎（即孙叔敖）修筑沂城（在今河南正阳县），进逼北方。不久又因陈大夫夏征舒弑了国君，庄王伐陈讨乱，下令陈人不必惊慌，只讨伐夏氏一家。他就把夏征舒杀死，攻进陈都。那时陈新君成公正在晋国，庄王下令把陈国改为楚国的县。大夫申叔时从齐国奉使回来，劝谏庄王道："夏征舒弑君固然有罪，你讨伐他是很对的。但是有句俗话道：'牵着牛去踏人家的田，田主把牛夺了；牵牛踏田的人固然有罪，然而就因此夺了他的牛，罚也太重了。'你现在取了陈国，正和夺人的牛一样，恐怕诸侯要不服。"庄王听了他的话，就重封了陈国，只在陈国每乡带走一个人，安置在一处，就把那块地称为"夏州",以表示讨乱的功绩。

辰陵盟后,郑又附晋,庄王大怒,起兵把郑国围困了十七天。城将攻破,郑人聚在祖庙里痛哭,预备出来死斗。庄王下令退兵,想招降郑人。那知郑人修好城池,仍旧抵抗楚兵。楚兵重围郑都,攻了三个月,才把郑都攻破。楚兵从皇门进到大街。郑襄公袒着衣服,牵了羊去迎接楚军,向庄王哀求讲和。庄王答应了他,退兵三十里,派大夫潘尪进城与郑伯结盟;郑臣子良也到楚国去做押当。从此郑国就服了楚了。

邲之战 晋国发动大兵救郑,到了河上,听见郑已服楚,元帅荀林父就想回去。上军将领士会也说楚国方强,不可与争,主张退兵。中军佐将先縠反对退兵的主张,说道:"在我们的手里失了霸业,不如死!"他竟带领所部渡过河去。司马韩厥劝林父道:"先縠带了偏师去陷敌,你是元帅,部下不听命令,你的罪大了。不如一同进兵,就是打败,三军将佐同分其罪,总比你一人得罪好些。"于是晋军全部渡河。楚庄王统兵北进,驻在郔地,想使战马在黄河里喝了水就回去。听见晋兵已渡河,庄王便想班师。嬖人伍参主张开战;令尹孙叔敖反对,拨转了车马。庄王听了伍参的话,下令改辕北向,驻兵在管地(在今河南郑县)等候晋兵。晋军驻在敖、鄗二山(均在今河南河阴县)之间。郑国派人去到晋营说道:"我们的从楚,只是想保全社稷,并非真心与楚要好。楚国骤胜已经骄傲,他们的军队也已疲乏了,又不设防备,你们若加以攻击,我们做个帮手,楚兵一定大败。"晋军诸将听了郑使的话,纷纷争论,仍不得结果。楚王连派使者两次到晋军去议和,晋人已经答应和议,定下了结盟的日期。那知楚人和议并非真心,他们又派了人来向晋军挑战；晋人出营追赶，他们又逃跑了。晋将魏锜、赵旃因求高官不得，心里怀恨，想使晋军失败，力请也去挑战；荀林父等不许。他们又请奉使去讲和，荀林父等答应了。不料他们去到楚营，反向楚军要求开战。当两人到楚营去后，晋上军将领士会、郤克都请准备战事，先縠大意得很，又不赞成。士会独自行动，派部下巩朔、韩穿带领七支伏兵埋伏在敖山的前面。中军大夫赵婴齐也派手下人先在河里预备了船只。赵旃夜里到楚营前，在军门外席地坐了，派部下冲进楚营去激战。楚王亲自出来追赶赵旃，赵旃把车丢了，逃入林中，衣甲都被楚兵抢去。晋人派屯守的兵车来迎接魏锜和赵旃；楚将潘党望见车尘，派人赶去报告大营说："晋兵来了！"楚人也怕庄王轻入晋军，就全军出营结阵，孙叔敖下令急速进兵。楚兵雷击电驰般直冲向晋营，荀林父出于意外，不知所为，在军中擂鼓下令道："先渡过河去的有赏！"中军和下军争起船来，各自用手攀住船只，两军的军士自相残杀，砍下的手指在船里可以成捧了。晋兵向右移动，独上军因士会的准备未败；中军因赵婴齐的准备，虽败而得先渡河。楚军方面工尹齐带领右拒追赶晋国的下军；潘党带领游车四十乘跟从唐侯（唐国那时从楚）的兵为左拒，去进迫晋国的上军。士会自为后殿，督领军队缓缓退去，没有什么损失。楚军俘获了晋将知䓨，知䓨的父亲下军大夫知庄子带领所部回攻楚军，射杀楚将连尹襄老，抢了他的尸首；又俘获楚王的儿子公子谷臣，方才退去。到了夜里，楚军驻在邲地（在今河南郑县），晋的余兵不能成军，乘夜渡河逃去，一夜里声音不断。楚王进驻衡雍，祭了黄河的神，又建筑一所祖庙，告了成功，才班师回国。

这次晋军的失败，并不是他们的实力敌不过楚人，乃是因军将不睦，从内里分崩开来，以致大败，这又可见卿族骄横的弊害了。晋兵回国，荀林父自请治罪；晋侯将要答应他，大夫士贞子把楚杀令尹子玉的事去进谏，晋侯听了他的话，命林父复位，这就成就了他后来灭狄的功绩。

清丘之盟 楚国既大败晋兵，郑、许诸国都归附了，庄王又起兵攻破宋的属国萧（在今江苏萧县）。晋、宋、卫、曹诸国同盟于清丘（在今河北濮阳县附近），立约共救灾患，讨伐不服的国（郑与宋、卫终春秋之世是两党，郑服了楚，所以宋、卫便与晋联结）。清丘盟后，宋国因陈服楚，起兵伐陈，卫国却反去救陈（因陈、卫又本是一党）。楚王亲征伐宋，讨他前次救萧和伐陈的罪。晋国也责问卫国救陈的罪。卫执政孔达自杀，由着国人拿他向晋国解说。

楚庄的成霸 晋势稍振，又起兵伐郑，颁告诸侯，在郑地校阅车马而回。郑伯畏惧晋人，亲自到楚国去，商议对付晋国的政策。这时齐国曾乘晋的败去伐服晋的莒国（鲁国此时也为齐党，所以不与清丘之盟）。楚国便想联结齐国以抗晋，派大夫申舟（即文之无畏）到齐国去行聘，经过宋国，被宋人杀死（宋国报复前次无畏责打宋公仆人的仇恨，又因无畏不向宋国假道，所以把他杀死），庄王大怒，立即起兵围困宋都。鲁国也派人来与楚国在宋地结会。宋公派使向晋国告急，晋国因邲战之败不敢去惹楚人，只派了一个使臣叫解扬的去安慰宋人道："我们的军队已倾国前来，快要到了，请你们不要就降楚！"解扬经过郑境，被郑人捉住，献给楚兵，楚王向他厚纳了贿赂，叫他去反说宋人归降。他被逼不得已，假意答应。楚人把他放在楼车上面，命他招降宋人，他却仍依晋君的话吩咐了宋国。楚兵围宋过了九个月，在宋城外筑了房屋，又分兵回去耕田，以表示不胜不回的意思。宋人大怕,派大将华元乘夜偷进楚营,直登楚元帅子反的床,劫他讲和道:"敝国的人民互相掉换了儿子杀来当饭吃,拿人的骨头当柴烧,已经危险极了。但是要我们结城下之盟,我们虽到国亡也不肯做的。你们若能退兵三十里,我国当唯命是听。"子反被华元所劫,没有办法,只得与他立盟,把他的话转达楚王,退兵三十里。宋国就与楚结盟,命华元到楚国去做押当。这时,鲁、宋、郑、陈诸中原的国家都归附了楚国,楚庄王的霸业就成功了。

赤狄的衰亡 当楚国经营中原的时候,晋国也正在经营北方的狄族。狄人自从咸地败后,声势本已稍减;长狄灭亡,白狄也独自成了部落(白狄、长狄似本都是赤狄的属部)。但赤狄仍自称强,乘晋霸中衰,两次侵齐并伐晋,围困了晋邑怀和邢丘,又割取了晋地向阴的禾子。晋国用骄兵之计,暂不与他计较;并用离间政策,联络众狄;白狄曾与晋伐秦,晋侯又曾与众狄会于欑函,群狄服晋,赤狄势成孤立。他们仍不知道进退,听了晋臣先縠的话,乘晋兵在邲地打了败仗,起兵伐晋,打到清地(在今山西稷山县附近?)。晋人杀了先縠,把内患除去,然后专心对付狄人。

鲁宣公十五年,赤狄部长潞氏(在今山西潞城县一带)的执政大臣酆舒专权,杀死他的国君的夫人姬氏(晋景公姊),又弄伤潞君的眼睛,潞氏内乱,晋景公想发兵去讨伐,诸大夫畏惧酆舒的多才,都不赞成出兵。大夫伯宗独竭力主张讨狄,以为恃才与众,是商纣灭亡的根由,酆舒不足畏惧。晋侯听了他的话,命荀林父领兵伐潞,把赤狄的兵在曲梁(在今河北永年县?)打败,顺势灭了潞氏,俘获潞君婴儿。酆舒逃奔卫国,卫国把他拘住送给晋国,晋国立将他杀了。

潞氏灭亡以后,秦桓公(康公死,子共公稻嗣位。共公死,子桓公嗣位)曾起兵伐晋。晋侯在稷地(在今山西稷山县)校阅军队,经略狄土,重封了被狄人所灭的黎国。回兵到雒,晋将魏颗把秦兵在辅氏地方打败,俘获秦国勇将杜回。次年(鲁宣公十六年),晋国又命士会领兵伐灭赤狄的余种甲氏(在今河北鸡泽县一带)和留吁(在今山西屯留县一带)、铎辰(约在今山西潞城县附近)等部落。后来鲁成公(宣公子黑肱,嗣宣公位)三年,晋卫又联兵攻破了廧咎如国(约在今山西阳曲县附近?),赤狄的余种就尽数被灭了。晋国既兼并了赤狄的土地,势力顿强,就又南向与楚争中原的霸权了。

第十一章　晋国的复霸

绪论　晋、楚两国的历史是一部《春秋》的中坚。晋、楚争霸的历史可以分为五个阶段：第一阶段是晋文襄主霸的时代，在这时期内，晋国差不多是中原实际的共主，楚国的势力不能出方城以外。第二阶段从晋灵公即位到景公灭狄止，在这时期内，晋势衰而楚势强，造成"蛮夷猾夏"的情势。第三阶段从晋景公伐齐到厉公败楚止，在这时期内，晋、楚两方势均力敌，实行争霸。第四阶段从晋厉公伐郑到栾氏作乱止，在这时期内，晋势强而楚势衰，造成晋霸复兴的局面。第五阶段从晋栾氏出奔到晋、楚第二次盟于宋止，在这时期内，晋国因内部分化，楚国也因受吴国的牵制，两方都不能努力于争霸事业，于是酝酿成国际和平的局面。盟宋之后，晋、楚共霸，中原消息趋于沉寂，而晋国所扶持起来的吴国和楚国所扶持起来的越国又突然强盛起来，南方闹成相斫的形势，北方政局的内部也在急剧变化；等到勾践称霸，三家灭知，陈氏专齐，春秋的时代已告了结束。统看春秋史的全部，晋厉、悼复霸实是一个重要关键，因为晋国内部分崩是春秋时代的结束，而晋国内部的分崩实由于向外发展过度；厉、悼二公时，晋的国力发挥得最为尽致，强弩之末势不能穿鲁缟，晋的衰乱也就肇基于此时了。

晋景的东略　晋景公灭狄以后，西边曾打败秦兵，东边又向齐

第十一章　晋国的复霸

国发展势力。鲁宣公十七年,晋国派大臣郤克到齐国去征会,齐顷公(惠公子无野,嗣惠公位)待慢了他。郤克回国,就向晋侯请求伐齐;晋侯再三不肯。齐国听得这个消息,赶快派大臣高固、晏弱等去赴会;到了半路,高固先行逃回。晋、鲁、卫、曹、邾诸国在断道(在今山西沁县附近)同盟,因齐君没有亲来与盟,又因高固擅自逃回,晋国便辞去齐人,把齐使晏弱等拘了。那时荀林父大概已死,晋国由士会执政,士会特地告老,把政权让给郤克,由他去达到伐齐的目的。郤克既执了政权,第二年就耸动晋侯邀合卫兵伐齐,打到阳谷地方(在今山东阳谷县附近)。齐顷公无奈,亲自出来与晋侯结盟,又向晋国纳了质子,晋兵才回去。

那时鲁、卫等国都受齐国的侵略。鲁国见晋、齐已讲和,报不成仇,便派使臣到楚国去请兵伐齐。恰巧楚庄王去世(子共王审嗣位),楚兵不能出国,鲁国又转回头来与晋联结。齐国怀恨鲁国,反与楚国相联,想用楚兵伐鲁抗晋。这事的反响便是晋、鲁两国在赤棘结盟。鲁成公二年,齐兵伐鲁北鄙,夺取龙邑(在今山东泰安县附近),南侵到了巢丘。卫国派大臣孙良夫等领兵侵齐救鲁,半路上与齐军相遇,在新筑(在今河北大名县附近)地方开战,卫兵大败。齐兵侵入卫境,驻在鞫居。孙良夫从新筑败走,不进国都,就到晋国去;同时鲁国也派使臣到晋。大家都向晋国请兵。晋执政郤克竭力主张开战,晋侯答应给他七百乘人马,郤克坚请加至八百乘,立刻兴兵伐齐。那时鲁、卫、曹三国也各派军队参战。由鲁国做向导,追赶侵卫的齐兵,来到靡笄山(在今山东历城县附近)的下面。晋、齐两国正式宣战,在鞍地(亦在今历城县)交锋。齐侯奋勇说:"我们先翦灭了敌人然后吃早饭罢!"说完这话,连战马也没有披甲,就带兵直冲晋阵。齐兵来势汹涌,郤克被箭射伤,血一直流到屦上,但他仍尽力擂鼓,只对两旁的人道了一声苦。御者张侯道:"在两军开始接触的时候,我的手和肘早被箭射穿了,我把箭折断,仍旧御我的车,可是兵车的左轮都被血染成了朱黑色,我还不敢道苦呢,请您忍耐些罢!"郤克受了张侯的鼓励,便左手并执了马辔,右手举起鼓槌,把战鼓擂得震天响,战马直向前冲。大兵跟随他的车冲过去,齐兵抵挡不住,大败而走。晋兵追赶齐兵,把华不注山(亦在今历城县)绕转了三次。晋将韩厥紧迫着齐侯,齐侯把韩厥的车左射下车去,又把车右射死;但韩厥仍不放松,齐侯危急万分,便与他的车右逢丑父掉换了位子。韩厥追上来,逢丑父假派齐侯去取饮,乘机逃脱。韩厥把逢丑父擒了去。齐侯逃脱以后,又想去救丑父,三次冲进晋军,不曾得手。晋兵深入齐境,从丘舆(在今山东益都县)进攻马陉(亦在今益都县)。齐侯认输,派人向晋军纳赂割地求和。晋人想不答应,鲁、卫两国出来调停,晋人方才允许和议,与齐臣国佐结盟,叫齐国把侵夺来的鲁、卫等国的地方还给原主,就班师回去了。

晋楚的争霸 晋国大败齐兵以后,国势更见振兴,又收容了楚国逃来的申公巫臣,用为谋主,来对付楚人。那时楚、齐结成一党,楚人见齐兵大败,便起倾国之师联合了郑、蔡、许等国的兵侵伐卫、鲁,替齐报仇。鲁、卫敌不过他们,只得与楚讲和。楚国就邀合了齐、秦、鲁、宋、卫、郑、陈、蔡、许、曹、邾、薛、鄫诸国同盟于蜀(在今山东泰安县附近)。这是自春秋开始以来参加国数最多的一次大盟会。楚国声势大到如此,连晋国也畏避他,不敢惹他的事。

但是晋国究竟也不甘心示弱,在楚国盟蜀的次年(鲁成公三年），也邀合了鲁、宋、卫、曹等国伐郑。晋偏师深入郑境，郑国起兵抵抗，郑将公子偃设下埋伏，把晋兵在丘舆打败，派人到楚国去献捷。晋、楚两国在这时差不多势均力敌，于是互相归还邲战的俘虏。晋国放了楚公子谷臣，并还了连尹襄老的尸首，楚人释放晋将知罃回国，两国的和平有了转机。

不久，晋国讨灭赤狄余种廧咎如，又增作六军，国力越发充实。齐侯也到晋国去朝见。那时郑国相当强盛，一再伐许，夺取许地。晋兵救许伐郑，楚兵便去救郑；郑伯与许男都向楚国请求判断曲直。许国先向楚国报告了郑国的侵略，郑伯争讼不胜，楚人拘了郑臣；郑伯回过头来，就派使向晋国请和，两国在垂棘地方结了盟。晋国因郑国已服，就邀合了齐、鲁、宋、卫、郑、曹、邾、杞等国同盟于虫牢（在今河南封丘县附近）。这时中原诸侯既怕晋，又怕楚，差不多都是两面纳款的。

鲁成公六年，晋国迁都新田（在今山西曲沃县），继续经营诸侯。虫牢之盟，宋国因事辞了晋国再会的命令，晋国就连次发动诸侯的兵去侵宋。楚国也在这时伐郑。晋兵救郑，楚兵回国。晋兵顺便侵蔡，楚国忙派申、息两邑的兵救蔡，晋兵也回去了。晋兵一回，楚国又起兵伐郑。晋国听得这消息，再发诸侯的兵救郑。郑兵攻击楚军，俘获楚将郧公钟仪，献给晋国。晋国因那时莒国也来归服，就邀集诸侯同盟于马陵（在今河北大名县附近）。

晋国联吴政策的开始 楚国令尹子重、司马子反等和亡臣申公巫臣有仇，巫臣奔晋，他们就杀了巫臣的族人，分了他的家。巫臣大怒，替晋国出主意，去与刚在兴起的吴国联合抗楚。巫臣亲身到吴国去，教他们射御乘车和战阵，耸动他们叛楚（吴本是楚的属国);又叫他的儿子狐庸驻在吴国,做吴国的行人。于是吴国开始出兵伐楚,伐巢(楚属国,在今安徽巢县),伐徐(亦楚属国,在今安徽泗县);又攻入了楚邑州来(在今安徽凤台县),闹得子重、子反在一年之中奔了七次命。蛮夷本来属楚的到这时都被吴国夺去,吴国大强,楚国就受牵制了。

楚国国势稍弱,晋国又起兵侵蔡,顺道侵楚,击败楚军,俘获楚将申骊;又侵服楚的沈(约在今河南汝南县附近),俘获沈君;不久又合诸侯的兵伐郯(在今山东郯城县),似是想开辟通吴的道路。但那时晋国因想讨好齐国,命鲁国把前次齐国所还的侵地重新献给齐国,于是诸侯不服。晋国怕起来,又邀合诸侯同盟于蒲,并想顺便邀会吴国,吴人因路远未来。

第一次弭兵之盟 楚国在国力上斗不过晋,却用了贿赂去收买郑人,郑、楚在邓地结合。但郑国并不就想断了晋国的路,郑成公(襄公传子悼公溃,悼公传弟成公睔)又到晋国去朝见,却被晋人拘住。晋将栾书领兵伐郑,郑人派使议和,晋人又把这使者杀死。楚国知道,派将子重领兵侵陈以救郑(这时陈已服晋)。

晋国因连年用兵不息,颇想与楚讲和,休养国力,就先用厚礼释放前次郑国献来的楚将钟仪回国,叫他去说合晋、楚的和议。楚人这时正在伐莒,大约是想截断晋、吴交通的路(前次晋侯派申公巫臣到吴国去,假道于莒)。秦人和白狄也联兵伐晋(大约也是楚人的指使)。郑国又起兵围许,向晋国表示不因国君被拘而害怕的态度。这时,晋国颇有些踌躇了。但楚王听了钟仪的话,也想与晋讲和,派使聘问晋国,晋又派使去回聘,晋、楚的国际关系稍微好转。然晋国仍接连发动诸侯的兵讨伐郑国,郑国只得屈服,晋、郑同盟于脩泽,晋人就把郑成公释放回国了。

晋景公去世,太子州蒲在景公有病时已即位,是为厉公。宋国开始发动了弭兵运动,原因是那时宋国的执政大臣华元与晋、楚两国的当局都很交好,听说晋、楚已自动议和,他想从此免去国际战争,就起来竭力拉拢,随后两国都答应了他的提议。

这时秦、晋也在讲和,打算在令狐结会。晋侯先到,秦伯怀疑晋人,不肯渡河,派臣下到河东来与晋侯结盟;晋国也派大臣郤犫到河西去与秦伯结盟。两国这样互相猜忌,盟好哪能长久,所以秦伯回国就背了晋盟,与楚、狄(白狄)联结。

鲁成公十二年,宋华元的弭兵运动成熟。这年夏天,晋、楚两国在宋国西门外结盟,盟辞道:"从此以后,晋、楚两国不要互相侵害,必须同心一德,互恤灾患。若有害楚的国家,晋国应起兵讨伐;楚国对晋也是如此。两国应聘使往来,使道路间永不壅塞。并协谋同讨不庭的国家。谁背了这次盟,明神就降下罚来,着他丧师亡国!"两国结盟既成,郑伯到晋国去听命。晋、鲁、卫诸国会于琐泽,申明了和议。

晋厉的西伐 晋、楚和局既定,两国又互派使臣往还结盟。晋国解除了南顾的忧虑,便把精力移转到西方。这时秦国耸动楚、狄两方,想引导他们去伐晋,晋人先把狄兵在交刚地方打败,然后派使臣吕相去绝了秦好,把罪状都推在秦国身上,邀合齐、鲁、宋、卫、郑、曹、邾、滕等诸侯朝见周王,请周王派大臣监兵,大张旗鼓去伐秦。两方在麻隧(在今陕西泾阳县)开战,秦兵大败,诸侯的兵渡过泾水,一直打到侯丽(也在今泾阳县附近),方才回去。

第一次晋楚弭兵之约的破裂 隔了三年(鲁成公十五年),楚国想违背盟约,出兵北略。大夫子囊道:"我们刚和晋国结盟,就违背了盟约,似乎说不过去。"司马子反道:"只要于本国有利就可以干,管什么盟约!"楚共王听了子反的话就兴兵侵扰郑、卫两国。这次因楚国先输了理,所以郑国也发兵侵楚,夺取新石地方。晋国见楚背约,就邀合诸侯的大夫与吴人会于钟离(在今安徽凤阳县),预备对付楚人。这是吴与中原上国会盟的开始。楚国见势不利,又割了汝阴的田买服郑国。郑伯叛晋,与楚结盟,又起兵替楚伐宋。卫国也起兵替晋伐郑。到这时,中原的和平便破裂了。

鄢陵之战 晋厉公发动大兵讨郑,郑国向楚告急,楚共王亲征救郑。晋兵渡河,与楚兵在鄢陵(在今河南鄢陵县)相遇。晋中军佐将士燮不愿开战,中军元帅栾书和新军佐将郤至却都主张接战。楚兵又抄了邲战的老样,乘天气阴暗,一早起来全军压迫晋营结阵。晋军很是畏惧。小将范匄(士燮子)献策道:"我们把井塞了,灶平了,在军中结阵,打开营垒作为战道就是,何必怕楚!"元帅栾书也道:"楚兵很是轻佻,我们固守着营垒候他,三天之内他们必退。等他们退了顺势攻击过去,定能获胜的。"郤至也竭力说明楚有可乘之机。楚亡臣苗贲皇报告晋侯道:"楚兵的精华都在中军王族,如果分了精兵去攻击他的左右军,再合三军之力去攻王卒,楚兵必然大败。"两方开战,楚军果然失利。晋将魏锜一箭射中楚王的眼睛,楚王叫神箭手养由基回射,把魏锜射死。楚兵败退,临了险地,养由基连射晋军,箭无虚发;大力的叔山冉也搏了人去投击晋车,把晋军的车轼折断,晋兵才止住不追,俘获了楚将公子茷。楚兵与晋兵打了一天,到夜还未息手。楚司马子反命令军吏查恤伤兵,修补卒乘,整理军器,预备明天再战。晋军方面,苗贲皇也替晋侯下令,命部下修补车卒,秣马厉兵,固阵等待;一面把捉来的楚国俘虏纵放回营,让他们去报信。楚王派人召子反商议,哪知子反喝醉了酒,不能出见。楚王叹道:"这是天败楚了!"不能久待,连忙乘夜带兵逃走。晋军抄了城濮之战的老文章,占领楚营,把营中粮饷吃了三天。楚兵回国,司马子反自己觉得有罪,就自杀了。这次战争,又是晋国方面获得大胜利。

沙随之会与晋厉的南略 晋厉公大败楚兵于鄢陵以后,就邀合齐、鲁、宋、卫、邾诸国会于沙随(在今河南宁陵县附近),预备伐郑。在提起这回伐郑的事之前,有一件鲁国的故事应当补叙一下。当鄢陵之战时,齐、鲁、卫三国的当局和国君都出来做晋国的援应。就在这时,鲁国内部发生变乱,只为大夫叔孙侨如与成公的母亲穆姜通奸,想去掉与他并立的季孙、孟孙两家,所以在成公将要出国去的时候,穆姜就要求他赶走季孙和孟孙。成公说这事回来再谈吧,穆姜听了很不高兴。成公一看情势不对,先在宫中置了守备,设了留守的人,然后出国。为了这一耽搁,他到鄢陵时已过了晋、楚战期了。到这一次沙随之会,叔孙侨如公报私仇,便派人向晋臣郤犨说了成公坏话。郤犨是晋国的公族大夫、新军的将领,主管东方诸侯的事,权力很大的,他向侨如要了贿赂,就在晋侯面前进谗言,诉说成公已有二心于楚。于是晋侯不给鲁侯面子,不去见他。不久,晋国集合诸侯的兵伐郑,成公又去赴会,穆姜重向成公提起旧话,成公始终不肯答应,依旧安置好了戒备然后动身。诸侯的兵驻在郑西,鲁兵又来晚了,驻在郑东,不敢越过郑境,只得向晋国请了接应,方才得与诸侯的兵一同会集。晋下军佐将知䓨带领诸侯的兵先侵陈、蔡两国,诸侯留守的军队迁驻颍上,郑国乘夜出来攻击,齐、宋、卫三军都大受损失。于此可见郑国到底不弱。这时鲁叔孙侨如又派人去报告郤犨,说执政季孙行父等确有贰心于齐、楚,对晋国不忠实,于是晋人拘了季孙。鲁侯派大臣子叔声伯向晋国再三讨饶,晋国才把季孙放回。叔孙侨如大失所望,立不住脚,奔齐而去。季孙行父与晋郤犨结盟于扈,晋、鲁间的一场交涉才算完结。关于这事就可以看出晋国卿族的专横和那时晋国势焰之盛。

郑国因前次帮助楚国与晋兵在鄢陵开战,大得罪了晋国,又因楚共王为了援救他们竟被箭射坏了眼睛,感恩图报,就一心向楚,对晋国的态度非常倔强,甚至派兵侵扰晋的边境。卫兵救晋侵郑。郑伯叫太子到楚国去做押当,由楚国派兵替郑国守御。晋侯又邀合了诸侯的兵连次伐郑,深入郑境,围困郑都。楚国也连次发动大兵救郑,晋国竟不能十分得志。这时中原诸侯,大约齐、鲁、宋、卫等国是从晋的,郑、陈、蔡等国是从楚的。晋、楚争点在郑;楚国拿郑国做前线,用来抵挡北方势力的南下。

晋厉中央集权政策的失败 就在这时,晋国内乱开始发生了。内乱的原因,是为了晋厉公是个很能干的君主,他对外战败楚兵,对内又想铲除群大夫的势力,改立亲信,而造成中央集权的政治。原来自灵公以来,晋的卿族本以赵氏为最强,继赵氏而起的是郤氏,其次又有栾氏和中行(荀)氏。当景公时,曾一度乘赵氏的内乱把他除去,但不久赵氏就又恢复。当厉公时,晋国贵族中以郤氏为最强横,一家三卿,贵盛过了限度,在国内结下了很多的怨,执政栾书也怨恨他们,大家在厉公面前说了不少郤家的坏话。厉公听了,便乘大夫自斗之机先杀郤犨、郤锜、郤至,灭了郤氏之族。但他对

第十一章　晋国的复霸

于执大权的栾氏和中行氏两家,大约恐事急生变,想暂时不加处置。他的死党胥童等已劫了栾书和中行偃,劝厉公即时把他们除去。厉公不允,反派人去安慰这两人,命他们复位。不料栾书、中行偃已看出厉公的阴谋,恐怕将来自己地位不稳,就先下手为强,拘了厉公,先杀死厉公的死党胥童,不久又派刺客把厉公刺死了。厉公一死,晋国中央集权的运动就此失败。

栾书、中行偃等杀死厉公以后,就派使向王朝迎立襄公的曾孙周为君,是为悼公。悼公年龄虽小,但生性很是聪明,知道经此大变,此后做晋国的君主很不容易,所以在他回国的时候,就对迎接他的群大夫说道:"人们需要君主,是要他发号施令的。如果立了君而不肯听他的话,那又何必要有君主呢?你们要用我,请在今天决定了态度;否则,就在今天作罢好了。"群大夫一听悼公的话厉害,便敬谦对答道:"我们没有一个人不愿意听你的命令的。"悼公先与群臣结了盟誓,然后入都即位,赶走不守臣礼的七个人,立下了威势。但他对于栾氏、中行氏诸大族,仍是没有办法。

晋悼的东征南略　晋悼公即位以后,先整顿内政:安定民生,薄赋宽刑,省用节财,任用贤才,修复旧典,教导贵族,训练军队,把国基弄稳定了,然后向外发展。就在晋国除旧布新的当儿,楚国早起兵灭了舒庸(在今安徽舒城、庐江二县境)。楚、郑两国又合兵伐宋,深入宋境,攻破了要邑彭城(在今江苏铜山县),把宋国亡臣鱼石等安置在那里(宋国桓公的后裔鱼、荡等氏图谋专政,被戴公的后裔华氏所驱逐,鱼氏等现在借了楚国的力量侵入宋国),派了三百乘的军士替他们守御,藉以压迫宋国,并图截断晋、吴的联络。宋国派兵围攻彭城,楚、郑两国又起兵救彭城伐宋。宋人向晋告急,晋侯亲征救宋,楚兵才回国去。晋悼公邀合诸侯在虚杆结盟,商议宋事。宋人向诸侯请兵围困彭城,彭城降晋,晋人捉了鱼石等回去。

鲁襄公(成公子午,嗣成公位)元年,晋国又邀合诸侯伐郑,攻入郑都的外城,把他的徒兵打败。诸侯的兵顺道侵楚焦夷(在今安徽亳县一带),打到陈国。楚兵救郑侵宋;郑兵也出来帮楚攻宋,夺取犬丘。此后晋悼公又接连兴兵讨郑,用了鲁国的计策,在虎牢(在今河南汜水县)地方筑城以逼迫郑国。这与楚国夺宋的彭城是差不多的策略;不过楚离宋远,晋离郑近,所以结果晋的策略成功。郑国与晋讲了和,算屈服了。晋国又想向东结合吴国,邀合诸侯在鸡泽(在今河北鸡泽县?)同盟,派使到淮上去迎接吴君;不知为了何故,吴君未来赴会。这时陈国因为受不了楚人的诛求,也来与诸侯结盟。楚兵屡次伐陈,陈国起初不服。后来楚兵侵伐不断。诸侯虽也屡次合兵救陈,陈国到底畏惧楚国,背晋降楚。这是因为陈国离楚太近了的缘故。

晋人的和戎政策 在陈国降晋时,北方的戎族无终等国见晋国强盛,也派使向晋纳贡求和。晋侯想不答应,大臣魏绛劝谏晋侯不要因对付戎族而失掉诸侯,并陈述和戎有三利:"戎狄们贵重货物而轻视土地,土地可用货物去收买,这是一利。戎狄不来侵扰,边鄙安宁,农事无害,这是二利。戎狄服晋,足以震动四邻,使诸侯倾心归服,这是三利。"晋侯觉得他的话不错,就派他去安抚诸戎,与戎人结盟。从此晋国免除了后顾之忧,势力更向南发展了。

楚吴的争衡 楚人北略不利,又东向伐吴,攻克鸠兹(在今安徽芜湖县?),打到衡山(在今安徽当涂县附近?)地方,派勇将邓廖

第十一章　晋国的复霸

带领精兵深入吴境。吴兵截击，楚兵大败，邓廖被获，残众逃回的很少。楚兵回国，吴人跟着起兵伐楚，夺取了驾邑（在今安徽无为县？）。

吴国也颇想与晋联合，共同抵抗楚国，派使聘晋，请与诸侯结好。晋国先派鲁、卫两国和他结会；不久，晋国又邀合了齐、鲁、宋、卫、郑、陈、曹、莒、邾、滕、薛、鄫等国与吴人会盟于戚地（这时陈国尚未降楚。戚地当在今山东滕县附近）。

晋悼霸业的全盛　郑兵侵服楚的蔡，俘获蔡司马公子燮，以求媚于晋国。晋悼公见霸业大定，便在邢丘（在今河南温县附近），邀会各国，规定朝聘的次数。那时诸小国困于大国的诛求，在经济上也是很受压迫的。

楚兵伐郑，讨他侵蔡的罪。郑国诸臣有的想从楚，有的仍想等待晋国；争论的结果，到底降了楚。晋人大怒，发动诸侯的兵伐郑，围攻郑都很急。郑人大怕，赶快求和。晋将知䓨道："我们姑且答应了郑国的和，班师回国，借此劳疲楚国的兵。我们把四军（这时晋国有中、上、下、新四军）分为三起，再合诸侯的锐兵，更番与楚相争。如此，我们不至疲乏，可是楚人已受不得了。"于是晋人许了郑和，诸侯同盟于献。但郑国的心仍未真服，诸侯再联兵伐郑。楚国因郑已与晋结盟，也起兵伐郑。结果郑国又降了楚。

晋悼公与楚争郑未能得手，回国先从休养民力下手。他听了魏绛的话，打开仓库，救济民困。鲁襄公十年，他又邀合诸侯与吴人会于柤地（在今河南永城县附近），乘势攻灭偪阳（在今山东峄县附近），把地送给宋国，以作与吴交通的驿站。楚、郑合兵围宋，卫兵救宋，郑兵侵卫，卫兵追败郑军，斩获郑将皇耳。楚、郑又合兵侵鲁，回兵破萧（宋邑）侵宋，楚人在竭力向东方诸侯示威。在晋国极强的当儿，楚、郑竟敢这样强横，郑国且变成了楚的死党，这可见攘夷事业之难为了。

郑国劳民过度，内部发生大变，乱党蜂起，杀死了执政公子骈、公子发、公孙辄，劫持了郑伯。大夫公孙侨（即子产）等平定乱事，由公子嘉当国为政。他们有意挑动晋国，连次伐宋；晋侯也数次发动诸侯的大兵讨郑，并筑守郑国的虎牢和梧、制三邑（梧、制二邑都在虎牢附近），把楚国势力逼退，方才真正得到郑国的归服。诸侯在萧鱼结会，郑人送了厚赂给晋侯。晋侯重赏魏绛，奖励他劝谏和戎以得诸侯之功。

先是秦国又向晋挑衅，派人向楚国请兵伐晋，楚王答应了他，令尹子囊劝谏道："现在晋君很能用人，君明臣忠，我们是争不过他们的，还是不要动兵罢！"楚王不听，出兵武城（约在今河南南阳县），援应秦国。秦人侵晋，晋国因荒年不能报复。

晋悼霸业的不终　　到晋人服郑之后，稍一露了骄态，秦兵伐晋，晋兵又被打败。楚、秦又合兵侵宋；两国并联了姻好，合力来对付晋国。吴国却在东边助晋侵楚，被楚兵打败。诸侯的大夫会吴于向（在今河南尉氏县附近），协力谋楚。他们先伐秦国，以断楚的左臂。晋侯驻在境上等待，派六卿带领了诸侯的兵进攻，直到棫林地方（在今陕西华县？），秦人仍不肯请和。晋帅荀偃下令道："大家看我的马头所向进退！"下军将领栾黡不服道："晋国从来没有这样的命令，我的马头偏想朝东了。"说罢，他就径自带了下军回去，大兵也只好全队而回。这次伐秦之役不得结果，仍是坏在内部的不和睦上。

第十一章　晋国的复霸

这时卫大夫孙林父等把卫君献公(成公传子穆公邀,穆公传子定公臧,定公传子献公衎)逐奔齐国,拥立殇公剽为君。诸侯的大夫会于戚地,承认了卫国的既成事实。晋国以霸主的地位而公开奖励逐君(这实在是晋臣的意思),从此,"政逮于大夫"的局面便造成了。

晋国伐秦不利,楚国却起兵伐吴;吴兵不出。楚兵回国时疏了防范,吴兵从险地出来邀击,楚兵大败,公子宜谷被获。那时齐国已灭了莱国(在鲁襄公六年),实力较前更强,便一面与周通婚,假借了王命(周王曾派大臣刘定公赐齐侯命),一面联合东方邾、莒诸小国想背叛晋国,先侵扰鲁边。鲁国向晋国报告,晋人想结会先讨邾、莒,不幸悼公得病,不久去世(鲁襄公十五年),会就没有结成功。

晋悼霸业结论　统看悼公的霸业,可以说他最大的目的是在征服郑国。他所用的政策是和戎、联吴、保宋。结果虽把郑国征服,但他也吃了楚人联秦的亏。然而晋国最大的症结还在贵族的骄横,以致内政多门,不能统一,郤氏虽除,栾氏方张,他们到底使晋国在霸业上受了大挫折。

第十二章　弭兵之约的完成与中原弭兵时期各国内政的变迁

绪论　从春秋前期齐桓公创霸业起,直到春秋中期之末晋、楚再盟于宋止,诸大国为了争霸大砍杀了百余年,弄得"夫妇男女不遑启处",民力凋敝已极,因之有国际和平运动起来。国际和平运动总共起了两次:第一次因事机未成熟失败;到第二次和平盟约将订立之前,晋、楚两国都因内争外患而筋疲力尽,诸侯间也实在受不了"牺牲玉帛候于两境"的苦痛,于是再由宋国发起弭兵运动,晋、楚两国重新结盟。这次盟约居然发生了相当的效力。从鲁襄公二十七年晋、楚再盟于宋起,一直到定公四年晋为召陵之会侵楚为止,约有四十年的时间,中原总算走入了和平阶段。在这中原和平的时期中,中原方面的国际大事无甚可记,只是各国的内政颇有改革变迁,而社会组织和思想学术也较前大有动展,应该特别叙述一下。关于社会组织和学术思想我们放在下章去讲,在本章内先略述各国内政的变迁。

溴梁之会　晋悼公去世,子彪继位,是为平公。平公即位之后就邀合诸侯会于溴梁(约在今河南温县附近),命各国互还侵地,拘了邾、莒两国的君,讨他们侵鲁又与齐、楚通气的罪。晋侯在温地宴享诸侯,命各国的大夫作舞歌诗,想从诗词里看出诸侯对晋的心

第十二章　弭兵之约的完成与中原弭兵时期各国内政的变迁

理。齐国已知道晋国要对付他,所以齐大夫高厚在歌诗中便表示出叛晋的意思。晋执政荀偃怒道:"诸侯有异心了!"就命诸大夫与高厚结盟;高厚不肯,乘机逃回。于是诸侯的大夫同盟,盟辞道:"大家协力共讨不服的国家!"这次诸侯的大夫的同盟,已可看出政权下逮的端倪了。

湛阪之战　那时许国因逼近郑和楚,不得安宁,请求晋国替他迁都。诸侯迁许,许大夫不肯;晋人大怒,预备动兵讨许。郑国听见讨许的消息,特别高兴,郑伯亲自领兵从诸侯的大夫攻打许国。晋兵顺道伐楚(这时楚共王已死,子康王昭嗣位),与楚兵在湛阪(约在今河南叶县附近)地方开战,楚兵又是一场大败,晋兵进侵方城之外,再伐了许国回去。

平阴之役　溴梁会后,齐灵公(顷公子环,嗣顷公位)两次起兵伐鲁北鄙,围困成邑。鲁国派人报告晋国,晋人答应帮忙。齐侯又分兵两路伐鲁,围困桃邑和防邑。邾人也起兵做齐国的援应,伐鲁南鄙。次年(鲁襄公十八年),齐兵再来伐鲁,晋国就邀合了鲁、宋、卫、郑、曹、莒、邾、滕、薛、杞、小邾等国的兵伐齐,在济水会师。齐侯也起兵在平阴(在今山东平阴县)地方抵抗,在平阴南面的防门外筑了深沟预备固守。诸侯的兵进攻防门,齐人死得很多。晋人又命司马在各地险隘散布了旌旗,令前驱的兵车只坐一位车左,车右用衣服假作人形,把军队分配开以表示人多。车前载旆表示战意,众车的后面拖柴起尘以表示车多,用虚势去恫吓齐人。齐侯果然大怕,全军乘夜逃走。诸侯的兵攻入平阴,追击齐军,俘获齐将殖绰、郭最。鲁和卫引导晋兵打破京兹和邿邑(都在今平阴县附近),围困卢邑(在今山东长清县),进攻齐都,烧了齐都的雍门和四郭,围城甚急。齐侯将起身避难,太子再三劝阻,方才止住。诸侯的兵东侵到潍水,南侵到沂水;班师回去,在督扬结盟。盟辞道:"大国不要侵略小国!"晋人又拘了邾君,夺了邾国漷水以北的田送给鲁国,以惩戒邾人帮齐侵鲁的罪。不久,晋、卫两国又连次伐齐。齐灵公去世,齐国内乱,只得与晋人讲了和。

郑国卿族的内乱 在诸侯伐齐时,楚国曾起兵伐郑,原因是郑执政子孔(公子嘉)专权,想借楚国的兵力来除去异己的群大夫,他向楚国请求这事,楚令尹子庚不肯答应,楚王硬逼子庚带兵前往。郑留守大臣子展、子西等知道子孔的阴谋,设下了守备,子孔不敢出来与楚兵相会。楚兵深入郑境,围攻郑都,打到虫牢(在今河南封丘县),方才回去。这次战事正在冬天,大雨下来,天气非常寒冷,南人不服北方的水土,楚兵冻死的很多。隔了些时,郑人讨子孔的罪,把他杀了。

晋国栾氏之乱 晋、齐结和以后,到鲁襄公二十年,晋国又邀合齐、鲁、宋、卫、郑、曹、莒、邾、滕、薛、杞、小邾等诸侯同盟于澶渊(在今河北濮阳县附近),这是悼公复霸以后晋国势力发达的顶点。不久,内乱就发生了:原来这时晋臣栾黡已死,子栾盈嗣位。栾盈初与范鞅同为公族大夫,两人情意不和。栾黡死后,栾盈的家臣州宾与栾黡的妻栾盈的母栾祁通奸,他们怕栾盈加讨,就向外通气,报告执政范匄,说栾盈将要作乱,作乱的目标就是打倒范氏。范鞅也为他们作证,栾盈这人喜欢布施,很得人心,多有死士。范匄正怕他的势力太大,压灭了自己,不由得信了栾祁们的说话,就设计把栾盈赶走,栾盈奔楚。范匄拘杀了他的党徒多人,又邀合诸侯会于商任,宣示各国不准容纳栾氏。但那时栾氏的党知起、中行喜、

第十二章　弭兵之约的完成与中原弭兵时期各国内政的变迁

州绰、邢蒯等都奔往齐国,所以不久栾盈也就从楚到齐(这大约是楚国派他联结齐国抗晋的,他们的作用与晋派巫臣联吴正同)。晋国又召诸侯会于沙随,重申禁令,然而栾盈仍安住在齐国,齐国丝毫不理这类具文。

晋侯与吴通姻,嫁女给吴国。齐侯向晋国赠送媵妾,乘机暗用篷车载了栾盈和他的部下,把他们送入栾氏的私邑曲沃,想借了他们去扰乱晋国。曲沃人很拥戴栾盈,栾盈就带了曲沃的军队结合晋大夫魏舒为内应,在白天攻入绛都(即晋新都新田)。那时赵、韩、中行、知诸大族都与范氏相好,从栾氏的只有魏氏等少数人家。晋侯嬖臣乐王鲋教范匄设计奉了晋君到固宫(襄公的庙,有台观守备的)去,范鞅劫了魏舒也到固宫,由范匄安慰魏舒,答应他平了栾氏之后,就把曲沃给他做私邑。栾氏进攻公宫,范匄派力士斐豹击杀栾氏的勇臣督戎。范鞅亲自督军前进,栾军败退,范军乘势追击,斩了栾乐,杀伤栾鲂。栾盈逃奔曲沃,晋兵赶去把曲沃攻破,杀死栾盈,尽除栾氏的族党,栾鲂奔宋。

晋国内部发生大变,齐庄公(灵公子光,嗣灵公位)高兴极了,他乘机起来伐卫,顺道伐晋报仇。大臣晏婴、崔杼等谏劝不听。齐军夺取朝歌(在今河南淇县),分兵为两队,攻入孟门隘(约在今河南辉县),直登太行山,进驻荧庭(在今山西翼城县附近),又派兵据守郫邵(在今河南济源县附近),在少水上封埋了晋兵的尸首,作为"京观",然后回去。晋将赵胜带领东阳(地在太行山东)的驻军追赶,斩获齐将晏氂。齐侯回去,不进国门,就带兵攻袭莒都,被莒人射伤腿股,勇将杞梁战死。莒国怕齐报仇,与齐讲和,齐侯方才回国。

范氏的骄横 晋国范氏灭了栾氏以后,自以为功高望重,就骄傲起来。那时鲁国派大臣叔孙豹到晋国去贺平乱,范匄向他问道:"古人有句话道:'死而不朽。'这该怎样讲呢?"叔孙豹还未对答,范匄又道:"我的祖宗世世都很贵盛,直到现在我们范家仍执掌了晋国大权,'死而不朽'这句话,就是这样讲罢?"叔孙豹答道:"这只是世禄,谈不到不朽;像敝国的先大夫臧文仲死了之后,他的说话仍被人所尊重,这才是真不朽呢!"于是范匄的自夸门第,结果只讨了一场没趣。又晋国在范匄执政时,规定诸侯的贡献品很重,郑人受不下去。鲁襄公二十四年,郑简公(成公传子僖公髡顽,僖公传子简公嘉)朝晋,郑国有名的大夫子产写了一封信,托人转交给范匄道:"你做了晋国的执政,四邻诸侯听不见你有什么德政,只听见叫我们加重贡献,鄙人很是疑惑。你这样干下去,恐怕诸侯都要离叛了!"范匄被他说怕,方才减轻了诸侯的贡献。

楚国的中央集权政策 在此以前楚国也曾发生一次内变:令尹子南专权,宠待亲信,楚王把他杀死,改派蔿子冯为令尹。蔿子冯也很宠待亲信,仍是招得楚王不安,后来子冯听了大夫申叔豫的话,辞去门客,方才得安于位。晋、楚同是内变,所不同的,只是晋的内变发生自下,楚的内变发生自上。内变发生自下,证明了政权已经下移;内变发生自上,证明了政权仍在君主。在楚国,中央集权政策向来是很稳固的;在晋国,则这种政策老是失败。这政权的在下和在上,就是晋、楚强弱的关键。

晋楚齐吴的争衡 楚王作了舟师伐吴,因军政不整,无功而回。齐侯因为曾伐晋国,害怕晋国的报复,又想与楚联结,两国互派使臣来往;齐国向楚乞兵抗晋。晋侯邀合诸侯会于夷仪,预备讨齐；只因起了水灾，暂时作罢。楚王也邀合了陈、蔡、许诸国伐郑以救齐。诸侯回兵救郑，楚兵遁回。齐国非常怕晋，又向王朝献媚，替周室修筑都城，想借周天子的威灵来抵抗晋国。同时因鲁国前次救晋侵齐，就兴师伐鲁。晋国再合诸侯于夷仪，即时起兵讨齐。恰巧齐国又发生内变，大臣崔杼弑了齐侯，拿他向晋国解说，又向晋国上上下下都纳了厚赂，晋侯答应齐国讲和，颁告诸侯，同盟于重丘（在今山东聊城县附近）。

吴人因楚前次来伐，就召合群舒中的舒鸠国（在今安徽舒城县一带），教他叛楚。楚国起兵责问舒鸠。舒鸠人不承认有这件事，楚兵回国。不久，舒鸠人终究叛楚。楚人又起兵讨伐。吴人来救，两军开战，吴兵大败，楚兵就把舒鸠灭掉。后来吴王诸樊（寿梦子，嗣寿梦位），又起兵伐楚，围攻巢邑（在今安徽巢县，即巢国地）。楚人用了诱敌计，竟把吴王射死（诸樊死，弟余祭嗣位）。在楚吴交争史上，这次战争是楚国的大胜利。这时楚势似稍强盛，但郑兵两次伐陈，攻入陈都，向晋献捷，陈是楚的与国，楚兵竟不能救；同时晋、秦议和，秦也是楚的与国，楚国也不甚在意。可见楚人对北方已不如从前的积极经营了。

隔了些时，楚、秦合兵侵吴，打到雩娄（在今安徽霍丘县附近），听见吴国已设守备，回兵顺便侵郑，攻打城麇，俘获守将皇颉和印堇父，把印堇父归给秦国。这时楚、秦又协和起来，似在竭力对付晋、吴的联结。不久，许国因受不了郑国的侵略，许灵公朝楚请兵伐郑，死在楚国。楚王又邀合陈、蔡的兵伐郑，郑人将起兵抵御，子产说："晋、楚就要讲和，楚王不过想乘未和之前尽量地干一下罢了，不如使他逞意而回，和平反容易成就些。"楚兵攻毁南里的城，进攻了郑都,渡过氾水就回去了。

卫国的孙宁之乱　先是,卫臣宁殖与孙林父赶走国君献公,拥立殇公剽。宁殖去世,遗命儿子宁喜设法迎接旧君复国,献公也派人许了宁喜的好处,说:"政由宁氏,祭则寡人。"宁喜就起兵攻掉孙氏,杀死殇公,迎献公复位。孙林父据了私邑戚(在今河北濮阳县附近)投晋。卫兵攻戚,孙林父向晋报告,晋人派兵替他驻守。卫兵杀死晋戍兵三百人,孙氏出兵追击,竟把卫军打败,仍派人向晋报告。晋国邀合鲁、宋、郑、曹四国会于澶渊,讨罚卫国的罪,割取卫国西鄙的地送给孙氏。那时卫侯也来赴会,晋人拘了宁喜等。卫侯又亲自到晋国去诉冤,晋人也把他拘下了。齐、郑两国的君朝晋,代卫侯讨饶,卫侯又送了女儿给晋侯,晋侯才放卫侯回国。这次事情晋国助臣抑君,又受了女色的贿赂而罢手,可谓倒行逆施;但是推溯它的原因,只为了孙林父与晋大夫交好。后来宁喜又专起政来,仍被卫侯所铲除。在这大夫专政的局面渐趋造成的时代,卫献公独能削平内患,也可算是一位有能耐的君主了。

弭兵运动的完成　齐臣乌余据了廪丘(在今山东范县)奔晋,顺道又夺取了卫、鲁、宋的边邑。那时晋国范匄去世,无人处理这件事。等到赵武继位执政,才拘了乌余,把侵地还给各国,以向诸侯表示好意。这是中原和平的先声。

在这时,晋楚和诸侯间早又起了弭兵运动,各国派使往来。宋国执政向戌看准了时机,想抄华元的老文章,一手造成弭兵局面,借此以求得大名誉。他也与当时晋、楚两国的当局交好,便向两国请求弭兵结好,两国都答应了。齐、秦与诸小国也都赞成和议。鲁襄公二十七年的夏天,各国在宋地开弭兵大会,从晋、楚、齐、秦诸

第十二章 弭兵之约的完成与中原弭兵时期各国内政的变迁

大国以下都来预会。楚令尹子木叫向戌转向晋国请求晋、楚两国的从国互相朝见。赵武说："晋、楚、齐、秦是匹敌的国家,晋国不能随意使唤齐国正和楚国不能使唤秦国一样;楚君若能叫秦君到敝国来,我们也当竭力请齐君到楚国去。"令尹子木得到回报,转报楚王。楚王道："只舍去齐、秦两国,其他各国请合在一起,共属晋、楚。"两国先照这个提议结了盟誓。诸国的代表都到了会,七月辛巳那天,将要在宋国西门外结大盟,可是楚人在礼服里穿了战甲,预备威胁晋人,晋人果然害怕起来。结盟时,晋、楚两国的代表互争先歃血。晋人道："晋国本是诸侯的盟主,没有一国能占晋国的先的!"楚人道："你们自己说晋、楚是匹敌的国家,若常给你们占先,那就表示出楚国的低弱了。况且晋、楚互主诸侯的盟已久,岂能说盟主的地位专在晋国!"晋臣叔向怕事,力劝赵武退让,竟给楚人占了先去。宋公宴享晋、楚的大夫,却推赵武为最尊的客;又与诸侯的大夫盟于蒙门之外。大会结成以后,晋、楚又互派使臣到对方去莅盟,国际弭兵运动总算暂时告成了。

弭兵之约的批评　这次和平盟约的订立,是春秋中期史的一个大结束。自此以后,晋、楚的争霸才暂告一段落。在这次盟约中,吃亏的却是晋国,结盟时让楚占了先去固不必谈,就是"晋、楚之从交相见"一个条件也是晋国的大失着。我们知道:晋、楚以外,盟宋的八国(鲁、宋、卫、郑、陈、蔡、许、曹)中,只有陈、蔡、许三小国是从楚的;余外鲁、宋、卫、郑诸中等国家都是晋属;鲁属了楚,邾、莒等国都跟了去,宋属了楚,滕、薛等国也都跟了去,再添上曹国,晋国要吃一大半的亏,晋国甘心这样大牺牲来换得和平,自然是因为内部的隐患将要爆发;但楚国既得从此专心对付吴人,又得中原诸侯都来朝贡的利益,真是太占便宜,所以此后他们也就不想再对晋国生事了。

中原弭兵运动告成后,各国的内政变迁大略如下:

晋国内政的变迁 (一)晋国 晋国是个贵族专政的国家。自从献公尽灭桓、庄之族,其后骊姬之乱,又立誓不叫群公子住在国里,从此晋国没有了"公族",一切政权渐渐都归异支和异姓的贵族去支配。后来又把卿族代为"公族",诸卿凭藉了假宗室的势力,把私邑作为争政的根据,互相兼并;兼并愈甚,政权和土地愈集中。到了春秋晚期,大族只剩了韩、魏、赵、范、知、中行六家,就是所谓"六卿"。他们拥有了盛大的政权和丰广的领土,渐渐把国君不瞧在眼里。那时晋国国内,公室因堕落的缘故,拼命向奢侈方面走:国君们是"宫室滋侈","女富溢尤";诸大族因要各自造成特殊的势力,也是"多贪"。国君和大族两方面的交迫,弄得人民们"道殣相望","怨讟并作",于是造成了"寇盗公行"的结果,他们只得模仿了郑国的办法,把规定的刑法刻在铁鼎上,用来镇压奸民;晋国的成文法从此公布。这与郑国的铸刑书都是春秋史上最重要的事迹,应该大书特书的。

齐国内政的变迁 (二)齐国 齐国同晋国的国情相似,也是个贵族专政的国家。晋国强族多,所以互相兼并的结果,分裂成几个集团;齐国的强族较少,所以兼并的结果,政权归到新兴的最强的世族陈氏(陈亡臣公子完之后)手里。先是,齐国世卿高、国二氏衰微后,执政的大族有崔、庆二氏,弑君专权,很是强横。后来庆氏乘崔氏内乱,吞灭了崔氏;庆氏独自当国,又被自己部下卢蒲癸、王何等联合诸贵族攻掉。新兴的强族陈氏就乘机起来厚施于民,取得了人民的信仰。同时公族栾、高二氏（都是惠公之后）专政，擅杀大臣，逐出群公子。陈氏又联合起鲍氏把栾、高氏除灭。他召回群公子，向各公族讨好，得到高唐的赏邑，于是势力大强，政权渐被他所统一，就立定了代齐的根基了。

鲁国内政的变迁　（三）鲁国　鲁国因"秉周礼"的缘故，由公族执掌大政。鲁公族中以季、孟、叔三家为最强，他们都是桓公之后，所以称做"三桓"。季氏尤世秉国政，强于二家。他们也模仿齐、晋贵族的榜样，把公田渐渐收为私有。先是当鲁文公去世，大夫东门遂杀嫡立庶，鲁君从此失了国政。后来东门氏因与三桓争政，被三桓除去，从此政权更集中于三家。鲁宣公十五年，初立"税亩"的制度。成公元年又作"丘甲"，大致都是想加重人民的贡赋，其事实之详已不甚可知，但无疑地是由于三家的扩充自己势力（作丘甲的原因，据《左传》说是备齐；但此时正当鲁君失政之始，这种举动恐也有利于三家的）。到襄公十一年，鲁作三军，三家三分公室，各占其一：季氏尽取了一军的实力和赋税；孟氏也使一军的子弟一半属于自己（就是取了一军的四分之一的所有权）；叔氏则使一军的子弟尽属于自己（就是取了一军的一半的所有权）。但孟、叔两家都还把所属军队的父兄的所有权归给公家，总算比季氏客气些。从此以后，三家的势力格外强盛。到襄公二十九年，襄公朝楚，季氏乘机又取了卞地作为私邑，襄公吓得几乎不敢回国。襄公去世，子昭公裯即位，三家更乘机起来废了旧作的三军，仍复为二军，把它分成四股：季氏独拣取了两股，叔、孟两氏各取了一股，大家把公家的军赋抢个干净。鲁国人民只向三家纳征，再由三家转向公家进贡。这样一来，鲁国实际已分成三国，鲁君不过保存了一个宗主的虚名和一部分的民赋而已。到昭公二十五年,昭公因受不下季氏的凌逼,不能再相忍为国,就起兵攻袭季氏。季氏得到叔、孟两家的援助,竟把昭公赶逐出国都去,终身不能回来,大夫专横到这步田地,也就无以复加了。这时不但大夫专政,连大夫家里的家臣也专起家政和国政来,如季孙氏的阳虎、南蒯,叔孙氏的竖牛、侯犯,孟孙氏的公敛处父、公孙宿等,都是极强横的家臣。

宋国内政的变迁 (四)宋国 宋国君权较强(楚太宰犯曾说:"诸侯惟宋事其君。"),但在元公(文公传子共公瑕,共公传子平公成,平公传子元公佐)时也曾发生一次卿族叛变的大乱。原因是华、向二大族在国内势力太大,怕宋公加讨,他们就先动手作乱,大杀公族,劫了宋公,与宋公交换质子后才把他释放。宋公心里怀恨,不久就起兵攻走二氏。隔了些时,二氏又乘机结了内应回国据邑叛变,召了吴师来伐宋。齐、晋、卫、曹诸国救宋,与宋兵击破华氏,把他们围住。华氏又向楚国乞援,楚人向宋国请求放出二氏,宋人答应,二氏逃奔楚国,一场内乱才得平息。

卫国内政的变迁 (五)卫国 卫国从献公除去孙、宁两氏,君权也还强盛。但在灵公(献公传子襄公恶,襄公传子灵公元)时也曾发生一次内变:司寇齐豹和大夫北宫喜、褚师圃、公子朝等作乱,杀死灵公的哥哥公孟絷,灵公出奔边邑。不久北宫氏与齐氏又发生冲突,北宫氏灭了齐氏,迎灵公复国,公子朝、褚师圃等奔晋,卫国暂告平定。

郑国内政的变迁 (六)郑国 郑国因近于周室,保守周制,也是个公族执政的国家。当春秋后半期,郑国因连受晋、楚两国军事和经济上的压迫,弄得民穷财尽,盗贼蜂起,甚至戕杀执政,威劫国君。同时卿族专横,互相嫉视,内乱迭起。所以郑国的内政比较他

第十二章　弭兵之约的完成与中原弭兵时期各国内政的变迁

国格外难治。幸而"时势造英雄",出来了一位很能干的政治家叫做子产,由他来勉强维持危局。子产也是公族出身,是司马子国的儿子。子国殉了国难,他嗣位为大夫。因为他特别能干,被执政子皮看中了,把大权交给了他,委托他治理艰难的国政。他细心观察当时的国势,任用贤才,善修辞令,以应对诸侯。宽待贵族而以猛治民,严禁寇盗。同时开放舆论,以集思广益。他先后曾定出了三种重要的制度:第一是划定都鄙的制度,制定田疆,开浚沟洫,设立五家为伍的保甲制度。第二是创立丘赋的制度(据说一百四十四家为一丘,每丘出兵赋若干,这与鲁国的改制相同),以增加国赋。第三是铸造刑书,以镇压奸民。这第一点可以说是整理乡制,开发农村;第二点可以说是充实军备;第三点是成文法的公布。这三点都是针对当时郑国情势而建立的,是一种近于后世法家的政治计划。这种政策在封建社会动摇的时候,自然比较容易成功。所以当他掌政的第一年,人民都痛骂他道:"拿我们的衣冠没收了(这是禁奢侈)!拿我们的田地分割了(这似是禁兼并)!谁去杀子产,我们一定愿意帮他忙。"过了三年,大家又歌颂他道:"我们有子弟,子产替我们教训了(这是振兴教育)。我们有田地,子产替我们开发了(这是开发农村)。如果一天他死了,有谁来继续他的工作呢?"后来子产死时,全国人民又都痛哭他道:"子产死了,还有谁来抚恤我们呢?"推原一般人民所以先前骂子产的缘故,是因为子产破坏了封建制度所造成的恶因而使人民感到了一种暂时的痛苦(当子产"作丘赋"的时候,国人也谤毁他,子产说:"苟利社稷,死生以之;……民不可逞,度不可改。"可见改制之难与子产的决心);后来人民所以又歌颂和痛哭子产的缘故,是因为他建立了开明的新制度而使人民得到了相当的利益,这一骂一歌一哭,就把当时郑国政治和社会改革的经过表示出来了(子产当政时郑国仍有内乱,子产也力不能尽情讨治;这又可见时势艰难,虽有英雄,也无法顿时致之太平的)。

各国内政变迁的结论 以上叙述晋、齐、鲁、宋、卫、郑六国在中原和平时期中内政的变迁。其他如周室、秦国等,他们的内政变迁,因史料的缺乏,已不可确知了。至于楚国在这时期中的大事,外事比内事多而重要,我们将放在下面几章里去叙述。就上六国的内政变迁看来,最重要的是贵族政治的集中和成文法的公布——这两点都是与后来的历史有重大关系的!

第十三章　社会制度的变迁

春秋战国之间,是中国社会组织变迁得最厉害的时代。此后除了现代以外,没有一个时代能与它相提并论的。要明了这古代的社会大变动的经过,便先得明了春秋中期以后产业发达的情形:

农业的进步与土地私有制的出现　据近人的研究,商代的农具似乎大多还只是木制或石制的,到周代才通用铜制的耕器。直到春秋时,铁器应用渐广(铁的出现时代现尚不能考定)。至迟在春秋中期以后,当已有铁制的农具了。又古代的"耦耕",是两人合作:用脚压踏耕器入土,又用手推发着,方法很是拙笨,大致也到春秋中年以后,才有牛耕的发明(古代的牛是专作拉车用的)。孔子的弟子有名"耕"而字"牛"的,可以为证。

因着耕器和耕种方法的改良,工作的效率增加,农业便趋于发达,封建制下的农奴制渐渐动摇,土地私有制就兴起了。土地私有制究竟是什么时候开始起来的,我们不敢确实回答。据我们的考察,至少在春秋时代,人民已有私有田地的了。春秋中年以后,这种情形更显著。因为春秋初年以来,各国努力开疆辟土,新开发的农地必定很多,旧有的田畴也日加封殖,下层的农民乘此机会渐渐随意占有田土也是可能的。又贵族阶级传世过多,自有降为庶民的,他们或者尚有着食田(当时的大贵族竟有"弃其室而耕"的,足以为证),这也足使农奴们看样,取得解放的机会。我们再看春秋时各国增加田赋，这或许也因人民私有土田过多，公家的田税渐渐不够起来，所以不得不有这样的举动，也未可知。又郑子产制定田界的办法，恐也含些禁兼并的意思，这更足使我们猜疑到当时人民私有田地的事已盛行了。土地私有制的发展，农奴制的崩溃，这就使封建社会的组织受了致命伤。

商业的发展 春秋下半期，商业更为兴盛，大国的大贵族尽管"忧贫"，而大都邑里已有"能金玉其车，文错其服，能行诸侯之贿"的富商出现，他们能得到贵族所不能得的珍宝，他们确能输纳小诸侯所能输的贿赂。甚至孔子的门徒子贡也以"货殖"著名，而陶朱公的"三致千金"，更是后世艳传的故事。《论语》里所记孔子等的说话也常常把"富"和"贵"并称，可见那时在贵族的阶级以外，已有新兴的富的阶级起来了。

春秋时商业顶兴盛的国家有郑国。郑国因为处在当时"天下"的中心，西到周，北到晋，东到齐，南到楚，都有郑国商人的足迹。他们在开国的时候，已与郑君订有维护商业的条约，所以事业更容易发展。关于郑国商人的故事，如鲁僖公时，秦穆公起兵袭郑之役，由商人弦高们解救了郑国的危机（事详第九章）。又当鲁宣公的时候，晋国大将知䓨被楚人在战场俘虏去，有一位郑国的商人，在楚国做买卖，要想把他藏在衣囊里偷偷地运走；计策已定好，还没有实行，楚人已把知䓨放回。后来那商人到晋国去，知䓨待他很好，同已经救了自己一样；那商人谦谢不遑，就到齐国去了。从这上一件故事，可见商人的地位已稍抬高，他们竟能担任救国的事；从这下一件故事，可见当时的商人颇能有道德的观念，他们已感染贵族的礼教了。郑国以外，齐国地区富庶，商业当也很盛，晏子曾说:"山木如市,弗加于山;鱼盐蜃蛤,弗加于海。"又晏子之宅近市,足见当时齐国市区相当的广大。再鲁定公时,晋人逼迫卫国,卫人要使工商为质于晋,说:"苟卫国有难,工商未尝不(以)为患,使皆行而后可!"也足见春秋末年工商者的被重视。所以那时会屡有"匠氏"作乱的事情。

封建社会的动摇　当公历纪元前七世纪以后(鲁文、宣二公时起),封建社会已渐渐发生动摇。动摇的原因,可分外在的和内在的两点,现在分叙如下:

封建社会动摇的内在原因是封建制度本身发展过久,贵族阶级的人数一天天地增加,互相冲突排挤,它的结果使得贵族阶级的人许多急剧地降入下层社会。这使下层社会的民众慢慢有了知识,增加力量,能够对贵族阶级起反抗运动(这种情形在西周晚年似乎已经萌芽。不过到春秋中期以后才渐渐显著起来)。他们敢于斥责那时"君子"的"不稼不穑"和"不狩不猎"而"素餐"。敢于说:"逝将去女,适彼乐土。"后来贵族也就公开把"庶人工商遂(进仕)人臣隶圉免"作为赏格。同时,贵族阶级的政权也下移到少数的拥有实力的中下层人物;所谓"政在大夫"、"倍臣执国命"和"县鄙之人入从其政"等等,便是这种病况的断案。那时各阶层的人物互相攻击得格外厉害,于是土地渐渐集中,竟有没有封土的大夫和无禄的公子公孙出现了。晋国栾盈"好施,士多归之";这已现出战国时代的景象。又《诗经》中已有"王事适我,政事一埤益我"的"终窭且贫"者,可见贵族阶级早已有没落的趋势。那时士阶层失业而贫困的人非常之多,"隐士"之流也已出现。下层阶级的反抗和土地分配制度的改变等便使封建社会急剧地动摇起来!

封建社会动摇的外在原因——也可以说是摧毁封建社会的原

动力,便是产业的发达。铁制耕器与牛耕的发明和农业一般技术的改进,使农村日加开发。同时铁器又使手工业进步。农业的进步又促进了商业的发达。进步的农工商业便提高了人民的地位,使上层阶级格外容易倒塌。到了大夫取得诸侯的地位,武士成了文士,吸收下层阶级的优秀分子,另组成一个社会中最有势力的阶层时,封建社会的命运已大半告终了!

欧洲的封建社会受了工商业发达的打击而崩溃,中国封建社会崩溃的真原因和欧洲也差不多。但中国因受了地理环境的限制,发达到佃农制的社会就暂时地终止了;欧洲却因地理环境的适宜而很早就发达成资本制的社会。这东西文明进化史的不同,又证明了公式化的唯物史观者的错误!

世族制度的没落 根深蒂固的世族制到春秋中年以后也随着封建制而渐渐动摇。世族制衰微的原因也和封建制大致相像,约略说来,共有四项:

第一是土地制度的转变。春秋中年以后,土地渐次集中于各大族,失土的世族较前大增;一面人民私有土地制似也萌芽。上下内外两面的夹攻,使得世族的阶级开始崩溃。

第二是世族内部的倾轧。春秋中年以后,大世族的势力发展到了极度,因之互相兼并,被倾轧的大小世族中人许多丧失职守而降为平民。世族的人数一少,阶级便更维持不住。何况作为世族制度基础的封建制度也正在同时崩溃着!

第三是尚贤主义的兴起。春秋初年以来,各国竞争渐烈,任用贤才的观念也发达起来,士以下的阶层因此渐次抬起头来;又因教育较前普及,平民的势力格外容易发展,这使世族的地位急剧地倒塌。

第四是宗族观念的中衰。春秋中年以后,封建组织渐渐向统一国家转移,因之宗族观念的一部便被国家观念所取代;到了战国,"治国平天下"的学说大张,于是世族制度便不由得完全崩溃了。

世官制度是世族制度的寄生物,世族制度一倒,自然世官制度也就跟着毁坏。

赋税的横暴与盗贼的公行　封建社会既已开始崩溃,贵族们日暮途穷,格外倒行逆施,对于人民的压迫实较前更甚。在《左传》和《国语》等书里记着当时国君贵族们对于人民的暴敛横征,和大国对于小国的经济掠夺很是详尽(当时已以"薄赋敛"和"轻币"为善政)。如当时齐国的百姓竟三分其力,"二入于公,而衣食其一",这与后儒梦想的什一之制相差到怎样的程度?《论语》里记着鲁哀公问孔子的弟子有若道:"年成不好,国用不足,怎么办呢?"有若答道:"你何不行彻制?"哀公叹道:"我的二成的税尚且不够,如何谈得到彻制?"哀公所说的二成的税,或许就是"二入于公"的"二"。那时公家向人民的榨取,确实不少了。又春秋以前的战争,兵数不甚多,规模也不大,所以人民还不十分感到痛苦。春秋时盛行兼并,争战频繁,兵的数目渐渐扩大,原有的军赋便不够用了,据记载:鲁僖公十五年,晋作"爰田"和"州兵";成公元年,鲁作"丘甲";昭公四年,郑作"丘赋";哀公十二年,鲁用"田赋";其事虽都不可详考,大抵都是一种增加军赋的制度,这使人民的负担格外加重了。

因为赋税的横暴,人民几乎不能生活,所以春秋时盗贼是很多的。所谓"盗",有的指作乱的下级贵族和人民,有的指窃掠财物的乱人。这类乱人似乎成群结党,很为国家之患。所谓"小人怀璧,不可以越乡",盗贼的公行可以想见。国君和执政竟至贿命盗贼去杀所恶的人。到了春秋晚期,更有盗贼戕杀国君和执政等大臣的事发生了。

成文法的公布 古时的刑律虽据说有三千条之多,但在春秋晚期以前,似乎没有公布的成文法。鲁昭公六年,郑子产铸造刑书,公布国中,这是成文法典的初次公布。当郑国铸造公布刑书的时候,晋国有名的大夫叔向曾给子产一封信,责备他道:"从前先王临事制刑,不预造刑典,为的是怕人民有争竞的心思;那样谨慎,尚且禁压不住人民。如果把刑书公布了,百姓知道有一定的刑法,他们便不怕在上位的人了。人民存了争心,用了文书做依据,以冀侥幸成事,国家还可治理吗?"子产回他信道:"你的话固然不错,但我是为的救世啊!"这证明了古代的刑法是藏在贵族们的匣子里的,他们不愿把刑法公布,怕的是丧失了贵族们固有的生杀予夺的权柄。叔向的话正是代表顽固的贵族阶级。但是时势已逼迫得开明的政治家子产为了救世而甘冒不韪,竟把刑典公布。这刑典的公布与封建社会的崩溃也很有关系的。

鲁昭公二十九年,叔向的祖国晋国也用铁铸成刑鼎,把前执政范宣子所作的刑书刻在上面,拿来公布。那时的圣人孔丘也给他批评道:"晋国应该遵守唐叔从周室受来的法度,用以治民,卿大夫依次遵守,这样才可使人民尊重贵族,贵族也有世业可守。贵贱不乱,才是法度。现在造了刑鼎,使百姓的眼光都集中在鼎上,还用什么来尊重贵族呢?贵族还有什么世业可守呢!贵贱失了次序,还用什么来治国呢?"孔子的话和叔向的话一模一样,那时的贵族阶级是何等的反对成文法典的公布呀!春秋晚期,因为赋税繁重,盗贼横行,刑罚很是严厉,如晏子批评当时齐国的政治,说:"国之诸市,屦贱踊贵。"("踊"是受刖刑的人所著的屦。)可见受刑的人的众多了。

春秋末年似乎又有私家制造刑律的事,如鲁定公九年,郑执政驷歂杀了法律家邓析,却施用了他所作的竹刑。"竹刑"大约也是一种刑书,把条文写在竹简上的。据传说:邓析是一个擅长颠倒黑白、混乱是非的恶讼师,同时他又是一位大哲学家。

第十四章 孔子的出现

人本主义的兴起 春秋以前是神权的时代,宗教宰制了学术。到西周晚年,因社会的纷扰,已有一部分人对天道发生了怀疑。到春秋时,人本主义渐渐起来,宗教便失掉了权威。春秋中年以来,贵族阶级中已经产生出些学者。如鲁国的大夫臧文仲能够立言垂世,他的孙子武仲又因多智而被称为"圣人"(当时所谓"圣人"只是多智博学的意思)。此外,如晋国的大夫叔向,齐国的大夫晏婴,吴国的大夫公子季札,都是当时的大学者,他们往往能够发挥人本的思想。最有名的,是郑国的大夫子产。他既博学多能,又能破除迷信,他曾经说过"天道远,人道迩"的话。他首先打破了一部分封建制度下的旧习惯,他的思想比出世稍后的大圣人孔子还要开明。

孔子的时代背景 人本主义既经兴起,到春秋晚期,大圣人的孔子便出现了。孔子的时代是封建制度开始总崩溃的时代,已详上章。其时中原各国不但政权落在大夫手里,而且大夫的家臣也有很多看了大夫的榜样,起来代行大夫的职权的。孔子的祖国——鲁国,表现这种趋势最是明显。季、孟、叔三大家的家臣都曾专政和据邑作乱。当鲁昭公伐季氏的时候,事情已经快要成功,只因叔孙氏的家臣竭力主张援助季氏,结果竟把昭公赶出国去。后来季氏的家臣阳虎格外来得专横,甚至拘囚家主,威劫国君,结果偷盗了国宝,据邑叛变。又当孔子得势的时候,曾想毁坏三家的大邑,借此巩固公室,但终因家臣起来据邑反抗,竟使这强公室的运动完全失败。当时家臣跋扈的情形于此可见。同时王室大乱,天子蒙尘,而三家分晋,田氏代齐的局面也已成立。这个时代,真是所谓"冠履倒置"的时代了!

孔子的略史 孔子名丘,字仲尼。鲁国昌平乡陬邑(即今山东曲阜县鄹城)人。生于鲁襄公二十一年(公历纪元前五五二年)。他是宋国宗室孔父嘉的后裔。孔父嘉殉华督之难(事见第五章),子孙避祸奔鲁数传之后,到了陬叔纥,是鲁国一位著名的勇士,他也曾做到相当的官职。孔子早年丧父,因为家中贫穷,曾做过委吏(管会计的)和乘田(管畜牧的)等小官。他生性很好学,学无常师,所以能博学多能。壮年曾游过齐国,颇受齐人的敬重。回鲁以后,声望渐高,就有许多从他求学的人。隔了几时,他做了鲁国的中都宰,治理人民颇著成绩;不久升任为司空,又被任为司寇。在司寇的任里,他曾辅相鲁定公与齐侯在夹谷地方相会,很替鲁国争回些面子。他因为有才干,被执政季氏所信任,他便想乘机帮着鲁君收回政权;不幸三桓的家臣反抗这个运动,他失败了,只得离开鲁国。从此他周游卫、宋、郑、陈、蔡、楚诸国,始终不曾得志。到他又回到卫国再由卫返鲁时,年已衰老,他也不想做官了,就专心从事于学术事业;弟子愈来愈多,声望也越发地增高,被目为圣人,常为国君、执政、大夫等所咨询。他"述而不作,信而好古",用《诗》、《书》、礼、乐教导学生,弟子中有成就的颇不少。他死在鲁哀公十六年(公元前四七九年),享寿七十四岁。在他去世的时候,鲁君哀公曾亲自制首诔辞追悼他道:"上天太不帮助我们,不肯留一个老成人给我做辅佐,叫我心里很难受。唉!我从此以后没有取法的榜样了!"可见那时他已成了鲁国最有荣誉的"国老"了。

孔子的伦理哲学 正式的哲学系统是到孔子时才开始建立的。孔子所建立的是一种近于人情的哲学。那种哲学是以伦理为根本,推衍到各方面。他最提倡"孝"和"礼",以"孝"和"礼"统贯做人和治国,这还是封建时代的见解。他所新创的是"仁"的观念,这是他的伦理哲学的中心。"仁"这一个字,在较古的文籍里,大概只是礼仪周备或多才多艺的意思。孔子把它的意义变更了。孔子的所谓"仁",有广狭两种定义:狭义的"仁"就是爱人的同情心;广义的"仁"则包括一切的道德,就是指完善的人格。所以孔子的伦理观念是以爱人的同情心为基础而推到一切的道德上的。但是单说一个"仁",不大容易使人领会;孔子所提出的较具体的道德名词是"忠恕"。忠就是把心放在当中,诚恳待人的意思。恕就是推己之心以及人,宽容待人的意思。据他自己的解释:自己要想立身闻世,同时也要使他人能够立身闻世,这便是所谓"仁";其实这也就是"忠恕"。忠恕合起来,便是仁的根本。他又曾对他的学生说:"我的道理是以一件原则贯通一切的。"据他学生曾参的解说,这一件原则便是忠恕,可见孔子是以忠恕贯穿一切的道德的。

孔子又在许多道德条目中发现出一个抽象的原理,那便是所谓"中庸"。中就是无过无不及的意思,庸就是平常的意思。"过犹不及",只要事事合乎中庸,便是事事合乎道德;所以中庸也就是仁的异名。

孔子所悬想的最完全的人格,是仁、智、勇、艺四德合一的人格。以健全的知识和不怕的勇气去推行那同情心的道德再加上精博的艺术(指礼乐文章技术等),这就是完人了。

孔子的教育哲学 孔子的伦理思想虽然影响于后世很深,但统是平常的道理,没有什么很深刻的见解。他本是一位教育家,所以他贡献最大的倒是教育学说。他首先研究人性,以为人性本来是相近的,只因习惯的不同而分歧了;惟有上智和下愚的人是不为环境所改变的。因此,他以为大多数的人都可用教育熏陶成好人。他把人类分成上、中、下三等,以为中人以上可以同他说高深的道理,中人以下便不能这样了。他有了这种观念,所以主张因人施教,补偏救弊。他又以为研究学问应该从粗浅的起,然后循序进入高深(他主张学问以品行为本,文章技艺等等只应用余力去从事)。先要博学多识,然后加以贯通。并且要"毋意(不臆测),毋必(不武断),毋固(不固执),毋我(不持己见)",才没有流弊。他教人学习与思想并重,学而不思便无所得,思而不学便危险了。他因为教人思,所以他所主张的教育方式是领导的、启发的,而不是强制的和灌入的,这与现在的教育家主张大致相同。

孔子的政治哲学 他的政治思想,便比较是守旧的了。他看见当时社会政治的纷乱,认为这是封建制度失了常轨所致,所以他主张维持封建时代的制度,遵从周礼。他提出一个"正名"的口号,要叫君臣父子们都依着原来的身份去做应做的事。以为上下有序,贵贱有等,才是治世的正常状态;如果上下贵贱失了次序,那便是末世的紊乱模样了。政治的目的,便是要把失序的紊乱模样改变成为有序的正常状态。他曾说:"民可使由之,不可使知之。"可见他是不主张人民预闻政治的。所以他又说:"天下有道,则庶人不议。"

但是,他的政治观点也有较新的地方,他反对当时的"道之(民)以政,齐之以刑"的政治,而主张"道之以德,齐之以礼"的办法。这固然是一种封建化的政治理想,但"德"和"礼"的下及庶民,便是他提倡成的。他又主张一种感化政治,以为"政"就是"正",要在上位的人持躬以正,用正道去感化人民。他曾把风和草比拟统治阶级的君子和被统治阶级的小人,他说:"君子好比是风,小人好比是草,草是跟着风倾倒的!"这种主义似乎是把封建时代的家族政治"乌托邦"化了。

孔子的宗教观念 孔子的宗教观念更守旧了。他同商周人一样尊信着上帝,以为老天爷会赏善罚恶。他曾说过:"上天已经把德付托在我的身上了,别人能把我怎样?"这简直是以教主自居了。他又信着命运,以为一切事情冥冥中都有预定的:事的成败利钝,人的生死穷达,都由于命而不由得人们自己安排。这"命"的观念虽然以前已有,但似乎到他更理论化了。

然而孔子对于宗教并没有什么兴趣,他高唱着"敬鬼神而远之"的主义。至多不过"祭(祖)如(祖)在,祭神如神在"罢了。他又说过:"未能事人,焉能事鬼?未知生,焉知死?"他又不大说天命,更绝不谈神怪。他的弟子子贡曾说:"夫子之文章,可得而闻也;夫子之言性与天道,不可得而闻也。"可见他不喜谈高深的玄学。在这里,他却是代表了春秋晚期的人本主义的思潮!

孔子学术的批评 严格说起来,孔子只是个周礼的保存者和发挥者,他的思想并不见怎样的了不得。但他把古代的制度理论化了,使得这种将要僵死的制度得到新生命而继续维持下去。他的大贡献在此,他所以为今人诟病也在乎此。但这究竟是中国的特殊社会背景所造成的事实,并不由于孔子一人的自由意志所决定!

士夫阶层的造成 孔子是春秋晚年的礼学大师。原来古代有一种"儒者",就是靠襄助典礼和传授仪文为生活的人。孔子便是这类人中的特出人物,所以由他开创的学派,后来便称为"儒家"。据传说,孔子做小孩子的时候,平常游戏已知道陈设俎豆,练习礼容。长大后又非常好学,各处向人去打听仪制,所以他在很轻的年纪,便已有了"知礼"的名声。因为"礼"是春秋时最需要的学问,他又能"为之不厌,诲人不倦",所以四方来跟他求学的人多到不可胜数,一般人都期望着上天把他当作木铎去警醒世人。二千年来的私家教育就确立在他的手里。据传说,孔子后来共有弟子三千多人,这虽然近于夸张,但他的门徒众多确是事实。

孔子开始把学术正式传到平民阶级。他解放了教育的门阀,主张"有教无类"。他自己说过:"从具'束脩'(十块干肉)来做贽见礼的起,我没有不加以训诲的。"他真是个大教育家,他的门下各色各样的人都有:既有恂恂文士,又有纠纠武夫;既有贵族,又有平民,又有商人;甚至有盗贼、乞丐之流的人物。他集合了各色各样的人才而以旧日的低等贵族为中心,造成一个新的"谋道不谋食"的士夫集团。从此便有专靠私家教书讲学为生的人,而教书和做官也就成了二千年来读书人的两种职业(在孔子同时,据后世的传说,还有几位大学者,如所谓道家始祖的老聃,名家始祖的邓析,和那"言伪而辨,记丑而博"的少正卯;但这些人物的传说多半是不可信的)。

第十五章 北方政局的终结

绪论 春秋晚期的北方政局：国际形势方面，是晋国因卿族的大扰乱而失掉盟主的地位，齐国企图复霸未能成功，同时吴、越的势力向北发展，代为中原的盟主。列国内政方面，是世卿专横，互相兼并；结果成立了三家分晋和陈氏代齐的局面。

宋盟后的和平局面 且说盟宋以后，中原各国共属晋、楚，朝聘往来，一变往日的恶氛为景气。吴国也派有名的大夫公子季札历聘上国，中原的文化从此渐渐开化了东南方的蛮区。鲁昭公元年，晋、楚再邀诸侯相会于虢地（古东虢国地，在今河南荥泽县附近），重修宋盟之好。在结盟的时候，楚令尹子围向晋人请求诵读旧盟书，不必重排新次序，晋人答应了，于是仍让楚国做了老大哥。就在这时，鲁执政季武子带兵伐莒，夺取郓邑，莒人向国联大会报告。楚人征求晋人同意，想把鲁使叔孙豹戮了以示惩戒，晋人竭力替鲁国求情，楚人方才答应赦免鲁使。在这里可以看出楚人的强横和晋人的卑屈。到楚灵王即位后，又派使向晋国要求诸侯来朝，晋人畏惧他，不敢不答应。楚人又请与晋结亲，晋侯也答应了。这时若不是吴国在南方牵制楚人，楚庄王的把戏又将重现于中原了。

这时晋国确已渐趋衰弱，晋大夫叔向曾对齐大夫晏婴批评晋国的内政说："戎马不驾，卿无军行；公乘无人，卒列无长。庶民罢敝，而宫室滋侈；道殣相望，而女富溢尤；民闻公命，如逃寇雠。……政在家门,民无所依。"这可见晋国军政和民政的不修,公室的卑下和卿族的专横了。那时晋君因为失了政权,愤恨诸大夫到了极点:强卿荀盈去世,晋平公只顾喝酒作乐,装着不知道。他又想废去知(荀)氏,立亲信为大夫,但终究敌不过世卿的势力,只得命荀盈的儿子荀跞继位为卿,盖过了嫌隙。

鲁昭公十一年,楚灵王诱杀蔡君,起兵围蔡。晋国邀合诸侯的大夫于厥愁,图谋救蔡,可是到底不敢与楚人开衅,只派了使臣向楚国请求罢兵。楚人哪肯答应,立即把蔡国灭掉,晋人也不敢对楚怎样。

这时不但楚国对晋无礼,就是齐国也轻视起晋来。当晋平公去世,子昭公夷嗣位,诸侯往晋朝见新君(鲁昭公十二年)。晋侯宴享齐景公(庄公弟杵臼,嗣庄公位),行投壶的礼节。晋侯先投,晋臣荀吴赞礼,说道:"有酒淮水一般多,有肉像小山一般高,我们寡君投中了这壶,做诸侯的领袖!"晋侯一箭投去,中了。挨到齐侯,他举起箭来,也自己赞着说道:"有酒像渑水一般多,有肉像山陵一般高,寡人投中了这壶,代替晋君做盟主!"一箭投去,也中了。晋人当下大不高兴。齐臣公孙傁一看情形不好,急忙前进解说道:"天气晚了,两君也都劳苦了,我们可以出去了!"说罢,就奉齐侯辞出,晋人也不敢把齐侯怎样。原来这时齐国正在向北方发展:北燕君因内乱奔齐,齐兵为他伐燕,征服燕国。后来齐侯派兵把燕君送入燕国的唐邑(在今河北唐县附近)。齐景公确有志于复霸了。

晋国的国势实际已衰,但表面上却还要装些威力出来以维持他的盟主地位。鲁昭公十三年,晋人乘楚国的内乱,尽起国内的军队四千乘,邀合诸侯会于平丘(在今河北长垣县附近),想重修旧盟。齐人不肯修盟，晋人用了威势和辞令勉强把他逼服。一面再大阅军队，表示要开战的意思，诸侯不由得都怕起来，愿听晋国的命。诸侯在平丘修盟，晋人重颁诸侯贡赋的数目，并讨罚鲁国侵邾、莒小国的罪，不许鲁国与盟，拘了鲁执政季孙意如以示威。但郑执政子产却敢力争减低郑国的贡赋，他从中午和晋人争持起直到天晚尚不肯歇手，晋人不得已，勉强答应了他。盟后，郑大夫子大叔责备子产过于激烈，恐怕诸侯来讨。子产道："晋国的政权不统一，内部正在闹着，哪有功夫来讨我们！"可见晋国的纸老虎已被子产戳穿了。其后鲁昭公十六年，齐景公伐徐，会合徐、莒、郯等东方小国盟于蒲隧。十九年，齐兵伐莒，攻入莒国的纪邑。二十二年，又伐莒，被莒人所败，齐景公亲征，便征服了莒国。二十五年，昭公奔齐，齐景公夺取鲁国的郓邑，给昭公居住，齐、鲁、莒、邾、杞五国盟于鄟陵。这些都是齐景公图复霸的先声。又宋国在鲁昭公十九年也曾起兵伐邾，攻克虫邑。邾、郳（小邾）、徐三国会宋公同盟于虫。宋国也居然成了东方的小盟主，晋国并不过问。这都可证晋霸的衰微。

衰晋的攘夷与勤王　晋国虽已成强弩之末，但也有两件差强人意的事：第一件是剪除戎狄的余种。自从赤狄和长狄衰亡，狄的大族仅剩了一个白狄。白狄本来大部在西方，因赤狄之亡，渐渐东迁，在东方分为鲜虞（在今河北正定县一带）、肥（在今山西昔阳县一带）、鼓（在今河北晋县一带）三大部落，对晋、鲁等中原之国和亲（鲁襄公十八年，白狄始朝鲁；廿八年，白狄与诸侯朝晋）。晋势既衰，戎狄又起。鲁昭公元年，晋人毁车为行（步军），先把群狄和无终之戎在大原地方打败，不久就起兵灭肥，又屡伐鲜虞，两灭鼓国，

第十五章 北方政局的终结

白狄之族从此只剩了一个鲜虞孤独存在着,仍时常与晋搆兵(曾被晋人所围)。同时晋又发兵灭了陆浑之戎,扩地直到汝滨。所以春秋时"攘夷"之功确要推晋国为最大。戎狄的衰亡,就是中国民族和文化的扩大,晋实在是中国民族和文化的恩人啊!

晋国在这时的第二件大功是安定王室。原来周景王(周定王传子简王夷,简王传子灵王泄心,灵王传子景王贵)的太子寿早年夭折,景王先立了寿的母弟王子猛为太子,后来又宠爱庶长子朝,想改立朝为太子,大臣单氏和刘氏不赞成,景王想除去他们,以达到改立太子的志愿,未成而死。单、刘二氏拥子猛即位,是为悼王。王子朝作乱,赶出了悼王,单、刘二氏向晋求救,晋顷公(昭公子去疾)派兵把悼王送回王都,子朝又把他杀死。悼王的母弟王子匄即位,是为敬王。晋兵和王师进攻子朝,子朝的兵渐败,晋兵撤回。王子朝又借了大臣尹氏的力量把敬王赶出,自立为王。晋人邀合诸侯会于黄父,令诸侯输送粟米和卫队给敬王。那时王子朝已把敬王赶得无路可走,晋人急忙再起兵勤王,赶走子朝,奉敬王复位,派兵替王室守御。诸侯又会于扈,晋国令诸侯都派兵戍周。周人讨子朝的余党,叛党作乱,敬王很是忧虑,派使向晋国请求替他修筑都城,晋人答应,就征集诸侯的人马替周王修筑好都城成周(这时晋国是顷公子定公午在位),各国都收回戍兵。后来周人乘吴兵入郢之变,到楚国把王子朝杀死。子朝的余党又联合郑国扰乱王室,周王再度出奔,晋人又起兵送王回都,王室从此就安定了。周室这场大乱,起于鲁昭公二十二年,到鲁定公八年,方才完全平定,直闹了十九年之久。

召陵之会 晋国在韩、魏、荀、范等氏当权之下灭了祁氏和羊舌氏的族。诸强族大分其赃,势力从此更大,公室益加卑微(这时晋国因强族当权,与各国卿族结纳,所以鲁昭公被逐,晋人不讨季氏)。楚国因连受吴人的侵扰,势力也大减削,而执政子常又非常横暴,欺凌诸小国。诸小国受不了楚人的侵略,都背楚向晋;蔡侯并且亲自朝晋,请兵伐楚。晋国邀合齐、鲁、宋、卫、郑、陈、蔡、许、曹、莒、邾、滕、薛、杞、顿、胡、小邾等十七国会于召陵,打算讨楚。一面周室因王子朝逃在楚国,也命大臣刘文公来督领伐楚的军队。不料晋臣荀寅向蔡侯需索贿赂未得,怨恨蔡侯,便在执政范献子的面前说道:"晋国方在风雨飘摇的局面中,诸侯正想离叛,在这样情形之下,哪里能够打胜楚人,不如辞去蔡侯了罢!"范献子听了他的话,就把伐楚的事作罢。此次晋国这样大张旗鼓地讨伐楚人的罪,结果仍弄得虎头蛇尾完事,诸侯因此都更看不起晋,晋国于是乎开始失掉诸侯了。

齐国的复霸运动　　齐国久郁思动,乘着晋国失掉诸侯的当儿,想实践代晋为盟主的志愿。鲁定公(昭公弟宗,嗣昭公位)七年,齐景公先邀郑献公(简公传子定公宁,定公传子献公虿。献公后传子声公胜)在盐地结盟(这时郑已背宋盟,叛周与晋,又曾乘楚国的败灭掉许国),向卫征会。卫大夫不愿叛晋,齐人起兵侵卫,卫灵公也与齐侯在沙地结了盟。只有鲁人尚未肯即时加入齐党,所以齐兵两次伐鲁,鲁兵也两次侵齐。晋人救鲁,顺道邀卫结盟,因晋人对卫侯无礼,卫人仍不肯从晋,晋兵就侵郑和卫,鲁人也帮着晋攻卫。卫、郑同盟于曲濮,合力抗晋。于是中原又重新走入战乱的局势之中。

齐、卫联军伐晋,攻破晋邑夷仪,晋人战败齐军。鲁人又与齐讲和,齐、鲁会盟于夹谷,孔子相鲁定公赴会,以礼辞折服齐人,齐人退还鲁国汶阳的侵地,向鲁讨好,齐鲁也联成了一气。晋兵围卫,齐、卫、郑三国会于安甫,图谋对付。鲁国也来与郑通好,开始真正的叛晋。齐卫两国又会于郧氏(今山东钜野县附近),派精兵伐晋河内地方(在今河南汲县一带)。这时东方四大国——齐、鲁、卫、郑,成为一党,奉齐为主以抵抗晋国。晋国已在四面楚歌的形势中了。

晋范中行氏之乱 晋人在外既受了侵侮,内部又起大乱。当齐、卫联军伐晋河内的那年(鲁定公十三年),晋臣赵鞅命守邯郸(在今河北邯郸县附近)的大夫赵午把卫国进贡来的五百家人民从邯郸迁到他的私邑晋阳(在今山西太原县),邯郸人不肯马上照办,赵鞅大怒,把赵午召来杀了。赵午的儿子赵稷等就据邯郸叛变。赵午是荀寅的外甥,荀寅又是范吉射的亲家,于是范、中行(荀、中行与知是一族的两支)两家作乱,响应邯郸,起兵伐赵氏,赵鞅逃奔晋阳。范氏和中行氏当了政权,嗾国人把晋阳围住。不料范氏的内部在这时候也起了分化,范氏族人范皋夷勾结知、韩、魏三家劫了晋侯,起兵攻伐范吉射和荀寅。范氏和中行氏就反攻晋侯。国人帮助公室和三家,范、中行氏战败,逃奔朝歌。韩、魏两家借了君命召回赵鞅,结盟于公宫。赵鞅自己也杀了知氏所忌恶的家臣董安于,以向知氏讨好,于是知、赵、韩、魏四家联成一气,赵氏始安。

晋兵围困朝歌,齐、鲁、卫等国想利用晋国的内乱,乘机捣乱,他们结会,预备援救范、中行氏。范、中行氏的党也引动狄兵袭晋,不得胜利。宋景公(元公子头曼,嗣元公位)此时也加入了齐党,共同反晋。晋国很是危急,赶快起兵先打败了范、中行氏的兵,又把郑国和范氏的联军打败。同时齐党之中也起分裂,原因是宋国入了齐党,郑、宋是世仇,郑兵伐宋,击败宋军。齐、卫便结会图谋救宋。因齐党内部的分裂,他们只得暂时松懈了对晋的压迫。

那时邯郸的赵氏尚未降晋,与朝歌的范、中行氏联合;晋兵攻邯郸。鲁哀公(定公子蒋,嗣定公位)元年,齐、卫联军去援救,围困晋邑五鹿。不久,齐、鲁、卫、鲜虞四国联军再伐晋,夺取棘蒲地方(在今河北赵县)。赵鞅带兵伐朝歌。那时卫太子蒯聩因得罪于他的父亲灵公和后母南子,逃在晋国,卫灵公去世,卫人立蒯聩的儿子出公辄为君。赵鞅顺便把蒯聩送入卫的戚邑,借以威胁卫国。这与齐、卫捣乱晋国的方略是如出一辙的。齐人送粮饷给范氏,由郑兵间接输送。赵鞅带兵拦路截劫,在铁地(在今河北濮阳县附近)开战,郑兵大败,赵鞅把齐国送给范氏的一千车粮饷尽数抢下。齐、卫联军围困卫太子蒯聩所在的戚邑。赵鞅也加紧围攻朝歌,荀寅等逃奔邯郸。齐、卫联军救范氏,重围五鹿。赵鞅又急攻邯郸,邯郸降晋,荀寅等逃奔鲜虞。齐兵伐晋,夺取八邑,会合鲜虞人把荀寅等送入范氏的私邑柏人(在今河北尧山县附近)。鲁哀公五年,晋兵转围柏人,荀寅和范吉射逃奔齐国。于是晋国范、中行氏之乱才告了结束。

晋乱定后,赵鞅带兵先伐卫,次伐鲜虞,讨他们助范、中行氏乱晋的罪。宋人这时大约也叛齐向晋,齐人伐宋。宋人为晋侵郑,晋人自己也屡伐卫。同时宋人伐灭曹国,郑人也曾救曹侵宋。等到郑人服了晋,宋人又叛晋攻郑了。这可见郑、宋的世仇直到春秋的末年还没有解除。

齐陈氏的专政 晋乱方定,齐乱又起。先是,齐世卿陈氏联合鲍氏除灭公族栾氏和高氏,陈、鲍两家分掉栾、高氏的室,陈桓子听了有名的大夫晏婴的话,把自己分得的栾、高氏的田尽数还给公家;一面又召回许多逃奔在外的公族,把禄田拨还他们;又分自己的私田去周济那无禄的公子公孙,因此大得齐景公的奖赏,赐给他莒(陈氏私邑)的旁邑,他辞谢不受。景公的母亲穆孟姬替他转请得大邑高唐(在今山东禹城县附近)做赏邑,陈氏开始大强。那时齐君厚敛于民,陈氏却厚施于民,所以百姓更归向陈氏。到了春秋末年,陈氏的潜势力愈大。齐景公去世,庶子荼继位。这时齐政尚在世卿高、国二氏的手里,齐国大势未定。陈乞假意服事二氏,天天在他们面前报告诸大夫将要谋害他们,教他们先把诸大夫除去。等到遇见诸大夫的时候,又在诸大夫的面前报告高、国二氏将要不利于大众,教诸大夫先动手除去高、国。诸大夫渐渐被他煽惑,就共奉陈、鲍两家为主以攻击高、国氏。高、国二氏战败出奔,于是大权尽入陈氏之手。不久陈乞就废了国君荼,迎立公子阳生为君,是为悼公。悼公即位后,又把荼杀死了。

齐吴的争衡 齐国正在内乱,吴国的势力却日渐北上,于是又形成齐、吴争雄的局面。鲁、宋、邾三国先与吴联结。鲁国因侵邾的事触犯了吴国(这时中原无霸,鲁国常攻邾国,宋国也屡侵曹国,邾人服属于吴,故吴为邾讨鲁),吴人伐鲁,攻破武城、东阳,进兵泗上;鲁人与吴讲和。同时齐人也来伐鲁,夺取讙、阐二邑;又派使向吴请兵共伐鲁国。鲁人赶快与齐讲和结盟。齐人归还二邑,辞却吴兵。吴人大不高兴,就在邗江上筑了城,开沟接通江淮的水,以为粮道(这就是运河建筑的开始),邀合鲁、邾、郯三国的兵伐齐南鄙。齐人弑了悼公向吴人解说(想来这也是陈氏的主意),吴人仍不肯罢兵,派偏将带领水军从海上攻齐,被齐人打败,吴兵方回。晋国这时也来凑热闹,由赵鞅带兵侵齐,夺取犁邑和辕邑,毁了高唐城的外郭，内侵到赖地（在今山东历城县附近），以报齐人助范、中行氏之仇。

次年（鲁哀公十一年），齐人伐鲁报恨。吴、鲁再联军伐齐，齐人起兵抵御，在艾陵（在今山东泰安县附近）开战，齐兵大败，主帅国书等被杀，将士和甲车丧失得很多。于是鲁、卫、宋诸国都归服了吴人。吴人征诸侯结会，拘了卫侯，因鲁人的劝谏，方把卫侯释放。

这时中原无霸，齐国既因吴、鲁的联攻而失坠东方的霸权，宋、郑也因世仇的关系，互相攻伐得很厉害，几乎恢复了春秋初年的形势。齐、鲁、吴相哄于东，宋、郑又相哄于西，晋、楚皆自顾不暇，宋盟以后中原和平的局面至此完全破坏了。

黄池之会 吴国既打败了齐兵，国势的外表更强。鲁哀公十三年，吴国又续开新沟，通过宋、鲁的边界，北连沂水，西连济水，北上邀合晋、鲁等国会于黄池（在今河南封丘县附近），想借这次盟会来争得中原盟主的地位。周室的大臣单平公也来监盟。当结盟的时候，吴、晋两国争起先来，吴王听得国都被越人攻破，太子被杀，后路也被越人截断的消息，颇觉踌躇，幸由大夫王孙雒献计，陈列军队，向晋挑战，晋人惧怕起来，只得让吴人占了先（据《左传》的记载，黄池之会是晋人占先的，此说不甚可信，改从《国语》）。这是晋国势力的再挫。吴人回国时，又顺便烧了宋国都城的外郭，以向诸侯示威。可见吴人这时虽弄不过越，但他对于中原诸侯，却仍是横行无忌的。

卫国的历次内乱 齐人被吴所重创，吴人在南方也受了越人的重创，楚国被吴侵扰，元气也尚未完全恢复，晋国便想乘机起来恢复霸权。他先伐卫国，次伐郑国。卫太子蒯聩勾结内应从戚邑

第十五章　北方政局的终结

回国即位,是为庄公,出公奔鲁。庄公即位以后,想尽去旧臣,赶走执政孔悝和太叔遗,而且仍不肯服晋,晋人又起兵围卫;齐人救卫,把晋兵逼回。隔了些时,晋再伐卫,攻入卫都外郭,卫人赶掉庄公,与晋讲和;晋人改立襄公的后裔公孙般师为君。晋兵既去,庄公又重新回国为君,仍被国人赶出走死。齐人伐卫,把卫新君般师捉去,改立公子起为君,又被臣下赶掉,出公回国复位,不料出公仍不如国人的意愿,被逐出奔。他勾了越兵来伐卫,但终不得复国,后来死在越国。卫人立庄公的弟公子黚为君,是为悼公。

晋齐的最后争衡　鲁哀公二十年,齐、鲁会于廪丘,想替郑国报仇去伐晋。郑人惧怕晋国,辞去诸侯的兵。隔了三年,晋人起兵伐齐,在犁丘(在今山东临邑县附近)开战,大败齐兵。次年,晋再邀鲁伐齐,夺取廪丘地方。哀公二十七年,晋人曾伐郑,齐兵来救,晋兵退回。悼公四年,晋人再伐郑,围困郑都,终因内部将帅不和,无功而回。

春秋末年的中原各国内政　这时中原各国的政权都在大夫的手里,列国间弑放君主和叛乱的事屡见不绝,如宋有司马向魋和大尹专政之乱,卫国也迭次发生内乱。连周天子在国内的政权也已下移到王臣手中,这就开了战国时周分东西的先路。鲁国季氏的政权,曾下移到家臣手里,季氏的家臣阳虎竟敢拘了季孙桓子,杀放季氏的亲党,强与鲁君三家和国人结盟,专横无忌到了极点。他又想去掉三家,就结合党徒劫了鲁君作乱,结果不容于国人,被孟氏所败,偷了国宝据邑叛国,终被国人逐走。这时叔孙氏也有家乱,家臣侯犯据邑叛变,好容易才把他打平。于是季、叔二氏都把私属大邑的城毁了,以免家臣据城作乱。只有孟孙氏不肯毁私邑

257

成城。后来成邑也终于背叛孟氏,费了许多的力气才收回来。季氏又曾创立新赋制,竭力增加人民的担负,以扩充势力。鲁哀公想借越兵(这时越已灭吴)来去掉三桓,反被三桓逼逐出国。到哀公子悼公宁即位,三桓的势力越发强盛,鲁君更形同傀儡了。

齐国的陈恒也在这时杀死执政阚止,弑了国君简公(悼公子壬,嗣悼公位),立简公弟平公骜为君,陈恒自为国相,把大权一手抓住,从此齐国在实际上就变成了陈氏的国家。

晋国自从范、中行氏灭后,知、韩、魏、赵四家共分二氏的地,领土愈广,势力愈大,竟把国君出公(定公子凿,嗣定公位)赶掉。知氏在四家中尤为强盛,他贪蛮不讲理,向三家要索土地;赵氏不肯,知氏就邀合韩、魏二氏围攻赵氏;韩、魏恐怕"鸟尽弓藏",反做了赵氏的内应,三家合力来把知氏攻灭。此后三家共分晋政,晋国在实际上也就变成三家了。

第十六章　南方的混战与吴的衰亡

当中原各国正在闹着政局改变的当儿,南方也走入了混战的局面,这一下就把从前晋、楚、吴三鼎足的形势改成楚、吴、越三鼎足的形势。

南方三大国鼎立的形势　吴、越两国所在的江苏、浙江,在春秋时还是蛮荒之区,人口稀少,土地未辟;其人民文化程度虽低,但勇敢善战,更处于天赋极优的环境;当两国尚未兴起前,其国邻近又无强敌;楚人的势力也不能完全控制他们,所以他们就很容易地兴起来了。吴、越兴起之后,南方形成三国鼎立的局面:楚在吴、越之西,吴在越北楚东,越在楚、吴的东南,三国就地形论,以楚为优,据上游之势。但吴、越是新兴的国家,锐气较盛,所以在春秋末期,楚国的势力反而较逊。然吴、越的国基究欠稳固,不过一时达到极盛的情形,不久就衰微下去,真是所谓"其兴也勃焉,其亡也忽焉"了。

楚灵王的霸业　楚康王去世,子麇即位,是为郏敖。那时楚国的令尹是王子围(康王弟),他是个极有野心的人,他见郏敖懦弱无用,便渐渐树立党羽,把政权拢归自己。他先杀死大司马芳掩,兼并了他的家,势力越发雄厚,就僭用王礼起来。鲁昭公元年,王子围聘郑,顺便迎娶郑国公孙氏的女儿,与诸侯在虢地相会修盟。各国大夫看见他所设的仪卫，都已知道他有篡位的野心。果然他回国以后，便调遣开郏敖的亲信，自己假装再聘郑国，在国内先设下了阴谋。他还未出境，就听得郏敖有病，赶快回去进宫问病，顺便把郏敖缢死，他自己即位，是为灵王。

楚灵王的骄侈是有名的，诸侯都害怕他，他即位的第四年上（鲁昭公四年），诸侯朝楚，灵王合诸侯于申，拘了服吴的徐子，起兵伐吴，攻破吴邑朱方（在今江苏丹徒县？），把齐国逃去的亡臣庆封捉来杀死，算是执行霸主的权柄，代齐国讨了乱贼。顺便用诸侯的兵攻灭赖国（约在今河南东部，与安徽接界处），把赖民迁到鄢地。他又想把许国迁到赖地，先派人修筑赖城。这年冬天，吴人就伐楚报仇，攻入棘、栎、麻三邑。楚将带兵守御的守御，筑城的筑城，忙得不亦乐乎。次年，楚灵王又合诸侯和东夷的兵去伐吴，越人也来会兵，这是楚、越勾结的开始（楚、越同姓，又曾为婚姻之国）。晋人用吴制楚的方略得到相当的便宜之后，楚人也来模仿晋人的榜样，引动越国去牵制吴人。吴人出兵抵御，把楚的偏师在鹊岸（约在今安徽无为县附近）地方打败。灵王亲统大兵渡过罗水，直到汝清地方，吴人处处设下防备，楚兵无法进攻，灵王就在坻箕山校阅了一次军队，班师回国。楚人为怕吴人再来报复，急派大将沈尹射驻在巢邑，薳启彊驻在雩娄，以防吴寇。不久，楚人伐徐，吴人来救，楚令尹子荡带领大兵直捣吴国，却被吴人打败了。

这时陈国起了内乱，楚灵王乘机灭陈，就在陈国邀会鲁、宋、卫、郑的大夫；把许国迁到陈邑城父（约在今安徽亳县），把城父的人迁到陈都，又把方城外面的人迁到原来的许国（鲁成公十五年，许迁于叶，这个许国就是叶邑）。不久他更诱杀了蔡君，灭掉蔡国；

在陈、蔡、不羹(约在今河南西南境)几处地方筑了大城,以逼北方。鲁昭公十二年,楚灵王在州来(在今安徽凤台县)狩猎阅军,派兵围徐,借以威胁吴国,灵王亲自驻在乾谿(在今安徽亳县)以为援应。只因灵王得国不正,他又暴虐臣下,穷兵黩武,所以弄得内外交怨,大乱立即起来。

楚国的内乱与中衰 明年,楚国蔿、斗二氏之族和在楚的许、蔡的人联合徒党引导越兵作乱(当申地会合时,灵王曾戮辱了越大夫,因此越人也恨灵王),召了灵王篡位时所赶走的公子比(子干)和公子黑肱(子晳),又耸动了陈、蔡、不羹、许、叶诸邑的军队,攻入楚都,杀死灵王的大子禄等,奉公子比为王,公子黑肱为令尹,公子弃疾(共王子蔡公)为司马。灵王这时方在乾谿,闻警回国,在半路上手下军队一齐溃散,逼得灵王孤零零地自己吊死。但是灵王虽死,楚国内部仍未安定。司马蔡公弃疾散布谣言,说灵王未死,已来讨罪,竟把无用的公子比和公子黑肱生生逼死;弃疾即位,是为平王(名熊居)。这时攻徐的楚军闻耗班师,也被吴人在豫章截击,杀得大败,吴人获了楚军的五个将帅。平王即位以后,重封陈、蔡,迁复各地的人民,楚国方才稍稍平定。

楚国大乱之后,势力更衰,吴人乘机灭掉州来(州来是吴、楚争锋的要塞)。隔了四年(鲁昭公十七年),吴人又起兵伐楚,在长岸开战,楚兵先胜,抢得吴国有名的大船余皇。吴人用计乘夜扰乱楚营,又把楚兵打败,抢回了余皇。明年,楚人把许国又从叶邑迁到白羽(在今河南内乡县),次年又迁阴地之戎于下阴(在今湖北光化县?),令尹子瑕修筑郏城(在今河南郏县),这是防备晋、郑的侵逼。楚国这样兢兢自守,当时人已知他无能为了。

楚平王对外既不能振兴国威，对内又不善治家。他替儿子太子建聘娶秦国的女儿，听说秦女长得美丽，他就学了卫宣公的样，抢来立为自己的夫人。不久，他又大城城父（在今河南宝丰县，与陈邑城父为二地），派太子建驻守在那里以通北方；派兵修复州来的城池，以御东方。后来他终竟听信了谗言，把太子建赶走，杀死他的师傅伍奢，奢的儿子伍员奔吴，这就惹下了泼天大祸。

鲁昭公二十三年，吴人起兵攻州来；楚人兴动了陈、蔡、许、顿、胡、沈诸国的兵去援救，令尹子瑕恰巧在这时去世，使得楚兵先受了一个挫折。两方在鸡父（在今河南固始县）地方开战，吴人用了公子光的计策，先派刑徒三千人去捣乱胡、沈、陈三国的军队，大兵跟随过去，一阵厮杀，三国的兵大败，吴人斩获胡、沈两国的君主和陈大夫夏啮。再释放胡、沈两军的俘虏去扰乱蔡、许、顿三国的军队，大兵跟着呼噪，三国的兵惊溃，楚军也止不住脚，大溃而走，同时楚太子建的母亲住在郹邑（在今河南新蔡县），怨恨平王废逐她的儿子，也引导吴兵入郹，把她带去又把藏在郹邑的楚国宝器一齐掳了。楚司马薳越追赶吴兵不及，自缢而死。楚人这时惧怕吴人到了极点，竟至修筑国都郢城。次年，楚王造了舟师去侵略吴疆，越人又来会兵。楚兵进到圉阳（约在今安徽巢县）回去，吴兵从后追来，攻破楚邑巢和钟离。楚人又连连筑城迁民，把全国闹得鸡犬不安。

吴人的扰楚 鲁昭公二十六年，楚平王去世，秦女所生的儿子壬即位，是为昭王。吴人想乘楚国国丧去捣乱，派兵围困潜邑（在今安徽霍山县），楚兵救潜，前后夹攻，吴兵不能退回。吴公子光（诸樊子）乘此机会，起来弑了国君王僚（鲁襄公二十九年吴王余祭死,弟余眛嗣位。昭公十五年,余眛死,子王僚嗣位),自立为君,是为阖庐。楚国国内在这时也发生事故,奸臣费无极等在令尹子常面前竭力说大臣郤宛的坏话,子常攻杀郤宛,尽灭郤氏的族党。国人大大不服,群起谤毁令尹。子常又把费无极等杀死,以向国人解说。吴前王僚的母弟公子掩余与公子烛庸从徐国和钟吾国奔楚,楚人把他们安置在养邑(在今河南沈丘县附近),替他们修筑城池,用来对付吴人。吴王阖庐大怒,起兵先拘了钟吾子,顺道伐灭徐国,徐君奔楚。楚兵救徐不及,就修筑了夷(城父)城,给徐君居住。

徐国既入吴人之手,楚国大震。逃亡在吴国的楚将伍员就教吴王分派三支军队,更番侵扰楚边,声东击西,以疲乏楚人的兵力;然后以大军合力进攻。吴王听了他的话,于是楚国大受其害(这与晋人疲楚的方略一样)。鲁昭公三十一年,吴人两次围攻楚邑,楚兵一来,吴兵即回。定公二年,吴人又教舒鸠人引诱楚兵出来伐吴,设下计策,在豫章击败楚兵,再破巢邑。这就是运用了伍员的计谋。

柏举之战 楚国在"日蹙国百里"的情势之下,执政子常仍是非常贪暴,向各小国要索无厌。甚至把蔡、唐两国的君主拘了好几年,硬逼取了贿赂,才把他们释放。蔡侯回国就朝晋请兵伐楚,不料晋国的当权者也同楚国一样,只知财帛,不顾信义,竟不肯实践伐楚的约言,于是蔡侯转向吴国请兵。这时楚国正因蔡国替晋灭了他的属国沈,起兵围蔡。吴、蔡、唐三国就联军伐楚,在淮汭(当在蔡国附近)舍舟登陆,从豫章一带与楚兵夹汉水相持。楚左司马戌向令尹子常献分兵夹攻之计,两人已经商议好了;不料左司马去后,子常又听了别人的话,独自与吴开战。渡过汉水列阵,从小别山到大别山(小别山、大别山均在汉水附近)接仗三次,楚兵已是不利。等到两军正式在柏举(约在今湖北麻城县附近)交锋,吴王的弟弟夫槩王统领属军五千先攻子常的兵,子常的兵败退,楚全军扰乱,吴军乘势掩击,楚军大败。令尹子常奔郑。左司马戌后在雍澨(在今湖北京山县附近?)战死。吴兵接连追败楚军数次,一直打到郢都,楚昭王带了妹妹季芈等逃出城去。吴人破了郢都,把楚国君臣上下的家室按着本国的班次都占据了。楚亡臣伍员又把楚平王的坟掘开,取出尸首,鞭打了三百下,报复杀他的父亲和哥哥的深仇。

楚王逃入江南的云梦泽中,又被盗贼所攻而奔郧邑,转从郧邑奔到随国。吴兵追来,直迫随都,向随人要索楚王,愿把汉阳的田送给随人做报酬。随人想把楚王献出。只因问卜不吉,就辞谢吴人道:"随国褊小,与楚邻近,靠着楚人的保护而立国,世世订有盟誓;现在如乘难弃好,似乎说不过去。"吴人见随人说话有理,便退了兵。楚王又与随人结盟,就暂时托庇在随国。

先是,楚臣申包胥与伍员交好,当伍员出亡的时候,曾对申包胥说道:"我必要报复楚王杀我父兄的仇恨!"申包胥也对伍员说道:"好!你如能破楚报仇,我便能兴复楚国。"到了这时候,吴兵入郢,申包胥奉了楚王的命到秦国去讨救兵(因为秦、楚是婚姻之国,楚王是秦国的外甥)。秦哀公起先不肯答应,申包胥靠在庭墙上痛哭,哭声尽夜不绝。如此七天功夫,勺水不肯入口。哀公被他的真诚感动,立即发兵援楚。

这时越人乘吴王远出,起兵攻入吴都,在楚的吴兵已大受震动(这可以说是楚人联越政策的胜利)。申包胥引了秦兵前来,与楚残军夹攻吴兵,大败吴夫㮣王于沂(在今河南正阳县附近)。楚将子西也把吴兵在军祥(当在今湖北随县附近)打败。楚、秦联军又灭了唐国,以绝吴人的援应。吴兵在雍澨地方又打败楚军,却经不起秦国生力军的攻击,败退麇邑。楚兵焚毁麇邑,吴兵再败。又战于公壻之谿,吴军大败。吴王方才回去。那时夫㮣王已回国,自立为君;与吴王开战,失败奔楚。据说,吴人这次的失败,也因夫㮣王作乱之故。

楚王回到郢都,大赏功臣,申包胥却辞赏赐不受。不久吴兵又把楚的舟师打败,俘获楚将甚多。楚子期所带的陆军又败于繁扬(在今河南新蔡县附近)。楚人深怕亡国,栗栗危惧。令尹子西喜道:"能够这样就会好!"于是迁都于鄀(在今湖北宜城县?),修整政治,楚国渐渐安定。

楚国的复兴与白公之乱 隔了些时候,楚人的元气恢复,就起兵灭顿,灭胡,围蔡。吴人把蔡迁到州来,以避楚焰。不久楚人又攻克夷虎(蛮夷的一种。在鲁昭公十六年,楚人已曾诱杀戎蛮子嘉,这是楚人开辟中原戎地的先声),开始经营北方,袭破周畿的梁邑和霍邑,进围蛮氏(约在今河南许昌县一带)。蛮君逃奔晋的阴地(在今河南卢氏县一带)。楚人兴兵临迫上雒,左军驻在菟和,右军驻在仓野,派人向晋阴地的大夫士蔑要索蛮君。那时晋国正在闹着内乱,只得赶快拘了蛮君献给楚军;楚人把蛮民统统俘虏回去。

这时陈国服楚,吴兵屡伐陈国。楚人起兵救陈,昭王死在行间,子章即位,是为惠王。陈人叛楚降吴,楚兵伐陈,吴兵也来相救。楚、吴的争陈,正与晋、楚的争郑差不多。先是,楚太子建被郑人所杀（太子建从宋奔郑，又与晋人勾结，图谋袭郑，遂被郑人杀死），他的儿子胜逃在吴国，楚人把他召回，命他驻守边境白邑（约在今安徽巢县附近），是为白公。白公向执政子西请求伐郑以报父仇，子西未允；晋人伐郑，子西反去援救，与郑结盟。白公大怒，就起来作乱，杀死执政子西和子期，劫了惠王。幸而叶公、沈诸梁起兵会合国人讨乱，白公失败奔山，自己吊死。当白公乱时，陈兵侵楚；楚乱定后，就派兵略取陈国的麦子，打败陈兵，顺势又把陈国攻灭。巴人也来伐楚，楚人又把他们打败。隔了些时，楚人更征服了从越的东夷，从此国势就复振了。

吴越斗争的开始 当鲁襄公时，吴人开始伐越，俘获越人，砍了他的脚，派他看守船只。有一天吴王余祭去看船，越俘一刀把他杀死——这是吴人最早吃到越人的亏。鲁昭公三十二年，吴人又曾伐越。当吴人破楚郢都的时候，越王允常也乘机来捣乱。鲁定公十四年，允常去世，子勾践嗣位。吴人乘机伐越报仇，勾践起兵抵御，两国在檇李（在今浙江嘉兴县？）开战，越人派死士冲锋，吴阵不受动摇。他们想出一条妙计：陈列罪人三行，教他们各自把剑勒在颈上，向着吴军自刎。吴兵奇怪起来，一齐注目，越兵乘势攻击，吴军大败，吴王阖庐受了重伤去世。子夫差即位，派人每天站在庭中，叫他候自己进出的时候，向着自己提醒道："夫差！你忘了越王杀你父亲的仇恨吗？"他自己敬谨地答道："唉！我决不敢忘。"这样过了三年，预备充足，动手报仇。

夫椒之战 鲁哀公元年，吴王夫差带兵伐越，把越兵在夫椒（在今江苏吴县太湖中）地方打败，顺势攻破越都。越王勾践带了五千甲楯之士退守会稽山，派有名的大夫文种勾通了吴太宰嚭向吴王委屈请和。吴王忘了父仇,将要答应,伍员赶快谏止道:"勾践这人很有才干,万万不可轻易放纵!况且越国和我们邻近,世为仇敌,不乘这次打胜的机会把它灭掉,将来你懊悔也来不及了!"吴王哪里肯听,竟答应了越人的和议,班师回国。

吴国的衰亡 吴王夫差打胜越人之后,北上经营中原,侵伐陈国,服属鲁、宋,破败齐军,又邀晋为黄池之会。越人乘机休养生聚,伺吴王在黄池的机会,起来伐吴,分兵两路而进,大败吴军,斩获吴太子友等,攻入了吴都。吴人向王告警,吴王生怕消息泄漏,自己杀死七个亲信,勉强向晋争得盟主的虚号;急忙回国,与越讲和。

鲁哀公十五年,楚人也乘吴衰伐吴报仇,打到桐汭(即今安徽广德县桐水?)。次年,吴兵伐楚,却被楚将白公杀败。鲁哀公十七年,越人又乘吴国荒年伐吴,吴王起兵抵御,在笠泽(即今江苏吴江县平望湖?)夹水列阵。越王创制"左右句卒",在夜间或左或右,鼓噪着进扰吴营。吴人分兵抵敌,越王暗领大军渡水,突犯吴的中军,吴兵大乱,越兵乘势又把他们打得大败。鲁哀公十九年,越人有意去侵楚,借以安稳吴人的心,使他们不防备。次年,越王突然大举攻吴,把吴都围困了三年,终把吴国灭掉,吴王夫差自缢而死。这才结束了吴、越寻仇的公案。

越勾践的霸业 越王勾践灭吴以后,也学吴人的样,开始经营北方,起兵渡过淮水,和齐、晋等诸侯会于徐州(在今山东滕县)。据说他曾向周室进贡,周元王(敬王子仁,嗣敬王位)派人赐给勾践祭肉,命他为诸侯之伯。勾践把淮上的地送给楚国,把吴国所侵略的宋地还给宋国,又把泗东方百里的地送给鲁国,威德并行。又据史书的记载,那时越兵横行于江淮之间,东方的诸侯都向越王庆贺,上勾践的尊号为"霸王"。当勾践称霸的时候,春秋时代早告终了。

楚吴越斗争结论　我们应该明白,春秋末年南方混战的局面,对于整个的中国史是很有关系的。因为当时北方诸国的政局不定,倘若南方形势稍为安稳,楚、吴必乘晋霸衰微,起来并吞中原。这样一来,或许为中国文化基础的战国文化便会大变换个样子。幸亏当中原各国政局变动的当儿,南方同时也在大斫大杀,这种局面就保存了中原文化的种子,使得它到数十年之后开花结果!

第十七章　春秋史结论

上面已把春秋时代的大事约略叙完，综合起来说，春秋时代所表现的特点共有四项：

种族的混合和华族的成立　第一点是种族的混合和华族的成立。我们所谓华夏民族，本不是固有的。照传统的观念，夏、商、周三代是我们民族的核心，然而这三代却是三个不同的氏族。夏族，据近人的考证大约是从西北方来的，有人说他与商周时代的鬼方、猃狁和秦汉时代的匈奴等等有血统的关系。商族，起自东方沿海一带，本是夷族中的一种。周也起自西北的戎狄部落，与夏族或有相当的关系。商灭了夏，夏族分散四处，与戎狄等部落杂居，因为当时不曾建立严密的封建制度，更不曾做建设统一帝国的梦，所以商只是商，夏仍是夏，夷狄也仍是夷狄，他们至多有些政治上羁属的关系；至于种族的同化，一时还谈不到。等到周人灭了商，确立封建制度，把原来各族赶走的赶走了，征服的征服了，经过了几百年的同化，我们的华夏民族才开始萌芽。

周人起于陕西，那地方大约本是夏族的根据地，他们又或者与夏族有些渊源，所以他们自称为"夏"。因周人势力的扩张，"夏"的一个名词就渐渐成为中原民族的通称。春秋时中原人常常自称"诸夏"，而称与他们异类的人民为"蛮、夷、戎、狄"。——于是"夷"、"夏"对立的观念才确立了。

春秋时诸夏民族住在中原,四边和较僻野的地方都是给所谓蛮、夷、戎、狄等部族住着。诸夏想同化蛮族,蛮族也想征服诸夏;两方势力一经接触,诸夏在武力上就不免吃了大亏。于是中原各国互相联结,共同御外;在这样情势之下出现了伯主制度。一班伯主的中心事业便是"尊王"和"攘夷"。"尊王"是团结本族的手段,"攘夷"是抵御外寇的口号。

那时蛮族中最强盛的,南方有楚,北方有狄,所以攘楚和御狄就成了当时中原伯主最注意的事情。结果狄族由被抗而分散,楚人由被攘而同化。到了春秋末年,北方的狄族尽被晋国并吞,东方的夷、戎等族也被齐、鲁等国所征服,西方和中原的戎族早已衰微,被晋、秦、楚等国所瓜分,而南蛮的楚在这时也已率领南方诸族变成诸夏的一分子了。

东南方的蛮族吴和越从春秋中年起也渐渐加入诸夏的团体,经过了约百年间的相拒相迎,到了春秋之末,吴国和灭吴的越国竟变成了东夏的盟主了。楚、吴、越等国本来文化较高,他们很早就有文字,并不是真正的化外蛮民,所以受诸夏的同化也比较容易些。

上古的许多不同的种族,就是在春秋时代混合而成立了一个整个的"华夏民族"。

中国疆域的扩大　第二点是中国疆域的扩大。三代时候,种族众多,各占一区,当时的所谓"中国",大致不出今山东、河南、河北、山西、陕西这黄河流域的几省间;就是在这个区域之中,也还有很多的文化低落的部族杂居着。西周晚年,夏族的势力开始发展到湖北的北部。直到春秋初年,所谓诸夏的疆域仍不出西周时的范围。自从楚、吴、越诸国尽力并吞南方的蛮夷而同化于中国,齐、晋、秦等伯国又尽灭北方的夷狄部落,于是华夏的疆域才日渐扩大。到了春秋之末,北到燕代,东到海隅,西到甘陇,南到洞庭,都成了中原文化所笼罩的区域了。所以我们可以说中国疆域的凝固,是在春秋时代开始的。

社会经济和学术思想的转变 第三点是社会经济和学术思想的转变。商代晚年大致尚是畜牧社会的末期,农业、手工业和商业刚刚萌芽。社会组织方面还保存着"氏族社会"的痕迹。宗教思想也方由拜物教和多神教向一神独尊的宗教进趋。周代确立农业社会与封建制度,为上帝崇拜全盛的时期。那时人开口"皇天",闭口"上帝",人同神可以直接谈话和会面。农业收成好,国家太平,是上帝的赏赐;起了灾荒,受了兵祸,就是上帝的责罚。那时人看事事物物都是上帝的表现,没有人的成分在内。

自从西周灭亡,王纲解纽,封建制度开始摇动,诸侯互相联合,互相兼并,列国间盟会朝聘和征伐的事天天不绝,交通大辟,因之商业日渐发达。到了春秋晚期,竟有穿着文绣织成的衣服,坐着金玉装饰的车子,"结驷连骑","富比诸侯"的大商人出现。人民的经济地位既经抬高,于是学术文化就也渐渐普及于全社会。一方面贵族阶级的知识也比前提高,有很多人怀疑天道的不可知,人本主义一经起来,立刻使原有的宗教观念失掉根据。

春秋时代很多有学问的人,如鲁国的叔孙豹、齐国的晏婴、晋国的叔向、楚国的左史倚相、吴国的公子季札等,都可以算是当时的大学者。这些人之中,尤推鲁国的臧文仲和郑国的子产是不世出的圣贤。臧文仲能够立言垂世,子产能够有很开明的新思想,施之于实际的政治。等到孔子出世,集古代思想学术的大成,开始建立哲学的系统,真正的士夫阶层就由他一手造成。孔子死后,他的门徒播迁各处,努力发挥本师的学说,就成立了"儒家"的学派。"儒家"就是后来"百家九流"中第一位老大哥。

统一局面的酝酿　第四点就是统一局面的酝酿。周代以前所谓国家还不脱氏族社会的组织,为那时政治中心的夏、商王国实在只是些氏族同盟的集团。周代开始确立封建制,国家规模渐渐形成。但是周天子仍只以王畿为其真正的势力范围,周室所封的各侯国的内政,尚且由各国自己去支配,何况其他羁縻的国家,王室的命令更哪里谈得到去支配他们。自从春秋时代王纲解纽,篡弑频仍,兼并盛起,夷狄横行,一般盟主用了"尊王"、"攘夷"的口号联合诸夏成为一个集团,禁抑篡弑,裁制兼并,中国的雏形在那时方才出现。加以各大国努力开疆辟土,以前零零碎碎的小国和部落,到这时已渐渐合并成几个大国。楚、晋、秦、齐、吴等大国开始创立郡县制;大政治家如管仲、子产等又努力改造都鄙制度;原来的封建组织一天天破坏,秦汉的统一规模就酝酿于这时了。

知 非 简 谱*

一九〇八年　一岁

出生于芜湖。时先祖父（讳祥熊,浙江鄞县人）任清安徽道员。先父讳诗闻,母林氏讳贞卿,先一年以姑表姊弟结婚,逾年生余。余出世即受先祖父钟爱,以授先庶祖母张氏抚育,爱逾所出。

一九〇九年　二岁

一九一〇年　三岁

一九一一年　四岁

据家母告余:是年余始识字。革命军起,清廷倾覆,民国成立。

一九一二年　五岁

先祖父携眷居青岛,筑宅焉。据先父告余:是年余因患肺炎引起精神病,类强迫观念症,经中医治疗,不久即愈,续患呼吸困难症,又经数月始愈。

一九一三年　六岁

是年余始读书,由先祖父教授,读《诗经》。

一九一四年　七岁

续读《诗经》。是年欧战起,日本将攻青岛,秋,先祖父携眷避

---

* 此为童书业先生自撰之年表,所述时间截止到1957年。——编者注

地上海。先祖父卒。余随表姊方氏(姓杨)至镇海其家读书,旋由表姊送还沪先庶祖母处。

一九一五年　八岁

始读新式童话故事书,甚喜好。先庶祖母携余迁居苏州,始受业于俞穆卿老先生(余父之师),读《诗经》毕。旋因苏州有兵乱,余家又迁还沪。

一九一六年　九岁

续受业于俞先生,读幼学未毕。是年起常观京剧,极为爱好。

一九一七年　十岁

始受业于王先生,改读《左传》,大好之,常效书中人行事。

一九一八年　十一岁

续受业于王先生,读《左传》,及高级小学历史教科书。始作文。始读旧小说,最初所阅者为《岳传》,甚好之。

一九一九年　十二岁

受业于苏先生,读《左传》、《礼记》、《过庭笔记》、《纲鉴易知录》等书。

一九二〇年　十三岁

上学期进环球小学初小二年级肄业,不久辍业,随先父读书,读毕《左传》。后受业于马先生,读《礼记》、《四书》毕。始正式学英文。是时读旧小说甚多。复患强迫观念症,不甚剧。是年先父娶庶母杨氏芸卿,家庭渐趋不和。

一九二一年　十四岁

先受业于某张先生,读书甚少。后受业于张是公先生,读《书经》毕,又读《易经》、《仪礼》、《古文笔法百篇》、《唐诗三百首》等书。始学作诗。从陈蓉箴先生学英文。

一九二二年　十五岁

续受业于张是公先生,读《易经》、《仪礼》、《尔雅》、《孝经》、《孙子》、唐诗毕。续读《古文笔法百篇》,未毕。阅《古诗源》、《周礼》、《公羊传》、《穀梁传》、《老子》及中、外史书等。是年作诗甚多。始学作画,阅画帖、画书。续从陈蓉箴先生学英文。是年先父又娶庶母陈氏蕙卿,家庭益纷乱。

一九二三年　十六岁

始进先父所设会计师事务所学会计,为练习生。余心不愿学会计,怨先父专制。私学诗、画,多阅画帖、画书。

一九二四年　十七岁

继续在会计师事务所中学会计,掌本所会计。私学戴醇士、王石谷山水,阅画帖、画书益多。

一九二五年　十八岁

进圣舫济英文专修学校八班肄业。课后从缪谷瑛先生学画。是年"五卅运动"起,上海各校停课,余患猩红热甚剧,二月始愈。第二学期升圣舫济七班肄业。仍继续学画。

一九二六年　十九岁

升圣舫济六班肄业。继续学画,暑假后因体弱辍学,专心学画。旋由张是公先生介绍从王季欢先生学画,先生论画有特见,颇轻缪先生,因为介绍从胡佩衡先生函授学画。是时余画号为学明人沈石田等,实则学胡先生之画也。

一九二七年　二十岁

继续学画。旋王先生因所设一印刷所印共产党文件,事泄避难离沪。此后余学胡先生画稍似,复学作古文。是时余家渐中落,经济困难日甚,于是辍从胡先生学画而自学。

一九二八年　二十一岁

继续自学。是年秋与余妻蒋庆芳(南京人,少余一岁)结婚。婚后被先父迫至上海随其工作。旋余因杨氏庶母之介得财政部书记官职,乃至南京服务。是时心仪孙中山先生,以为能继孔子道统,学习三民主义甚勤。

一九二九年　二十二岁

在南京任财政部书记官职。始读五四运动时新书及其以后所谓"国故学"书,心仪章太炎、梁启超、胡适、陈独秀等人,思想为之大变。后又读顾颉刚先生《古史辨》,受其影响最深,复读郭沫若先生《中国古代社会研究》,亦受其影响。识金陵大学学生武西山于书肆,订学问交。仿胡佩衡先生《山水入门》等书,著《学画初步》。是时作画甚多。

一九三〇年　二十三岁

在南京任财政部书记官职。长女教宁生。是年读新旧书籍甚多。著《论语解诂》。始学西洋画,未成。

一九三一年　二十四岁

罢财政部书记官职,开始失业,返上海庶祖母处。次女教悌生。是时读书、作画甚多。是年冬,因郑曼青之介,至当涂县政府任课员,未受职因病返沪。

一九三二年　二十五岁

因郑曼青之介,为帮会中人陈一帆编《中国秘密党会全史》,杂采手本、小说、正史等书,用小说体编写,完成初稿。嗣陈任象山渔业管理局局长,委余为文牍,随至象山,不久因陈氏之凌辱,辞职返沪。是年读书、作画较少。惟曾用映模法模临古画若干幅。

一九三三年　二十六岁

是年读书、作画较多。著《礼记考》、《虞书疏证》。从是时起余治经史渐取古史辨派门径，以顾颉刚先生为私淑之师。

一九三四年　二十七岁

春初，先庶祖母卒。余被父迫至杭州投王季欢先生。余以《虞书疏证》稿寄顾颉刚先生，表示愿追随为弟子。在王先生指导下，代王先生撰《版本述》，发表于《浙江省立图书馆馆刊》，是为余发表文字之始。是年夏王先生介绍余任浙江省立图书馆附设印刷所校对员。旋由夏定域先生介绍为惠兴初级女子中学干人俊先生代课，教三年级外国史，是为余教学之始，亦为余教外国史之始。著《评顾著〈尚书研究讲义〉第一册》等文，发表于《浙江省立图书馆馆刊》。顾颉刚先生来访，与顾先生约次年暑假后至北京助顾先生作研究工作。

一九三五年　二十八岁

辞图书馆职，专在惠兴女中任课，教二、三年级历史、国文，是为余教本国史及国文之始。著《左传与国语问题后案》、《二戴礼记辑于东汉考》，发表于《浙江省立图书馆馆刊》。是年暑假至北京，助顾颉刚先生作研究工作，代顾先生编《尚书通检》。著《丹朱与驩兜》、《"帝尧陶唐氏"名号溯源》等文，发表于《浙江省立图书馆馆刊》。又著《三皇考序》、《夏史考》等文。

一九三六年　二十九岁

编《尚书通检》成。与顾颉刚先生合著《禅让传说起于墨家考》、《墨子姓氏辨》（发表于国立北平研究院《史学集刊》）、《夏史三论》（发表于《燕京大学史学年报》）、《汉以前人的世界观念与域外交通的故事》（发表于《禹贡》半月刊）等文。又合著《春秋史讲义)。编《春秋考信录》,及著《中国山水画南北分宗说辨伪》(发表于《考古社刊》)、《李自成死事考异》(后发表于《史学集刊》)等文。是年任禹贡学会编辑。暑假后进京华美术学院国画系二年级肄业,上课时间甚少。由京华同学李女士介绍识傅安华,由傅介绍识王宜昌,学术思想上开始受傅、王等人影响。是年先父又娶庶母余氏和莹,家庭问题益复杂。

一九三七年 三十岁

续任禹贡学会编辑及在京华美术学院肄业。始编《古史辨》第七册。编《禹贡》半月刊古代地理专号,著《春秋王都辨疑》(发表于上专号)等文。继续与顾颉刚先生合著《春秋史讲义》,并合著《鲧禹的传说》等文。续编《春秋考信录》。开始用经济史观解释历史(表现于《春秋史讲义》中)。是年七月抗日战争起,九月由北京返皖大渡口家中(先祖父置田产于大渡口,先父建庄经营,是时一部分家属居庄中,余妻、女亦在焉)。著《中古绘画史》(今改名《唐宋绘画谈丛》)。十一月,管庄曹景波携余等避地枞阳朱家嘴,其地风景绝胜,作诗、文、画颇多。

一九三八年 三十一岁

是年春,在枞阳朱家嘴避地流览风景,作诗、文、画甚多。拟编《桐城文选》。夏,余岳父蒋仲翔至安庆,携余妻、女同赴四川。余与曹景波等返大渡口家中。不久日军进攻安庆,余与曹景波等避地大龙湾。七月,余与三弟柔嘉自大龙湾徒步赴上海,至芜湖,被日军拘于难民收容所,余致书先父(时在上海)告急,先父托汉奸陈企白援助,由芜湖转南京至上海。编在枞阳所作诗为《枞川诗录》。始识杨宽(前已通讯)、吕思勉、卫聚贤等。曾作诗五首赠陈企白,是为余历史上一污点。

一九三九年　三十二岁

是年春,因吕思勉先生之介绍,任光华大学历史系讲师,教中国历史地理,是为余在大学任教之始。与杨宽、沈延国合编《兼明》月刊,因汉奸汪馥泉之离间,余等疑沈为汉奸,脱离兼明社,《兼明》月刊停刊。第二学期又因何某及俞剑华先生之介绍,兼任民立女子中学教员及上海美术专科学校国画系讲师(代俞剑华先生课),教历史、地理及中国绘画史。余妻、女随岳父自重庆至沪。重编《古史辨》第七册,交开明书店。是年写文、作诗及作画颇多。吕翼仁女士(吕思勉先生女)开始从余学画,不数月即有可观。

一九四〇年　三十三岁

第一学期续在各校任职。三女教英生。修订《中古绘画史》成。以《古史辨》第七册校阅工作托吕思勉先生(用二人名义出版)。九月,随杨宽赴苏北东台,任韩德勤部所办文化社研究员。与杨宽、柳树人编辑文化社出版之《文化周刊》,写文多篇,创所谓"三合史观"(以经济、地理、民族性为历史重心)。又与杨宽任柳树人所办文化中学校董。十月,韩德勤部进攻新四军,大败,余与杨宽、柳树人率文化社及文化中学教职员、学生等自东台文化社逃难,辗转至兴化,复与杨宽自兴化返沪。续任各校教职。假席鸿英图书馆,为成都齐鲁大学国学研究所修著《春秋史》(先是顾颉刚先生自成都委余任齐鲁大学国学研究所名誉研究员,为国学研究所改写前所著《春秋史讲义》为专著)。回复经济史观观点。

一九四一年　三十四岁

续任各校教职。著《中国山水画南北分宗说新考》、《没骨花图考》,后发表于《齐鲁学报》。暑假前著《春秋史》成,交开明书店。《古史辨》第七册出版。由吕思勉先生等介绍识金勤昌,暑假中由金勤昌介绍为国民党写"新史学批判"反动著作。暑假后因沈延国之介绍，又兼任爱群女子中学国文教员。旋由金勤昌介绍识吴绍澍、朱雯，以吴所办《独立周报》编辑名义，为是刊写反动论文多篇。编著《中国疆域沿革略》（改光华历史地理讲义而成），交开明书店。十二月，太平洋战争爆发，日军进入上海租界，余辞各校职，由金勤昌介绍至宜兴张渚镇胥井村冷欣所办念劬中学任教。

一九四二年　三十五岁

春初自沪赴念劬中学，任国文、历史、地理、图画等课。是时学校待遇低微，余生活至为贫困，身体亦弱，神经衰弱渐趋严重。著《古巴国考》、《古燕国辨》，后发表于《文史杂志》。是年常作诗、画。冬，因学生及学校当局对余无礼，辞职返皖。道过常州，寓念劬学生蒋克钧家，识承名世、黄永年。

一九四三年　三十六岁

春初自常州返皖，道过芜湖，寓一"商人"家（念劬人介绍？）数日，由芜湖至安庆。余妻、女已于上年由沪返皖家中。是时先父与日军军官交往（因军官至余家庄中游览，并由人介绍认识），复以余二妹书虞嫁日军翻译台湾人邱姓，依彼等势力欺压大渡口人，余家在大渡口因有恶霸之目。余返家后，不久先父设杂货店于大渡口镇，命余及妻任店员。余见家事日非，惟以诗、画自慰。旋由金勤昌之介绍，自皖至常州横林镇惠林中学任教员，教国文、历史、地理、公民、读经、图画等课。长女在校读书，余妻携次、幼二女在沪居岳父处。是时生活稍安定。

一九四四年　三十七岁

续在惠林任教。次女亦至校读书。是年作诗、文、画颇多。与卞达人、承名世合作《画经》，陆续发表于上海一私人所办之家庭杂志。又试作小说数篇。

一九四五年　三十八岁

第一学期续在惠林任教。余妻携幼女亦至横林,寄居农民家教私塾。续作《画经》发表。暑假中太平洋战争结束,惠林中学解散,余与卞达人至常州,为三民主义青年团所办之《胜利周报》写文。旋与卞达人至沪,由吴绍澍委余任青年日报馆编纂,编抗战史,是时写反动论文多篇,发表于《青年日报》及《青光月刊》等刊物(一部分未发表)。不久青年日报馆解散,余由杨宽委任上海市立博物馆干事。是时余因体弱受刺激多,强迫观念症日趋严重。

一九四六年　三十九岁

上海市立博物馆正式复馆,杨宽任馆长,余任历史部主任。强迫观念症大发,进入正式精神病阶段,然自知力甚强。由粟宗华等医治,病少痊,著《钻出怪病的樊笼》,发表于《西风杂志》。《中国疆域沿革略》出版。是年写文仍甚多,多属古器物学范围。为古史辨问题与李季论战。著《春秋时郢都不在江陵辨》、《春秋末吴都江北越都江南考》等文,发表于上海《益世报》之《史学周刊》及《文史杂志》。《春秋史》出版。开始研究心理学及精神病学。

一九四七年　四十岁

续在博物馆任职。开始研究瓷器,继续写古器物学论文。著《谈画》、《春秋史论》(未成)。继续研究心理学及精神病学。为丁山先生在复旦大学历史系代课,讲历史地理。暑假后由魏建猷介绍兼任无锡国学专修学校上海分校史地组教授,讲春秋战国史。著春秋史论文若干篇,发表于天津《民国日报》之《史地周刊》等报刊。读侯外庐先生论中国古代社会著作,略受影响。王宜昌来访,谈中国古史分期等问题。

一九四八年　四十一岁

续在博物馆、无锡国专任职。继续写古器物学论文。继续研究心理学及精神病学。开始研究美学。与王宜昌有来往。暑假中著《精神病与心理卫生》，后在中华书局出版。暑假后，由杨宽介绍兼任光华大学历史系教授，讲历史地理，是为余任大学教授之始。编《文物丛考》、《旧诗新解》。著《原始广窑为青瓷说》、《近代的广窑》、《康熙御窑作者考》、《康熙软彩瓷器考》、《郎窑再考》、《年窑考略》、《晋邦蠡铭□宅京自解》、《从地理上证石鼓文之年代》、《齐侯钟铭桓武灵公解》等文，发表于上海《中央日报》博物馆所编之《文物周刊》。开始读马列主义新书。

一九四九年　四十二岁

上半年续在博物馆、无锡国专、光华大学任职。改任博物馆总务部主任。继续读马列主义书，思想略受影响，开始讲辩证唯物论。继续研究心理学及精神病学。暑假前上海解放，暑假中在上海文教局所举办之学习会学习。暑假后由杨向奎先生介绍任青岛山东大学历史系教授，讲中国古代史、中国社会发展史、美学，是为余任大学专职教授之始。又兼任本校文史研究所研究员。是时主张春秋以上为原始社会，战国秦汉为古代社会（奴隶社会），魏晋至唐中年为封建社会前期，唐中年至鸦片战争为封建社会后期（此中国史分期看法萌芽于一九四七年）。参加山大进步同人所组织之六二学社。

一九五〇年　四十三岁

续在山东大学任职。读马列主义新书及经典著作。听华岗讲社会发展史，为向山大附属医院等处传达。暑假中与孙思白先生赴北京参加政治课讨论会之学习。暑假后担任马列主义名著选读（讲恩格斯《家庭私有制和国家的起源》）、辩证唯物论与历史唯物论（与赵纪彬先生等合开）、中国近古史（与杨向奎先生等合开）等课。赵俪生先生来山大任教，与余交游甚好，参加余所任课。

一九五一年　四十四岁

续在山大任职。继续读马列主义新书及经典著作。三月山东大学与华东大学合并改组，余任历史系副主任。改变中国古史分期看法，主张中国封建社会从西周开始，但氏族制残余严重。著《中国封建社会的开端及其特征》、《论亚细亚生产方法》，发表于《文史哲》。暑假后齐鲁大学亦与山大合并，余担任中国近代史、五四运动史等课。学习党史，写学习党史后的自我检讨，交代主要历史问题。发表于《新山大》。

一九五二年　四十五岁

续在山大任职，担任世界史等课。继续读马列主义新书及经典著作。三反运动，思想改造运动。改变中国古史分期看法，主张夏殷至春秋为原始奴隶制社会，战国秦汉为发展奴隶制社会，魏晋至唐中年为封建社会前期，唐中年至明中年为封建社会中期，明中年至鸦片战争为封建社会后期。著《从古代巴比伦社会形态认识古代东方社会的特性》，发表于《文史哲》。提倡苏联斯特鲁威、阿甫箕耶夫学派"古代东方社会"学说。

一九五三年　四十六岁

续在山大任职，担任世界古代史等课。接受中国史专门化中中国手工业商业史备课任务。继续读马列主义新书及经典著作。著《行为主义批判》，发表于《文史哲》。暑假后与张维华等合开中国土地制度史课。开始准备中国手工业商业史课，编写讲义。

一九五四年　四十七岁

续在山大任职,担任世界古代史课及中国手工业商业史备课工作。继续读马列主义新书及经典著作。著《批判胡适的实验主义学术思想》,发表于《文史哲》。著《广东窑的瓷器》,后发表于《山东大学学报》。著《古代东方史纲要》,交青年出版社。当选青岛市第一届人民代表。批判俞平伯及其他胡适派资产阶级学术思想。著《中国古史分期问题的讨论》,发表于《文史哲》。

一九五五年　四十八岁

续在山大任职,担任世界古代史课及中国手工业商业史备课工作。完成《中国手工业商业史讲义》初稿。继续读马列主义新书及经典著作。批判胡适派及胡风思想。肃反运动起,余为被审查对象,详细交代历史问题,批判解放后错误思想。辞历史系副主任职。学习政治经济学。写中国手工业商业史讲稿初稿。《古代东方史纲要》由新知识出版社出版。

一九五六年　四十九岁

续在山大任职,担任世界古代史及中国手工业商业史课。为中学师资训练班讲世界古代中世纪史。继续读马列主义新书及经典著作。改变中国古史及古代东方史分期看法,主张西周春秋为宗法封建制社会,两河流域苏美尔时代为奴隶制社会,从巴比伦时代起转入封建制社会。古代东方为奴隶制与封建制结合之历史,但仍有奴隶制与封建制社会之区别。著《从租佃制度与隶属农民的身份探究古巴比伦社会的性质》,发表于《历史研究》。暑假中赴北京参加教学大纲讨论会。著《从生产关系适合生产力的规律说到西周春秋的宗法封建制度》,发表于《文史哲》。当选青岛市第二届人民代表。修订《中国手工业商业史讲义》第一、二篇毕,后发表于《文史哲》。写《清初官窑瓷器史上几个问题的研究》初稿。

一九五七年　五十岁

续在山大任职,担任世界古代史及先秦文献与中国古史分期问题课。参加九三学社,担任九三科学研究委员。继续读马列主义新书及经典著作。写《与苏联专家乌·安·约瑟夫维奇商榷中国古史分期等问题》,发表于《文史哲》。著《略论战国秦汉社会的性质》,发表于《新建设》。修订《清初官窑瓷器史上几个问题的研究》,发表于《安徽历史学报》。与刘敦愿先生合作修订《中古绘画史》成,改名《唐宋绘画谈丛》,交人民美术出版社。著《论奴隶在巴比伦的地位和待遇》,发表于《学术月刊》,著《巴比伦的家族形态》,编《古巴比伦社会制度试探》,交山东人民出版社。修改《李自成死事考异》,重发表于《山东大学学报》。与史学通同学合作编著《中国瓷器史论丛》,交上海人民出版社。任中国史教研组副主任。整风鸣放运动,反右斗争,批判雷海宗学术思想。暑假后中国史教研组分组,任中国古代史教研组主任。整改运动。修订《中国手工业商业史讲义》第三、四、五篇毕。与陈云章先生合作讨论陈先生所写越南史讲稿,并合作写《越南陈氏王朝得国经过考》初稿。任山东省科学工作委员会委员,赴济南开会。拟定个人一九五八——一九六二年科学研究计划。《古巴比伦社会制度试探》出版。

一九五八年三月十六日改定。

童书业著述目录

一、专著与编著

1. "古代地理专号"(《禹贡》第七卷第6、7期合刊),童书业编,禹贡学会,1937年6月
2. 《古史辨》第七册,吕思勉、童书业编,开明书店,1941年6月
3. 《中国疆域沿革略》,童书业著,开明书店,1946年4月
4. 《春秋史》,童书业著,开明书店,1946年11月
5. 《精神病与心理卫生》,童书业著,中华书局,1949年7月
6. 《古代东方史纲要》,童书业著,上海人民出版社,1957年10月
7. 《古巴比伦制度试探》,童书业著,山东人民出版社,1957年12月
8. 《唐宋绘画谈丛》,童书业著,中国古典艺术出版社,1958年5月
9. 《中国瓷器史论丛》,童书业著,上海人民出版社,1958年5月
10. 《中国古代地理考证论文集》,童书业著,中华书局,1962年12月
11. 《春秋左传研究》,童书业著,上海人民出版社,1980年10月
12. 《中国手工业商业发展史》,童书业著,齐鲁书社,1981年11月
13. 《先秦七子思想研究》,童书业著,齐鲁书社,1982年1月
14. 《童书业美术论集》,童书业著,童教英编校,上海古籍出版社,1989年8月

15.《童书业历史理论论集》,童书业著,童教英整理,青岛出版社,1998年12月

16.《童书业说瓷》,童书业著,童教英整理,上海古籍出版社,1998年12月

17.《童书业说画》,童书业著,童教英整理,上海古籍出版社,1999年7月

18.《童书业历史地理论集》,童书业著,童教英整理,中华书局,2004年9月

19.《中国手工业商业发展史》(校订本),童书业著,童教英校订,中华书局,2005年9月

20.《童书业史籍考证论集》(上下),童书业著,童教英整理,中华书局,2005年10月

21.《童书业古代社会论集》,童书业著,童教英整理,中华书局,2006年6月

22.《春秋左传研究》(校订本),童书业著,童教英校订,中华书局,2006年8月

23.《春秋史》(校订本),童书业著,童教英校订,中华书局,2006年8月

24.《先秦七子思想研究》(增订本),童书业著,童教英增订,中华书局,2006年11月

25.《精神病与心理卫生》(增订本),童书业著,童教英整理,中华书局,2007年5月

26.《中国疆域地理讲义》,童书业著,童教英整理,天津古籍出版社,2008年1月

27.《童书业绘画史论集》(上下),童书业著,童教英整理,中华书局,2008年2月

28.《童书业瓷器史论集》,童书业著,童教英整理,中华书局,2008年2月

29.《春秋史料集》,童书业编,童教英辑校,中华书局,2008年5月

30.《童书业著作集》(套装共7卷),童书业著,童教英整理,中华书局,

2008 年 12 月

31. 《童书业论著集外集》,童书业著,童教英整理,中华书局,2010 年 7 月

32. 《近世绘画史》(佚)

33. 《先秦文约》(佚)

34. 《桐城文选》(佚)

35. 《春秋史话》(佚)

36. 《文物丛考》(佚)

37. 《文史考证杂稿彚存》(佚)

38. 《学画初步》(佚)

39. 《大众本国史》(佚)

40. 《春秋考信录》(佚)

41. 《宋代史略》(佚)

二、论文与讲义

1. 《版本述》(署名王修),《浙江省立图书馆馆刊》,1934 年第 3 卷第 3、4 期

2. 《评顾颉刚辑、赵贞信序"书序辨"》,《图书季刊》,1934 年第 1 卷第 3 期

3. 《四岳考》,《禹贡》(半月刊),1934 年第 2 卷第 3 期

4. 《评周予同著〈经今古文学〉》(万有文库本),《浙江省立图书馆馆刊》,1934 年第 3 卷第 5 期

5. 《评宋王柏著〈书疑〉》(诒庄楼藏日本刊本),《浙江省立图书馆馆刊》,1934 年第 3 卷第 5 期

6. 《"蛮夏"考》,《禹贡》(半月刊),1934 年第 2 卷第 8 期

7. 《评顾著〈尚书研究讲义〉第一册》,《浙江省立图书馆馆刊》,第 3 卷第

6 期

8. 《五行说起源的讨论——评顾颉刚先生〈五德终始说下的政治和历史〉》,《古史辨》第五册下编,朴社,1935 年

9. 《国语与左传问题后案》,《浙江省立图书馆馆刊》,1935 年第 4 卷第 1 期

10. 《顾著〈拜魁纪公斋丛书序〉跋》,《浙江省立图书馆馆刊》,1935 年第 4 卷第 1 期

11. 《拜魁纪公斋丛书跋》(附于顾颉刚《拜魁纪公斋丛书序》后),《浙江省立图书馆馆刊》,1935 年第 4 卷第 1 期

12. 《二戴礼记辑于东汉考》,《浙江省立图书馆馆刊》,1935 年第 4 卷第 2 期

13. 《有仍国考》(署名顾颉刚),《禹贡》(半月刊),1935 年第 5 卷第 10 期

14. 《丹朱商均的来源——怡怡斋笔记之一》,《浙江省立图书馆馆刊》,1935 年第 4 卷第 4 期

15. 《丹朱与驩兜》,《浙江省立图书馆馆刊》,1935 年第 4 卷第 5 期

16. 《童丕绳先生致编者书(论章太炎作〈论经史实录不应无故怀疑〉)》,《浙江省立图书馆馆刊》,1935 年第 4 卷第 5 期

17. 《李泰棻著〈尧典正伪〉纠谬》(杨向奎、童书业合撰),《浙江省立图书馆馆刊》,1935 年第 4 卷第 5 期

18. 《"学术通讯"二则》,《浙江省立图书馆馆刊》,1935 年第 4 卷第 5 期

19. 《说驩兜所放之崇山》,《禹贡》(半月刊),1935 年第 4 卷第 5 期

20. 《评杨筠如著〈尚书覈诂〉》,《天津益世报·读书周刊》,1935 年 11 月 14 日

21. 《汉代的社稷神》,天津《益世报·史学》,1935 年 11 月 26 日

22. 《"帝尧陶唐氏"名号溯源》,《浙江省立图书馆馆刊》,1935 年第 4 卷第 6 期

23. 《"通讯一束"九则》:

《禹贡》(半月刊),1935年12月16日第4卷第8期

《禹贡》(半月刊),1936年2月1日第4卷第11期

《禹贡》(半月刊),1936年5月1日第5卷第5期

《禹贡》(半月刊),1936年6月1日第5卷第7期

《禹贡》(半月刊),1936年9月1日第6卷第1期

《禹贡》(半月刊),1936年9月1日第6卷第1期

《禹贡》(半月刊),1936年9月16日第6卷第2期

《禹贡》(半月刊),1937年5月第7卷第1、2、3期

《禹贡》(半月刊),1937年5月第7卷第5期

24. 《顾颉刚著三统说的演变案语》,《文澜学报》,1936年第2卷第1期

25. 《盟津补证》,《禹贡》(半月刊),1936年第5卷第2期

26. 《墨翟为印度人说正谬后案》,《文澜学报》,1936年第2卷第1期

27. 《读容肇祖先生月令的来源考质疑》(署名卷章),天津《益世报·读书周刊》,1936年3月5日

28. 《汉代以前中国人的世界观念与域外交通的故事》(顾颉刚、童书业合撰),《禹贡》(半月刊),1936年第5卷第3、4期合刊

29. 《天问"阻穷西征"解》(署名童疑),《禹贡》(半月刊),1936年第5卷第5期

30. 《中国山水画南北分宗说辨伪》,《考古》,1936年第4期

31. 《许行为墨子再传弟子说质疑》,《北平晨报·思辨》,1936年7月31日

32. 《唯物史观者古史观的批判》,《北平晨报·思辨》,1936年8月21日

33. 《道家出于儒家颜回说平议》(署名绳),《北平晨报·学园》,1936年9月2日

34. 《墨子姓氏辨(附钱宾四来函并答及吴世昌书后)》(顾颉刚、童书业合

撰),《史学集刊》,1936 年第 2 期

35. 《孙(孙道昇)著〈先秦杨朱学派〉评议》(署名童卷章),《北平晨报·学园》,1936 年 10 月 2 日

36. 《夏史三论》(顾颉刚、童书业合著),《史学年报》,1936 年第 2 卷第 3 期

37. 《"尧舜禅让"说起源的另一推测》,《文澜学报》,1937 年第 3 卷第 1 期

38. 《董仲舒思想中的墨教成分》(以顾颉刚先生之名发表),《文澜学报》,1937 年第 3 卷第 1 期

39. 《读缪(缪凤林)著〈中国通史纲要〉第一册》(署名童丕绳),《天津大公报·史地周刊》,1937 年 3 月 12 日

40. 《顾颉刚著〈潜夫论中的五德系统〉跋》,《史学集刊》,1937 年第 3 期

41. 《李自成死事考异》,《史学集刊》,1937 年第 3 期

42. 《重论"郑和下西洋"事件之贸易性质》,《禹贡》(半月刊),1937 年第 7 卷第 1、2、3 期合刊

43. 《春秋王都辨疑》,《禹贡》(半月刊),1937 年第 7 卷第 6、7 期合刊

44. 《目夷亭辨》,《禹贡》(半月刊),1937 年第 7 卷第 6、7 期合刊

45. 《〈古代地理专号〉序言》,《禹贡》(半月刊),1937 年第 7 卷第 6、7 期合刊

46. 《评卫聚贤〈古史研究第二辑〉》,《文澜学报》,1937 年第 3 卷第 2 期

47. 《夷蛮戎狄与东南西北》(署名童疑),《禹贡》(半月刊),1937 年第 7 卷第 10 期

48. 《评罗香林〈高中本国史〉》(署名章卷益),《兼明月刊》,1939 年第 1 期

49. 《我国的山水画》,《知识与趣味》,1939 年创刊号

50. 《论气》,《知识与趣味》,1939 年第 1 卷第 3 期

51. 《王摩诘的诗》,《知识与趣味》,1939 年第 1 卷第 5 期

52. 《美的转变》,《知识与趣味》,1939 年第 1 卷第 6 期

53. 《漫谈读书与做事》,《青年月刊》,1940 年第 3 卷第 9 期

54. 《鹤的故事》,《知识与趣味》,1940 年第 2 卷第 6 期

55. 《唐代山水画漫谈》(署名童丕绳),《责善半月刊》,1940 年第 1 卷第 3 期

56. 《学术通讯(二则)》(童丕绳、周炅),《责善半月刊》,1940 年第 1 卷第 3 期

57. 《北方派山水画的创立》,《学术》,1940 年第 3 辑

58. 《"学术通讯"一则》,《责善半月刊》,1940 年第 1 卷第 3 期

59. 《中国山水画起源考》,《学术》,1940 年第 4 辑

60. 《唐代山水画漫谈》(续完),《责善半月刊》,1940 年第 1 卷第 6 期

61. 《中国上古的婚姻与恋爱》(署名章卷益、夏嘉田(即卞达人)合撰),《上海家庭月刊》,1941 年

62. 《鸟夷说》,《齐鲁学报·禹贡》,1941 年第 1 期

63. 《没骨花图考》,《齐鲁学报》第 1 期,1941 年 1 月

64. 《评〈中国历史教程〉》,《正言报·史地》,1941 年 5 月 22 日

65. 《三皇考序》,《古史辨》第七册中编,开明书店,1941 年 6 月

66. 《天问"阻穷西征"新解(附答书)》(唐兰、童书业),《古史辨》第七册下编,开明书店,1941 年 6 月

67. 《鲧禹的传说》(顾颉刚、童书业合撰),《古史辨》第七册下编,开明书店,1941 年 6 月

68. 《〈古史辨〉第七册自序(二)》,开明书店,1941 年 6 月

69. 《九州之戎与戎禹·跋》,《古史辨》第七册下编,开明书店,1941 年 6 月

70. 《蒙文通、缪凤林"三皇五帝说探源"案》,《古史辨》第七册,开明书店,1941 年 6 月

71.《郳山女即姜嫄》,《齐鲁学报》,1941 年第 2 期

72.《中国山水画南北分宗说新考(附表)》,《齐鲁学报》,1941 年第 2 期

73.《读钱著〈国史大纲〉》,《正言报·史地》,1941 年 9 月 17 日

74.《古燕国辨》,《文史杂志》,1943 年第 2 卷第 9、10 期

75.《古巴国辨》,《文史杂志》,1943 年第 2 卷第 9、10 期

76.《论所谓"意境"——旧诗新解之一》,《文史杂志》,1946 年第 6 卷第 1 期

77.《题画》,《文史杂志》,1946 年第 6 卷第 1 期

78.《中国古代的壁画》,上海《中央日报》第 8 版,1946 年 6 月 6 日

79.《时代思潮与史学》,天津《民国日报·史与地》,1946 年 6 月 30 日

80.《"姬姜"与"氏姜"》,上海《东南日报·文史专刊》,1946 年 7 月 11 日

81.《旧诗的"醞藉"趣味——旧诗新解之一》(署名吴流),上海《东南日报·文史专刊》,1946 年 7 月 18 日

82.《释褅——疗疾丛谈之一》,上海《东南日报·文史专刊》,1946 年 7 月 25 日

83.《大诰康诰酒诰著作时代考》,上海《东南日报·文史专刊》,1946 年 8 月 15 日

84.《新史学批判》,《中国国民周刊》,1946 年第 1 卷第 4—6 期

85.《从文法来考察毛公鼎的年代》,上海《中央日报》,1946 年 9 月 20 日

86.《论神话传说之演变质李季先生》(署名吴流),上海《东南日报·文史专刊》,1946 年 9 月 26 日

87.《中国山水画布置法举例》,上海《中央日报》,1946 年 10 月 11 日

88.《吴历松壑鸣琴图——书画之一》(署名丕绳),上海《中央日报·文物周刊》,1946 年 10 月 16 日

89.《银元宝》,上海《中央日报·文物周刊》,1946 年 10 月 16 日

90.《我国第一条铁路吴淞铁路初次通车图》,上海《中央日报·文物周

刊》,1946 年 10 月 20 日

91.《改琦画像——乡贤画像之一》(署名丕绳),上海《中央日报·文物周刊》,1946 年 10 月 23 日

92.《城虢仲簠》(署名冯友梅),上海《中央日报·文物周刊》,1946 年 10 月 27 日

93.《十二生肖,十二支神像》(署名章卷益),上海《中央日报·文物周刊》,1946 年 10 月 27 日

94.《王原祁南山积翠图卷——书画之一》(署名丕绳),上海《中央日报·文物周刊》,1946 年 10 月 30 日

95.《论汉代人像画的技术》,上海《中央日报·文物周刊》,1946 年 11 月 3 日

96.《钱大昕家书卷》(署名丕绳),上海《中央日报·文物周刊》,1946 年 11 月 10 日

97.《静安八咏(元代原刻本)——典籍之一》(署名丕绳),上海《中央日报·文物周刊》,1946 年 11 月 17 月

98.《"疑古"、"考古"与"释古"》(署名吴流),上海《东南日报·文史专刊》,1946 年 11 月 28 日

99.《唐代的人像画》,上海《中央日报·文物周刊》,1946 年 12 月 1 日

100.《从史料考订与通史著作谈到古史的研究》,上海《益世报·文苑》,1946 年 12 月 6 日

101.《郁泰峰画像——图像之一》(署名丕绳),上海《中央日报·文物周刊》,1946 年 12 月 8 日

102.《"开通元宝"与"开元通宝"》,上海《中央日报·文物周刊》,1946 年 12 月 8 日

103.《给李季先生的一封信》(署名吴流),上海《东南日报·文史专刊》,1946 年 12 月 12 日

104.《新汉学舆新宋学》,上海《益世报·文苑》,1946年12月13日

105.《汉代的田赋与口钱》,上海《益世报·史苑》,1946年12月13日

106.《李赓芸篆书轴》(署名丕绳),上海《中央日报·文物周刊》,1946年12月15日

107.《从长沙楚墓出土的"革履"说到"履""屦""舄"的区别》,上海《中央日报·文物周刊》,1946年12月22日

108.《宋通元宝》,上海《中央日报·文物周刊》,1946年12月29日

109.《钻出怪病的樊笼》(署名全明),《西风》1947年第91期

110.《论六朝人像画的技术》,上海《中央日报·文物周刊》,1947年1月5日

111.《汉瓷与晋瓷》(署名丕绳),上海《中央日报·文物周刊》,1947年1月5日

112.《魏晋的户调制》,天津《民国日报·史与地》,1947年1月7日

113.《宣和临古十七景图卷辨伪》,上海《中央日报·文物周刊》,1947年1月12日

114.《董其昌画像》(署名丕绳),上海《中央日报·文物周刊》,1947年1月12日

115.《古文献上的"越瓷"——越瓷研究之一》,上海《中央日报·文物周刊》,1947年1月19日

116.《郎窑考》,上海《中央日报·文物周刊》,1947年1月27日

117.《唐代中期以后的山水画》(署名丕绳),上海《中央日报·文物周刊》,1947年2月2日

118.《春秋初年鲁国国势考》,上海《益世报·史苑》,1947年2月7日、14日

119.《齐僖公小伯考》,天津《民国日报·史与地》,1947年2月10日

120.《明代的青花瓷器》,上海《中央日报·文物周刊》,1947年3月12日

121.《"神韵"与"格调"——旧诗新解之一》(署名吴流),上海《东南日报·文史专刊》,1947年3月12日

122.《从齐侯镈钟铭证晏子为宋人》,上海《中央日报·文物周刊》,1947年3月26日

123.《历史上的好人与坏人》,《学风》半月刊,1947年第1卷第2期

124.《文物随笔——洛诰"惟周公诞保文武受命惟七年"解》,上海《中央日报·文物周刊》,1947年4月2日

125.《中国疆域沿革略》,上海《中央日报》第5版,1947年4月8日

126.《历代物价的变迁》,上海《东南日报·文史专刊》,1947年4月16日

127.《"床"与"胡床"》,上海《中央日报·文物周刊》,1947年4月23日

128.《你的"病"总有一天会痊愈的》(署名冯鸿),《学风》,1947年第1卷第3期

129.《明器中的"辟邪"器座》,上海《中央日报·文物周刊》,1947年5月21日

130.《不要怕你的"病"》(署名冯鸿),《学风》,1947年第1卷第6期

131.《释"攻吴"与"禺邗"》,上海《中央日报·文物周刊》,1947年6月18日

132.《汉代的"阙"》(署名童丕绳),上海《中央日报·文物周刊》,1947年7月9日

133.《"幞头"的演变》,上海《中央日报·文物周刊》,1947年7月23日

134.《赵左仿黄子久浅色山水卷——书画之一》(署名丕绳),上海《中央日报·文物周刊》,1947年7月23日

135.《跋陈逆二器铭》(署名童丕绳),上海《中央日报·文物周刊》,1947年7月30日

136.《读春秋邾国彝铭因论邾之盛衰》(原署名顾颉刚),上海《中央日报·文物周刊》,1947年8月6日

137. 《"团扇"和"折扇"的源流》,上海《中央日报·文物周刊》,1947年8月13日

138. 《堕三都辨》,天津《民国日报·史与地》,1947年8月25日

139. 《释"槃"、"案"》(署名章卷益),上海《中央日报·文物周刊》,1947年8月27日

140. 《宋懋晋剡溪图轴——书画之一》(署名丕绳),上海《中央日报·文物周刊》,1947年9月10日

141. 《从古人的"择偶"标准说到"美人"的变迁》(署名吴流),上海《东南日报·文史专刊》,1947年9月12日

142. 《雨伞的起源——文物随笔》(署名童丕绳),上海《中央日报·文物周刊》,1947年9月17日

143. 《记上海市博物馆藏汉代陶俑》,上海《中央日报·文物周刊》,1947年9月24日

144. 《怎样研究中国绘画史》(署名纳斋),上海《中央日报·文物周刊》,1947年10月1日

145. 《从馆藏六朝陶俑说到六朝陶俑的作风》,上海《中央日报·文物周刊》,1947年10月1日

146. 《为"中国疆域沿革略"答春斋先生》,上海《东南日报·文史专刊》,1947年10月15日

147. 《唐代妇女的围巾"帔帛"考》,上海《中央日报·文物周刊》,1947年10月15日

148. 《唐代妇女的西装——胡服式半袖裙襦考》,上海《中央日报·文物周刊》,1947年10月22日

149. 《唐代妇女"红妆"考》,上海《中央日报·文物周刊》,1947年10月29日

150. 《实物史料与文献史料》,上海《中央日报·文物周刊》,1947年11月

5 日

151. 《"快感"与"美感"》(署名吴流),上海《东南日报·文史专刊》,1947年11月5日

152. 《略论瓷器花绘的鉴别》(署名章卷益),上海《中央日报·文物周刊》,1947年11月26日

153. 《唐代的舞与胡式女舞衣》,上海《中央日报·文物周刊》,1947年12月3日

154. 《应该怎样应付你的"精神病"》,《新中华》,1947年第5卷第24期

155. 《精神病及其治疗》(署名冯鸿),《新中华》,1947年第5卷第24期

156. 《上海县城隍神——秦裕伯事迹考实》,上海《中央日报·文物周刊》,1947年12月24日

157. 《评唐兰先生〈石鼓文刻于秦灵公三年考〉》,上海《中央日报·文物周刊》,1948年1月7日

158. 《春秋时郑国之强——春秋列国治乱兴衰丛考之一》,上海《东南日报·文史专刊》,1948年1月28日

159. 《中国画的欣赏》,上海《中央日报·文物周刊》,1948年1月28日

160. 《饼的起源》(署名友梅),上海《中央日报·文物周刊》,1948年1月28日

161. 《中国古史籍中的高句丽服饰与通沟出土墓壁画中的高句丽服饰》,上海《中央日报·文物周刊》,1948年2月4日

162. 《精神病与环境及个人体质的关系》(署名冯鸿),《新中华》,1947年第6卷第4、5期

163. 《楚王酓章钟铭"西瘍"解》,上海《中央日报·文物周刊》,1948年2月18日

164. 《春秋战国间种田工具的演进及其影响》(署名丕绳),上海《中央日报·文物周刊》,1948年3月24日

165. 《春秋郢都的筑城时代》,上海《中央日报·文物周刊》,1948 年 3 月 25 日

166. 《中国金属货币起源考》,上海《中央日报·文物周刊》,1948 年 4 月 6 日

167. 《论石鼓文的时代再质唐兰先生》,上海《中央日报·文物周刊》,1948 年 4 月 8 日

168. 《"下意识"与精神病》(署名冯鸿),《新中华》,1948 年第 6 卷第 8 期

169. 《论石鼓文的用字三质唐兰先生》,上海《中央日报·文物周刊》,1948 年 5 月 26 日

170. 《齐侯钟铭"桓武灵公"解》,上海《中央日报·文物周刊》,1948 年 6 月 30 日

171. 《从石鼓文的问题谈到考据的方法》,上海《中央日报·文物周刊》,1948 年 7 月 7 日

172. 《巨鹿之战考异——秦楚之际史事考异之一》,上海《东南日报·文史专刊》,1948 年 8 月 25 日

173. 《康熙"御窑"作者考》,上海《中央日报·文物周刊》,1948 年 9 月 1 日

174. 《原始"广窑"为青瓷说》,上海《中央日报·文物周刊》,1948 年 9 月 29 日

175. 《郎窑再考》,上海《中央日报·文物周刊》,1948 年 10 月 13 日

176. 《"年窑"考略》,上海《中央日报·文物周刊》,1948 年 12 月 11 日

177. 《评国定教科书〈初中历史〉(第一册,第二次修订本,三十七年四月第 34 版)》,上海《东南日报·文史专刊》,1948 年 12 月 19 日

178. 《饮流斋说瓷评》,上海《东南日报·文史专刊》,1949 年 1 月 9 日

179. 《近代的"广窑"》,上海《中央日报·文物周刊》,1949 年 1 月 10 日

180. 《康熙"软彩"瓷器考》,上海《中央日报·文物周刊》,1949 年 1 月

14 日

181. 《精神病与社会环境及治疗方法》(署名冯鸿),《新中华》,1949 年第 12 卷第 2 期

182. 《评张荫麟〈中国史纲第一册〉(上、下)》,上海《东南日报·文史专刊》,1949 年 2 月 20 日、27 日

183. 《精神病与情绪控制问题》(署名冯鸿),《新中华》,1949 年第 12 卷第 8 期

184. 《"强迫观念"的解剖与治疗》(署名冯鸿),《新中华》,1949 年第 12 卷第 12 期

185. 《史学研究的自我批评》,《青岛日报》,1950 年 3 月 4 日

186. 《史学改造的几点经验和意见》,《青岛日报》,1950 年 3 月 18 日

187. 《研究美术史的最低条件》,《青岛日报》,1950 年 3 月 29 日

188. 《论对偶婚》,《文史哲》,1951 年第 1 期

189. 《中国封建制的开端及其特征》,《文史哲》,1951 年第 2 期

190. 《论"亚细亚生产方法"》,《文史哲》,1951 年第 4 期

191. 《答日知先生论亚细亚生产方法问题》,《文史哲》,1952 年第 3 期

192. 《"古史辨派"的阶级本质》,《文史哲》,1952 年第 3 期

193. 《学习"矛盾论"认识思想改造的真义》,《文史哲》,1952 年第 4 期

194. 《中国民族萌芽于什么时候,形成于什么时候》(署名冯鸿),《文史哲》,1952 年第 5 期

195. 《关于中国古代社会性质的问题》(署名童丕绳),《文史哲》,1952 年第 5 期

196. 《学习"论马克思主义在语言学中的问题"批判"经济史观"》,《文史哲》,1952 年第 5 期

197. 《关于中国古代性质的问题》,《文史哲》,1952 年第 9 期

198. 《从古代巴比伦社会形态认识古代"东方社会"的特性》,《文史哲》,

1953 年第 1 期

199. 《从历史上看婚姻法的伟大意义》,《文史哲》,1953 年 2 期
200. 《我对于课堂讲授的几点体会》,《新山大》,1953 年 4 月 11 日
201. 《"行为主义"批判——学习辩证唯物论札记之一》,《文史哲》,1953 年第 6 期
202. 《批判胡适的"实验主义"学术思想——学习辩证唯物论札记之二》,《文史哲》,1954 年第 5 期
203. 《坚决执行统一教学计划》,《新山大》,1954 年 10 月 16 日
204. 《中国古史分期问题的讨论》,《文史哲》,1955 年第 1 期
205. 《论考据方法在研究古典文学上的作用和限度——评俞平伯的〈红楼梦简论〉和〈红楼梦研究〉》,《文史哲》,1955 年第 1 期
206. 《从中国开始用铁的时代问题评胡适派的史学方法》,《文史哲》,1955 年第 2 期
207. 《山东大学全面展开对胡适派资产阶级唯心论思想的批判》,《文史哲》,1955 年第 2 期
208. 《批判胡适的实验主义"考据学"》,《光明日报》,1955 年 2 月 3 日
209. 《关于〈中国历史纲要〉先秦史及宋史部分的意见》,《文史哲》,1955 年第 3 期
210. 《批判胡适的实验主义"史学"方法》,《文史哲》,1955 年第 5 期
211. 《广东窑的瓷器——中国工艺史专题研究之一》,《山东大学学报》,1955 年第 2 期
212. 《从租佃制度与隶属农民的身份探讨古巴比伦社会的性质》,《历史研究》,1956 年第 5 期
213. 《〈古代史研究中的几个问题〉的补充》,《文史哲》,1956 年第 6 期
214. 《清初官窑瓷器史上的几个问题的研究——中国工艺史专题研究》,《安徽历史学报》,1957 年第 1 期

215. 《从"生产关系适合生产力的规律"说到西周春秋的宗法封建制度——兼答何高济先生对于中国古史分期问题的讨论》,《文史哲》,1957年第1期

216. 《答吴大琨先生》,《文史哲》,1957年第2期

217. 《"山大"古史分期问题讨论会发言稿》,《文史哲》,1957年第3期

218. 《与苏联专家乌·安·约瑟夫维奇商榷中国古史分期等问题》(附苏联专家乌·安·约瑟夫维奇来信),《文史哲》,1957年第3期

219. 《略论古史分期讨论中理论结合史料问题》,《文史哲》,1957年第5期

220. 《论奴隶在巴比伦的地位和待遇(上、下)——兼答孙道天、日知二先生关于巴比伦社会性质的讨论》,《学术月刊》,1957年第5、6期

221. 《论宗法制与封建制的关系——评黄子通〈宗法制度与等级制度是不是封建制度的特征〉》,《历史研究》,1957年第8期

222. 《略论战国秦汉社会的性质》,《新建设》,1957年第8期

223. 《批判雷海宗的〈世界史分期与上古中古史的一些问题〉》,《文史哲》,1957年第11期

224. 《巴比伦的家族形态》(1957年6月20日完稿),《巴比伦社会制度试探》,山东人民出版社,1957年12月

225. 《〈巴比伦社会制度试探〉序》,《巴比伦社会制度试探》,山东人民出版社,1957年12月

226. 《西周春秋时代的手工业与商业》,《文史哲》,1958年第1期

227. 《战国秦汉时代的手工业与商业》,《文史哲》,1958年第2期

228. 《魏晋南北朝时代的手工业与商业》(上、下),《文史哲》,1958年第5、6期

229. 《明清时代的"青花"瓷器》,《中国瓷器史论丛》,上海人民出版社,1958年5月

230. 《唐窑考》,《中国瓷器史论丛》,上海人民出版社,1958 年 5 月

231. 《瓷器考证补遗(四则)》,《中国瓷器史论丛》,上海人民出版社,1958 年 5 月

232. 《中国瓷器史概论》,《中国瓷器史论丛》,上海人民出版社,1958 年 5 月

233. 《初步检查我的资产阶级学术思想》,《文史哲》,1958 年第 10 期

234. 《近来美术史研究中存在着哪些资产阶级观点》,《文史哲》,1958 年第 12 期

235. 《批判我的某些修正主义学术观点兼答韩连琪、李永采二同志的意见》,《山东大学学报》(历史版),1959 年第 3 期

236. 《生产力与古史分期问题》,《山东大学学报》(历史版),1959 年第 4 期

237. 《评〈景德镇陶瓷史稿〉》,《历史研究》,1959 年第 12 期

238. 《〈论语〉、〈孟子〉中所反映的社会经济制度》,《山东大学学报》(历史版),1960 年第 3、4 期合刊

239. 《孔子思想研究》,《山东大学学报》(历史版),1960 年第 1 期

240. 《论孔子政治思想的进步面》,《文史哲》,1961 年第 2 期

241. 《童书业和王仲荦谈〈论语〉、〈孟子〉中所反映的社会经济制度》,《文汇报》,1961 年 3 月 28 日

242. 《王麓台绘画的评价问题》,《文汇报》,1961 年 6 月 24 日

243. 《山水画干笔技法的发展及其反响》,《文汇报》,1961 年 8 月 30 日

244. 《孟子思想研究》,《山东大学学报》(历史版),1961 年第 3 期

245. 《关于孟子思想的讨论》,《光明日报》,1961 年 9 月 19 日

246. 《王维画法的特点——中国美术史札记之一》,《文史哲》,1961 年第 2 期

247. 《清末上海画派的历史作用》,《光明日报》,1961 年 11 月 4 日

248.《"四王"画派的革新者——戴熙》,《光明日报》,1961年11月14日

249.《中国美术史札记》(三),《山东大学学报》(历史版),1961年第4期

250.《中国美术史札记》(三则),《文汇报》,1961年12月2日、1962年1月24日;《山东大学学报》(历史版),1962年第3期

251.《沈石田的绘画——为故宫博物院举办"沈周诞生535周年纪念展览"而作》,《光明日报》,1962年3月10日

252.《越南陈氏王朝得国经过考》(童书业、陈云章合撰),《山东大学学报》,1962年第2期

253.《论"国人暴动"》,《山东大学学报》(历史版),1962年第2期

254.《孔子"举贤才"思想在先秦尚贤思想史上的地位》,《大众日报》,1962年6月23日

255.《元画三题》,《文汇报》,1962年8月4日

256.《春秋末吴越国都辨疑》,《中国古代地理考证论文集》,上海中华书局编辑所,1962年12月

257.《春秋楚郢都辨疑》,《中国古代地理考证论文集》,上海中华书局编辑所,1962年12月

258.《从地理上证石鼓文的时代——春秋秦都辨疑》,《中国古代地理考证论文集》,上海中华书局编辑所,1962年12月

259.《春申君的封邑》,《中国古代地理考证论文集》,上海中华书局编辑所,1962年12月

260.《晋公䥽铭"□宅京自"解——春秋晋都辨疑》,《中国古代地理考证论文集》,上海中华书局编辑所,1962年12月

261.《中国美术史札记第一卷》(续),《山东大学学报》(历史版),1962年第4期

262.《明代瓷器史上若干问题的研究》,《山东大学学报》(历史版),1963年第2期

263. 《荀子思想研究》，《山东大学学报》（历史版），1963 年第 3 期
264. 《戴熙画作的特色》，《艺林丛录》第 5 编，香港商务印书馆，1964 年 12 月
265. 《战国初年鲁国公室的集权与季氏的独立》，《中华文史论丛》第 6 辑，中华书局上海编辑所，1965 年 8 月
266. 《论"清官"》，《文汇报》，1966 年 4 月 4 日
267. 《唐人无皱说》，《艺林丛录》第 6 编，香港商务印书馆，1975 年 1 月
268. 《文（文徵明）沈（沈石田）与浙派的关系》，《艺林丛录》第 6 编，香港商务印书馆，1975 年 1 月
269. 《韩非子思想研究》，《中国哲学》第 1 辑，《中国哲学》编辑部，三联书店，1979 年 4 月
270. 《南画研究》（遗稿，著于 1961 年），《中华文史论丛》第 3 辑，上海古籍出版社，1979 年 9 月
271. 《墨子思想研究》（遗稿），《历史论丛》第 1 辑，齐鲁书社，1980 年 8 月
272. 《庄子思想研究》（之一）（遗稿），《文史哲》，1980 年第 6 期
273. 《庄子思想研究》（之二）（遗稿），《文史哲》，1981 年第 1 期
274. 《清代前期纺织业与陶瓷业的发展》（遗稿），《中国手工业与商业发展史》，齐鲁书社，1981 年 11 月
275. 《清代瓷器手工业技术的发展》（遗稿，1960 年 2 月 28 日定稿），《中国手工业与商业发展史》，齐鲁书社，1981 年 11 月
276. 《〈南画研究〉新序》（遗稿，著于 1965 年 9 月 24 日），《上海师范大学学报》（哲学社会科学版），1982 年第 1 期
277. 《老子思想研究》（遗稿），《先秦七子思想研究》，齐鲁书社，1982 年 1 月
278. 《先秦思想史讲授大纲》（遗稿），《先秦七子思想研究》，齐鲁书社，1982 年 1 月

279. 《中国古史分期问题讨论中的派别》(遗稿),《中国古代史论丛》第9辑,福建人民出版社,1985年4月

280. 《从西周到春秋时的经济社会政治制度和宗教学术》,《中国史论集》(中册),韩复智编,台北"国立编译馆"中华丛书编审委员会,1985年6月

281. 《唐代仕女画的兴起》(遗稿,著于1963年),《童书业美术论集》,上海古籍出版社,1989年8月

282. 《论胡佩衡先生的绘画》(遗稿,著于20世纪60年代),《童书业美术论集》,上海古籍出版社,1989年8月

283. 《张择端〈清明上河图〉辨》(遗稿,著于1965年7月15日),《童书业美术论集》,上海古籍出版社,1989年8月

284. 《影响六百年中国画坛的大画家——黄子久》(遗稿,著于1963年),《童书业美术论集》,上海古籍出版社,1989年8月

285. 《"渴染"画法的创始人——孔衍栻》(遗稿,著于20世纪60年代),《童书业美术论集》,上海古籍出版社,1989年8月

286. 《江贯道〈千里江山图〉辨》(遗稿,著于1965年7月12日),《童书业美术论集》,上海古籍出版社,1989年8月

287. 《评李开先〈中麓画品〉》(遗稿,著于1965年10月31日),《童书业美术论集》,上海古籍出版社,1989年8月

288. 《读〈鹊华秋色图〉》(遗稿,著于1965年10月28日),《童书业美术论集》,上海古籍出版社,1989年8月

289. 《谈画》(遗稿,著于1947年),《童书业美术论集》,上海古籍出版社,1989年8月

290. 《枞川画论》(遗稿,著于20世纪60年代),《童书业美术论集》,上海古籍出版社,1989年8月

291. 《云蓝先生画鹰》(遗稿,著于1964年),《童书业美术论集》,上海古

籍出版社,1989 年 8 月

292. 《致顾颉刚、辛树帜信》,《顾颉刚读书笔记》,顾洪编,台北:联经出版公司,1990 年 1 月

293. 《童书业与辛树帜书论"禹贡"时代》,《顾颉刚读书笔记》,顾洪编,台北:联经出版公司,1990 年 1 月

294. 《童书业论予〈穆天子传〉一文》,《顾颉刚读书笔记》,顾洪编,台北:联经出版公司,1990 年 1 月

295. 《童丕绳论脂砚斋其人》,《顾颉刚读书笔记》,顾洪编,台北:联经出版公司,1990 年 1 月

296. 《丕绳论〈周官〉及〈左传〉解〈经〉语之时代》,《顾颉刚读书笔记》,顾洪编,台北:联经出版公司,1990 年 1 月

297. 《丕绳近年著述》,《顾颉刚读书笔记》,顾洪编,台北:联经出版公司,1990 年 1 月

298. 《童书业论〈左传〉成于吴起》,《顾颉刚读书笔记》,顾洪编,台北:联经出版公司,1990 年 1 月

299. 《童丕绳论〈左传〉成书之年代》,《顾颉刚读书笔记》,顾洪编,台北:联经出版公司,1990 年 1 月

300. 《童书业论古代婚姻制——烝报,并论息妫事系史家小说》,《顾颉刚读书笔记》,顾洪编,台北:联经出版公司,1990 年 1 月

301. 《象郡不在越南》,《顾颉刚读书笔记》,顾洪编,台北:联经出版公司,1990 年 1 月

302. 《夏地之所以广》,《顾颉刚读书笔记》,顾洪编,台北:联经出版公司,1990 年 1 月

303. 《商、周与氐、羌》,《顾颉刚读书笔记》,顾洪编,台北:联经出版公司,1990 年 1 月

304. 《县与邑及书社》,《顾颉刚读书笔记》,顾洪编,台北:联经出版公司,

1990年1月

305. 《谈画随笔》,《学术集林》卷13,王元化主编,上海远东出版社,1998年5月

306. 《知非简谱》(遗稿,1958年3月16日改定),《历史文献》第6辑,上海古籍出版社,2004年2月

307. 《知非集》(遗稿,20世纪50年代辑1949年前之诗文),《历史文献》第6辑,上海古籍出版社,2004年2月

308. 《中国资本主义萌芽问题》(遗稿),《中国手工业与商业发展史》(校订本),中华书局,2005年9月

309. 《古籍考辨丛刊第二集序》(遗稿,著于1957年10月2日),《童书业史籍考证论集》,中华书局,2006年10月

310. 《古史辨派的功过》(遗稿,著于1967年),《童书业史籍考证论集》,中华书局,2006年10月

311. 《考证学的科学规律》(遗稿,著于1967年4月5日),《童书业史籍考证论集》,中华书局,2006年10月

312. 《护士应用心理学教学大纲》(遗稿,20世纪50年代初),《精神病与心理卫生》,中华书局,2007年5月

313. 《护士应用心理学讲稿》(遗稿,20世纪50年代初),《精神病与心理卫生》,中华书局,2007年5月

314. 《强迫症研究札记》(遗稿),《精神病与心理卫生》,中华书局,2007年5月

315. 《对于"强迫性神经症"的病理生理机制一些看法》(遗稿,1965年10月18日),《精神病与心理卫生》,中华书局,2007年5月

316. 《中国精神病学史资料》(遗稿),《精神病与心理卫生》,中华书局,2007年5月

317. 《谈艺随笔》(绘画史部分)(遗稿,著于20世纪60年代),《童书业绘

童书业著述目录

画史论集》,中华书局,2008 年 2 月

318. 《怡斋漫录》(绘画史部分)(遗稿,著于 20 世纪 60 年代),《童书业绘画史论集》,中华书局,2008 年 2 月

319. 《谈艺随笔》(瓷器史部分)(遗稿,著于 20 世纪 60 年代),《童书业绘画史论集》,中华书局,2008 年 2 月

320. 《怡斋漫录》(瓷器史部分)(遗稿,著于 20 世纪 60 年代),《童书业绘画史论集》,中华书局,2008 年 2 月

321. 《谈艺随笔》(文学部分)(遗稿),《童书业论集集外集》,中华书局,2010 年 7 月

322. 《历史教学法讲稿》(遗稿,20 世纪 50 年代前期),《童书业论集集外集》,中华书局,2010 年 7 月

323. 《越南史话讲义》(遗稿,20 世纪 50 年代),《童书业论集集外集》,中华书局,2010 年 7 月

324. 《中国古代中世纪史讲义》(先秦史部分)(遗稿,1959 年),《童书业论集集外集》,中华书局,2010 年 7 月

325. 《编写中国古代中世纪史讲义的体会——古史分期问题》(遗稿,1959 年),《童书业论集集外集》,中华书局,2010 年 7 月

326. 《科学的古代史大纲》(遗稿,1955 年作,1967 年 3 月 11 日改定),《童书业论集集外集》,中华书局,2010 年 7 月

327. 《春秋战国史四年制研究生培养计划》(遗稿,著于 1961 年),《童书业论集集外集》,中华书局,2010 年 7 月

328. 《教学与教育思想检查》(遗稿,著于 1966 年 9 月 15 日),《童书业论集集外集》,中华书局,2010 年 7 月

329. 《解放后的教学工作分析》(遗稿,1967 年 1 月 11 日),《童书业论集集外集》,中华书局,2010 年 7 月

330. 《枞阳先生传》(遗稿,1967 年作),《童书业论集集外集》,中华书局,

2010年7月

331.《论"府兵制"的起源》(遗稿),《童书业论集集外集》,中华书局,2010年7月

332.《共伯和考补证》(遗稿,著于1964年2月14日),《童书业论集集外集》,中华书局,2010年7月

333.《公羊发墨》(遗稿),《童书业论集集外集》,中华书局,2010年7月

334.《衰翁赘语》(遗稿),《童书业论集集外集》,中华书局,2010年7月

335.《〈文史考证杂著汇存〉例》(原著佚,仅存"例"),《童书业论集集外集》,中华书局,2010年7月

336.《〈论学札记〉拟目》(遗稿),《童书业论集集外集》,中华书局,2010年7月

337.《丕绳札记三种》(遗稿),《童书业论集集外集》,中华书局,2010年7月

338.《科学研究检查》(遗稿,1966年9月15日),《童书业论集集外集》,中华书局,2010年7月

339.《以后工作计划》(初稿)(1967年2月8日除夕),《童书业论集集外集》,中华书局,2010年7月

340.《宋代瓷器史上若干问题的研究》(1961年作,佚)

341.《画经》(童书业、承铭世、卞达人合撰,佚)

342.《野叟曝言考证》(佚)

(此目录承蒙台湾大学古典文献学研究生王桂兰小姐、浙江大学中文系博士生钟林巧小姐协助编制。)

童书业和他的《春秋史》

童教英

童书业先生,字丕绳,号庸安,别名吴流、冯鸿、冯梅、章卷益、卷益、童疑、纳斋,1908年5月26日生于安徽芜湖,1968年元月8日卒于山东济南。

童书业先生原籍浙江鄞县,其高祖童槐为清嘉庆十年进士,官至通政司副使;其曾祖童华为清道光十八年进士,官至礼部侍郎兼南书房行走;其祖童祥熊为清光绪九年进士,官至安徽劝业道、青岛劝业道道台,辛亥革命后致仕;其父童诗闻曾于上海兴办实业。其祖居现被宁波市辟为银台第官宅博物馆(通政司亦名银台),亦称为帝师官宅博物馆、三进士官宅博物馆。

童书业先生自幼体弱多病,无法坚持在新式学堂学习,因而经历了与其同龄人不同的认知历程,除在上海寰球小学、圣舫济英文专修学校、北京京华美术学院等学校断续读过几年书外,自四岁识字起,多系请先生在家教授经史书画,甚至英语也是请人入室教授。由于兼具超常的记忆力和悟性,重要的先秦古籍,包括《尚书》这样文字佶屈聱牙的典籍他至老都能背诵如流,这种生活方式虽为他以后的学术生涯打下了深厚的旧学根柢,但也使他长期与世隔绝。直至1928年婚后,由于大家庭的变故,他至南京岳家生活才开始接触社会。但此时的他已基本定型,故终身怀着赤子之心在动荡的社会中坎坷生存，既无社交能力又无行政能力。于他而言，最安宁的角落就是可以埋首学问的书斋。

1929年，童书业先生读到《古史辨》，对顾颉刚先生大为敬佩。同年还读到陈独秀、郭沫若的著作，也深受影响。但他自幼所形成的传统学养使他与古史、古籍考辨更为契合，他自认为顾颉刚先生的私淑弟子，以古史辨门径开始治史。1930年著《论语解诂》，此为他治经史之始。1934年至杭州，在王季欢先生指导下著《版本述》，以王修（季欢）之名发表于《浙江省立图书馆馆刊》，此为他发表文章之始。他又将其1933年所著《虞书疏证》寄顾颉刚先生处请教，并在《浙江省立图书馆馆刊》发表《评顾著〈尚书研究讲义〉第一册》。顾颉刚先生极为欣赏童书业先生的才华，顾先生到杭州奔丧时，即顺道访谈，并邀他到北平协助从事古史研究。1935年夏，童书业先生赴北平，在顾颉刚先生处任研究助理；并被顾颉刚先生聘为北平研究院史学研究会历史组名誉编辑，后又被聘为禹贡学会编辑；随着学问的精进，更受顾颉刚先生之命主编《禹贡》半月刊的《历史地理专号》及《古史辨》第七册。1935年至1937年是童书业先生治学的黄金时期，也是他治学的第一个高峰。在这短短的两年时间里，他积蓄已久的学术生命力喷薄而出，写就了大量古史古籍考辨的文章，同时开始了他对历史地理、绘画史的研究。"七七事变"迫使顾颉刚先生离开北平，童先生亦无法再在北平容身。1937年9月，他离开北平辗转到上海，幸遇吕思勉先生和杨宽先生，在他们的帮助下得以在上海立足。他在上海任光华大学历史系讲师兼民立女子中学教员及上海美术专科学校国画系讲师。上海是一个得风气之先的开放之地，童书业先生以他的敏感和悟性吸纳着各种学术思想，然后以他极高的思辨力将吸纳之知识融会贯通。此时,顾颉刚先生自成都委任其为齐鲁大学国学研究所名誉研究员。1941年,太平洋战争爆发,童先生担心留上海会被迫做文化汉奸,遂离开上海到宜兴、常州一带,辗转于一些三不管之地的中学任教谋生。1945年,童先生返回上海,至1949年8月,历任上海博物馆干事、历史部主任、总务部主任,并在复旦大学代课,又任无锡国学专修学校上海分校史地组教授、光华大学历史系教授。在艰苦的生存环境中,他仍在学术研究中奋进,开始了古器物学,尤其是瓷器史、美学、心理学领域的研究,对唯物史观的研究也在逐步加深,甚至在光华大学开设辩证唯物主义课程。1949年8月,他应聘为山东大学历史系教授兼文史研究所研究员。此后,历任山东大学历史系副主任、山东大学校务委员会委员、青岛市人民代表、山东省九三学社科学研究委员、山东省科学工作委员会委员、山东省政协委员。1968年1月8日,童书业先生以未满甲子之年谢世。

童书业先生猝亡,其学术成果散在20世纪30年代至60年代各报刊、出版物、未刊文之中,极易被湮没。其三女童教英自1977年起奔波于北京、上海、浙江各图书馆,将能搜集到的文章及家中存稿分为七个领域进行整理,其分别为:古史和古籍考辨;古代地理研究;中国美术史研究;古代社会研究;古代经济史研究;先秦思想史研究;心理学与精神病学研究。在零零碎碎出版一些书之后,中华书局将童先生七个学术领域之作分为11个分册出版并将其文学、美学、教学、生平及后续又查到的一些佚文集中为第12分册出版,最后将这12分册结集为七卷本《童书业著作集》。童书业先生主要学术成果方得以保存。

《春秋史》是学界公认的童书业先生的代表作,它的写作发端

于 1935 年至 1937 年间,完成于 1941 年。童书业先生在《春秋史》序言中说:

> 这部《春秋史》,原稿本是顾颉刚师在北平燕京、北京两大学所用讲义,当时虽由我着笔,然宗旨全是秉承顾师的(所以书中议论有与本人不合处)。事变之后,我带着这部讲义避地到安庆,又由安庆带到上海,虽在十分为难的时候,也不曾离开它。去年夏间,接着顾师从成都来的信,命我替齐鲁大学撰写《春秋史》。我当时回信说:《春秋史讲义》的体裁尚好,当年写时也曾用过一番力。如把它就此废弃,未免可惜;不如就讲义修改,另撰考证,这样可兼收普及和专门之效。顾师复信同意这一点,不过他说:这书本是你所写,现在我们分处遥远的两地,无从仔细商讨,就用你一人名义出版罢!我即遵命于去冬开始着手修撰,因人事的牵缠,直到今年六月才得勉强竣事;凡原稿缺略处,已大致补充;错误处,也已大致修正;体例次序等也略有变更,虽不能说十分惬意,但总算尽过一番心了(原稿文字有稍嫌繁赘处,因曾经顾师阅定,除必须修改处外,一概仍旧)。
>
> 本书分"正文"、"考证"两部分,正文部分约 16 万言,考证部分预定 30 万言;正文用叙述体(必要处也参考证),文字以浅显为主,除必不得已处,不引原文。考证部分拟仿崔东壁《考信录》的体例,定名《春秋考信录》(可作为《考信录》的续编看),与正文可分可合。

其实,童书业先生 1936 年在北平时即已精心搜集和考订春秋史史料,欲作成《春秋考信录》。至辗转到上海时,此稿已不完善,遂再作搜集工作。遗憾的是,1941年以后更为动荡的战乱生活使他花费多年心血所作的《春秋考信录》遗失,《春秋史》之另一部分终未能与《春秋史》合璧。但其考证之详可从《春秋史》第一章《西周史略》的注释中略窥一斑。

《春秋史》是一部将正史体裁、纪年体、纪事体、政书及会要体、杂考体等体裁写作之长融会而创的一种分章综述的断代史新体裁。它又是一部将极深奥繁复的考证化为极通俗浅显的白话文写出之作。文中甚而将古文古诗皆译作白话文。吕思勉先生在此书序言中说:"鄞童君丕绳,笃学好古,于乙部书尤邃。年来专治春秋史,最其所得,成此一编。其体例极谨严,而文字极通俗。征引古书,率多隐括其辞,出以己意,盖今世史家之例然也。"

《春秋史》从面世至今一直受到学术界的赞赏。吕思勉先生在序言中即说:"以余所见,言春秋者,考索之精,去取之慎,盖未有逾于此书者矣。"至1989年书目文献出版社出《中国历史学四十年》时,李学勤先生主撰"先秦史"部分,写到春秋史研究状况时,还说:"就专著而言,迄今还没有代替建国前出版的童书业《春秋史》这一部书。"

确实,《春秋史》是童书业先生的代表作,展示了他的学术精芒与才识渊海。书中所体现的学术理念及其研究成果,至今仍受到治史者的首肯,故而它多次再版:1946年11月开明书店初版,至翌年4月即再版,1987年5月山东大学出版社重版,2003年4月上海古籍出版社再版,2006年8月中华书局再版,现又被商务印书馆收入《中华现代学术名著丛书》。

童书业先生的学术渊源有二:一为考据,一为理论。推其考据学源,除自幼熟读古籍,中国传统文化学养在心胸中烂熟已久外,从其所撰《古文约编》及《桐城文选》二书之序言中,可知其深受桐城派影响。《古文约编》序中说:

> 昔曾涤生氏欲抄古文五十篇,以为揣摩之资,又极推崇桐城姚氏之学,以为古文正宗。余读方、姚诸君文,信乎举天下之美无以易,而惜抱轩所辑《古文辞类纂》,尤精粹详备。惜其篇帙繁重,学者苦难卒业,久思订为约编,而未得间。癸未春,余自张渚返皖,家居多暇,乃取姚氏《类纂》选文六十四首,为此约编一卷,以便初学,亦曾氏之意云尔。

《桐城文选》序云:

> 余自束发受书,即闻桐城古文之名。……岁丁丑,东事起,避地枞阳。枞阳,桐城之名镇而刘才甫先生之故里也。……悉心采访,城乡僻邑无不涉足,得桐城一邑名流所为诗文集几百通,去芜存精,益以县志所载,凡得文六百余首,汇为一集,其闻名天下者犹不预焉。戊寅六月,皖城既陷,余与舍弟柔嘉间道走沪滨,教读之余,复搜采传世桐城名家文集,自姚惜抱以降,更得二十余家,又增以他乡人之为桐城古文有名者三十余家,合前所集得人百四十七,文千七百五十有二,亦可谓集桐城古文之成矣。

惜此二部文集皆毁于战乱,现已无踪可觅。皖派治学向来善于在一个个专题范围内对一个较小问题进行十分精深的研究,得出创造性的结论。桐城派大家文章气势之磅礴、逻辑推理之精密、结构之严谨，向为学者赞赏。而影响童书业先生疑古观念最深的一位历史人物，是以辨伪、考证擅名的清代学者崔述(东壁)。童先生非常推崇崔东壁，崔有《补上古考信录》、《唐虞考信录》、《夏考信录》、《商考信录》、《丰镐考信录》等，他就作《春秋考信录》，且欲将此作为崔氏《考信录》之续编；崔有《知非集》，他将自己的诗文集亦定名为《知非集》，又将自撰的个人简谱定名为《知非简谱》；而且一度以"童疑"为自己的笔名。而与他学术生涯密切相关的现实人物则是顾颉刚先生。顾先生所创"累层地造成的中国古史"学说（此论首见于1923年《与钱玄同先生论古史书》），引发了学术界古史大论战。1926年顾先生将有关的研讨辩论之文编为《古史辨》第一册，由北平朴社印行。顾先生在该书序言中，详论其古史研究新方法。史学界自此诞生了以考辨古史、古籍真伪为职志的"古史辨派"。童书业先生见到《古史辨》时，才二十岁出头。他深感顾先生的史学观点和考据方法正与自己的学术志向相吻合，从此更坚定不移地走疑古辨伪、考据求真的治学之路；并以其深厚的传统文化学养、非凡的学术功力、丰富的研究硕果，成为古史辨派的一位后期干将。《古史辨》至1941年共出版七册，第七册即由他编辑。

在《春秋史》中，古史辨派那种对古史古籍怀疑、认为上古史是神话与传说的特征是很明显的，随拾几例如下：

　　殷以前是传说时代。（第108页）
　　封建社会之上有一个天王，所以神鬼世界之上也有一位上帝。封建社会里有大小封君，都统属于天王，所以神鬼世界里也有大小神祇，都统属于上帝。（第108页）

  上帝之外，最有权威的神祇便是掌管人们所住的土地的社神和掌管人们所吃的谷类的稷神。社神又称"后土"，他的名字唤做禹，又叫勾龙，他是受上帝之命下凡来平治水土的伟人。稷神又称"后稷"（又有田神称"田祖"，或许即是稷的化身），他的名字就唤做稷，他也是受上帝之命下凡来播植谷种的天使。（第 108 页）

  越国王室的始祖据说是夏少康的庶子无余，禹巡行天下，死于会稽；少康恐怕禹在会稽的祭祀绝了，于是封庶子无余于越，典守祭禹的礼节。这个说法也是毫不足信的：禹会会稽，究竟在什么地方，到现在还不能确定。何况这种传说本是一种神话，万不能当作事实看。（第 129 页）

  管仲字夷吾，据《史记》说他是颍上的人氏，大约是周的同姓管国（在今河南郑县）之后。又据《史记》说，他少年时曾与鲍叔牙交好，鲍叔牙知道他的贤能，很敬重他。管仲那时极贫穷，与鲍叔牙一同出外经商，等到分利息的时候，管仲常常欺侮鲍叔牙，自己多要好处；鲍叔牙始终不同他计较，仍是很善待他。这段故事实在是不甚可信的。我们知道管仲是齐大夫管庄仲的儿子，乃是贵族阶级，怎会有微贱而经商的事呢？（商人在古代是微贱的阶级）这恐怕只是战国人用了战国的时代观念造出的故事（这段故事始见于《吕氏春秋》）。（第 151 页）

  童书业先生和顾颉刚先生一样，认为中国民族是一个逐渐融合的复合体。他在《春秋史》第四章一开始就说：

中国民族是一个复合体。其中最主要的体干当然是所谓"华夏"族。但这"华夏"族也并不是一种单纯的种族,他也是一个复合体。原来古代所谓"中国"人其实可分为东西两支;东支的代表是殷商,西支的代表是夏、周。夏、商、周三代原是三个不同的氏族。殷商起自东方,血统与东方夷族很是接近,从种种方面看来,或竟与淮夷为一族。夏人起自西北,其种族来源不可确知,但与周人的关系必很密切。周人起自西方,血统与西方戎族很是接近,从种种方面看来,或竟与氏羌为一族。至于姜姓各国,更是西羌的近支,近人已论定了。至春秋时人所谓"华夏",实是文明伟大的意思;所谓"中国"便是天下之中的意思;其意义只是文化的与地域的,种族的意义很少。如果讲起种族来,则当时所谓"夷蛮戎狄"不是"诸夏"的血族,也都是他们的近亲。

周人起于陕西,那地方大约本是夏人根据地的一部,他们又或者与夏人有些渊源,所以自称"夏"。因周人势力的扩展,"夏"的一个名词就渐渐成为中原人的通称,春秋时中原人常常自称"华夏"而称文化落后住在山林里的氏族为"蛮夷戎狄"。——"夷""夏"对立的观念于是确立,渐渐变成种族的称号了。(第116页)

至第十七章总结春秋时期的历史时又说:

春秋时诸夏民族住在中原,四边和较僻野的地方都是给所谓蛮、夷、戎、狄等部族住着。诸夏想同化蛮族,蛮族也想征服诸夏;两方势力一经接触,诸夏在武力上就不免吃了大亏。

于是中原各国互相联结,共同御外;在这样情势之下出现了伯主制度。一班伯主的中心事业便是"尊王"和"攘夷"。"尊王"是团结本族的手段,"攘夷"是抵御外寇的口号。

那时蛮族中最强盛的,南方有楚,北方有狄,所以攘楚和御狄就成了当时中原伯主最注意的事情。结果狄族由被抗而分散,楚人由被攘而同化。到了春秋末年,北方的狄族尽被晋国并吞,东方的夷、戎等族也被齐、鲁等国所征服,西方和中原的戎族早已衰微,被晋、秦、楚等国所瓜分,而南蛮的楚在这时也已率领南方诸族变成诸夏的一分子了。

东南方的蛮族吴和越从春秋中年起也渐渐加入诸夏的团体,经过了约百年间的相拒相迎,到了春秋之末,吴国和灭吴的越国竟变成了东夏的盟主了。楚、吴、越等国本来文化较高,他们很早就有文字,并不是真正的化外蛮民,所以受诸夏的同化也比较容易些。

上古的许多不同的种族,就是在春秋时代混合而成立了一个整个的"华夏民族"。(第270页)

童书业先生并不否认夏朝及夏朝以前中国文明的存在,只是因史料不足而对古籍所言这段历史事迹不敢肯定而已。他在《春秋史》第一章《西周史略》注⑪中说:

> 少康以前之古史,事迹甚为详尽,皆出神话传说,不可信据,已详拙编《古史辨》第七册。少康以后之古史较近有史时代,或事迹简略,或说近情理,只可暂列之于存疑(第20页)。

注⑫在引《史记·夏本纪》少康至桀的夏世系后,又说:

> 除孔甲与桀外,少康以后之夏朝帝王几均只存留个名字,其人之有无虽不可知,但单造几个名字,似无此需要。(第20页)

如此的认识,在《浙江省立图书馆馆刊》第四卷第六期(1935年12月)所发表的《"帝尧陶唐氏"名号溯源》中已有说明。有关夏朝,他在文中说,到了《诗》、《书》时代,"对夏的早世情况已经不大明白了"。

童书业先生和20世纪二三十年代古史辨派学者一起辨伪求真的功绩在于:打破了以前作为信史的"三皇五帝"至夏的古史系统,将其回归至神话传说时代。他们廓清的这一段历史时空有待考古学家和历史学家努力求索,以历史事实填实这段时空。由于有着这种求真的精神,童先生也在古史古籍、历史地理、绘画史、瓷器史诸领域,甚至马克思、恩格斯原著中有不少发现,求得若干真相。他在各领域审慎求真所得出的结论,至今尚有不少为学者认同,甚而有的结论被考古发掘或收藏家之收藏所证实。

童书业先生在运用古史辨派治学方法的同时,注意吸收西方现代科学方法,并且对马克思主义理论有所接触和吸纳。1929年,他读了陈独秀的著作,思想为之大变。同年"复读郭沫若先生《中国古代社会研究》,亦受其影响"(《知非简谱》),该书是中国第一部运用唯物史观解释中国历史的著作。童先生坦言"受其影响",亦从一个侧面反映出他很早就对运用马克思主义观点研究历史的关注和重视。但1945年至1949年,他在辨伪求真的理念下也曾对不注重考证史实、史籍真伪,教条主义式的所谓史观派大加挞伐。1966年,他在回顾自己学术生涯时,即明言自己写《春秋史》过程中已着意尝试用唯物史观解释历史了。《春秋史》中确实有不少地方强调社会存在决定社会意识,强调经济关系决定社会的一般过程,经济的变化是社会一切变化的根本原因。如第二章第一个小标题即为《经济是历史的重心》,开头就写道:

> 无论哪种社会组织,都逃不了被经济状况所决定。"经济是历史的重心"这个原则,是近代东西史家已经证明了的,所以我们要讲社会的情形便不得不先讲经济的情形。(第54页)

在写到封建社会的瓦解时,他指出:

> 封建社会动摇的外在原因——也可以说是摧毁封建社会的原动力——便是产业的发达。铁制耕器与牛耕的发明和农业一般技术的改进,使农村日加开发。同时铁器又使手工业进步。农业的进步又促进了商业的发达。进步的农工商业便提高了人民的地位,使上层阶级格外容易倒塌。到了大夫取得诸侯的地位,武士成了文士,吸收下层阶级的优秀分子,另组成一个社会中最有势力的阶层时,封建社会的命运已大半告终了!(第237—238页)

同时,他也很注重历史现象与它产生的时代环境的关联。在第十四章《孔子的出现》中首先写了孔子所处的时代,"孔子的时代是封建制度开始总崩溃的时代……其时中原各国不但政权落在大夫手里,而且大夫的家臣也有很多看了大夫的榜样,起来代行大夫的职权的。孔子的祖国——鲁国,表现这种趋势最是明显",这是所谓"冠履倒置"的时代。至评价孔子时,他写道:

> 严格说起来,孔子只是个周礼的保存者和发挥者,他的思想并不见怎样的了不得,但他把古代的制度理论化了,使得这种将要僵死的制度得到新生命而继续维持下去,他的大贡献在此,他所以为今人诟病也在乎此。但这究竟是中国的特殊社会背景所造成的事实,并不由于孔子一人的自由意志所决定!(第246页)

同时,他并不否认个人在历史发展中的作用。如他就管仲在齐国的改革评价道:

> 即此可以知道一国的强盛固然需要其他内在和外在的条件,而大政治家的有益人国,也是绝对不可否认的事实!(第153页)

对郑国的子产,他更是赞不绝口:

> 当春秋后半期,郑国因连受晋、楚两国军事和经济上的压迫,弄得民穷财尽,盗贼蜂起,甚至戕杀执政,威劫国君。同时卿族专横,互相嫉视,内乱迭起。所以郑国的内政比较他国格外难治。幸而"时势造英雄",出来了一位很能干的政治家叫做子产,由他来勉强维持危局。(第232—233页)

> 到春秋时,人本主义渐渐起来……最有名的,是郑国的大夫子产。他既博学多能,又能破除迷信,他曾经说过"天道远,人道迩"的话。他首先打破了一部分封建制度下的旧习惯,他的思想比出世稍后的大圣人孔子还要开明。(第242页)

童书业先生在考证历史真相时,并不机械地肯定这个或否定那个,而且即使对他认为不可视作信史的一些古籍,他仍会实事求是地肯定内中所蕴涵、折射出的史实。

童书业先生的学术渊源由考据和理论这两部分组成。随着他的学术研究的深入,其考据与理论不断地有机结合,融会贯通,即理论研究都以考证出的历史真相为基础,考据时都以全方位客观求真的理论为准绳,使考证出来的结论更符合历史的真相,遂凝聚成他自己的学术特色:"会通"。《春秋史》是一部考据论著,也正体现了这种用功深湛、运理精审、融会贯通的学术特色。

童先生在《春秋史》序言中说:

> 我向来主张:凡著通史,每一件大事都应该详其来龙去脉;每一个时代的前后关系,不可割断。为贯彻这个原则,所以本书以春秋的历史为中心,而附带述及太古至西周(愈前愈略)的历史(第一章定名为"西周史略"者,以西周史事较详之故)。我本另撰有"战国史略"一章附正文的最后,因友人杨宽正先生(宽)也正在替齐鲁大学撰写《战国史》,体裁完全和这部《春秋史》相同,可以合成一书,故我把已写成的"战国史略"和附注约二万余言统统删去,以免重复。(第2页)

整部《春秋史》确实都贯穿着他的会通理念。从纵向而言,大至从太古直至战国的发展变化,尤其是春秋时期242年间周及各主要封国的经济、政治、社会、民族关系各方面的发展变化脉络,小至某一具体现象的缘起、发展、结局,都梳理得清清楚楚。从横向说,对春秋时期各个阶段的周王朝和各封国,以及各封国与夹杂在封国间或周边的少数民族之间错综复杂的关系,此消彼长的势力,乃至各自内部微妙嬗变,无不一一交待明确。这梳理清晰的纵横交错的网络,将我国动荡变化最激烈时期之一的春秋时期的各个方面动态地展示给读者。现试将这网络作一个大概的说明:

第一章《西周史略(附注)》中之"传说中的古史述略",以"据书本上说"开头,极简约地将古史系统梳理到夏。然后说:

> 夏代的真相究竟怎样,我们虽不得而知,但似乎也有些可以推测的地方:第一,"夏"这个氏族一定发展在黄河中游,就是现在河南省的西部和山西省的西南部一带地方……从种种方面考察,河洛一带确是夏氏族建国的根据地,虽然他们或许是从西北方的"塞外"地方迁来的。第二,夏氏族的文化一定是相当野蛮的。据现在考古学家考古的成绩,有文字可以确实证明的夏代遗物一件还没有,虽说或许隐藏在地下,但何以至今还不曾出现一件呢,所以我们假定:夏代或许还没有文字,即有文字,一定很幼稚而通用未广,这似乎不是很武断的结论。(第5页)
>
> 商人的建国根据地大致是黄河的下游,就是现今的河南、山东、河北等省交界一带地方。他的文化,据近今考古家的考究,已相当的高尚……大约殷代已由石器时代进为铜器时代,

畜牧时代进至农业时代,穴居时代进至室居时代了。(第6页)

写至西周即相当全面,从周族的起源直至西周的灭亡,其间大事都简约写出并以注释的形式详加考证。尤为令人瞩目的是他写道:

> 中国真正的封建社会在时间上是限于周代。(第11页)
> 从近代出土的西周器物上看,西周的文化确已胜过殷人,而其宗法和封建的制度,尤为中国数千年来立国的基础。要了解中国,不能不先求了解周代的文化制度。(第16—17页)
> 至周公东征后,与东土关系大密,周国文化乃亦大兴也。(第38页)
> 我们以为:周厉王时实是王权和霸权交替的关键,正和晋厉公时是君权与卿权交替的关键一样。(第14页)
> 自从有了周厉王被"流"的先例,于是列国间逐君的事便不断地发生,这又是封建制度崩溃的先声了。(第14页)
> 西周末年,贵族间已有兼并土地人民的事情发生,这是封建社会动摇的第一声。(第15页)

这里,童书业先生揭示出了西周发展中的一些关键。他不仅考证历史的真相、叙述历史发展的过程,而且揭示历史发展变化的实质。揭示历史现象背后的实质是他史学研究的精髓所在,这在《春秋史》中比比皆是,且举数例:

> "西周"和"春秋"是个野蛮到文明的过渡时代。这时代的思想,是由神本的宗教进化到人本的哲学;同时各项学术也

都渐渐脱离宗教的势力而独立。(第115页)

(齐桓公送晋惠公回国即位)这是东方的国家与西方黄河上游的国家正式发生关系之始。(第164页)

后来的儒家特别注重君臣的礼节,他们号为祖述三王,实在乃是祖述的五霸啊!(第164页)

戎狄的衰亡,就是中国民族和文化的扩大。(第251页)

《春秋史》第二、三章综述西周春秋的经济和社会情形及政治制度及宗教艺术;第四章概述种族疆域和列国世系;第五章至第十一章叙述春秋初至弭兵之约完成期间的列国形势与齐桓、晋文(含晋襄)、楚庄、晋悼的霸业;第十二章述弭兵之约的完成与中原弭兵时期各国内政的变迁;第十三章述春秋中叶后社会制度的变迁;第十四章论孔子的出现及其学说;第十五、十六章分述北方政局的终结与南方楚吴越的混战与吴的衰亡;第十七章为春秋史结论。全书全面而详细地考察了春秋时期所有之事。不仅大事的变迁,甚而连衣食住行、恋爱、婚丧、各种礼仪、风俗、文明程度较低的种族的兴衰及与中原各"华夏"国的融合等等,皆条理分明地写出。

童书业先生认为:

春秋战国之间,是中国社会组织变迁得最厉害的时代。此后除了现代以外,没有一个时代能与它相提并论的。(第235页)

尤其令人瞩目的是,他在第十三章中用整章将春秋中期以后的经济、政治、法律、文化诸方面的变迁概括写出,使战国新局面出现的缘起有了清晰的脉络。

仅此粗略地梳理一下,即可看出《春秋史》确实充分地展示了童书业先生"会通"的治学理念。

《春秋史》是一部以白话文写出的考据论著,虽因《春秋考信录》的毁于战火,全书的考据面目已不易显现。但是,从第一章的注释,从书中每一个地名下都括有现地名(按:作者写作该书时的地名),从对春秋时期每件事的来龙去脉的极为肯定的叙写,都可以看出这部书是以考据求真的材料为坚实基础而写就的。我们还可以从书中"不敢乱说"、"不敢武断"、"不能详细知道了"、"不敢确切回答"等表述,看出童书业先生考据之严谨。他绝不草率下结论,亦不会盲从他人的结论,即或是他推崇之人亦概莫能外。这点可以从第一章注释中他对崔东壁某些观点的否定充分看出。如注㊴引崔氏对太伯、仲雍之考证后说:"至崔氏以为仲雍非太王之子,则臆说无据矣!"注㊾述崔氏考武王死时成王并不年幼,周公是依制以冢宰身份摄政三年后说:"崔氏之说虽辨,然实未然!"注㊿认为崔氏所考鲁国之分封时间"说固近理……崔氏误从宋儒之臆说耳"。注⑫中记崔氏认为申在周东南数千里,戎在周西北,相距辽远且申为弱小之国,不可能联戎灭周后说:"崔说甚为明辨,惟首段所言略有误会:申有东西之别。"以上各点,都在提出不赞同之后再将自己的观点及依据列出。从第一章《西周史略》之注释,亦即此章之考证,可以推断童书业先生的30万字之《春秋考信录》,应为以严谨的作风,从搜集大量史料出发,进行审慎的排比、归纳、分析、推理而推求出的春秋史真相。

童书业先生极为崇尚"累层地造就古史"这一打破传世上古史是信史的观点,并将其运用于自己古史古籍考辨、历史地理研究、民族史的考证中去。但他在学术研究过程中仍不断独立思考,不断补充和发展"累层地造就古史"学说。他在《古史辨》第七册自序中说:

> 《古史辨》有名的贡献是"累层地造成的古史观",一般人已承认它的价值了,其实这个观念还有应补充的在。因为所谓"累层地造成的古史观"乃是一种积渐造伪的史观,我们知道:古史传说固然一大部分不可信,但是有意造作古史的人究竟不多,那末古史传说怎样会"累层"起来的呢?我以为这得用分化演变说去补充它。因为古史传说愈分愈多,愈演变愈繁,这繁的多的,哪里去安插呢?于是就"累层"起来了。举个例子来说:春秋以前历史上最高最古的人物是上帝和禹,到了春秋战国间,禹之上又出来了尧舜,这尧舜便是上帝的分化演变,并不是随意假造的。到了战国时,尧舜之上又出来了黄帝、颛顼、帝喾等人,这些人又都是尧舜等的分化演变,也并不是随意伪造的。到了战国的末年,五帝之上又出来了三皇,这三皇的传说又都是黄帝等上帝传说和哲理中的名词的演变分化,也并不是完全伪造的。大约演化出现愈后的人物,他们的地位也便愈高愈古,这便产生了"累层地造成"的现象。所以有了分化说,"累层地造成的古史观"的真实性便越发显著:分化说是累层说的因,累层说则是分化说的果。

吕思勉先生在《春秋史》序中说:

> 其言古事,多据金石刻辞及《诗》、《书》、《左》、《国》中散见

之文，而不径用经传说记诸子之成说。(吕思勉序，第 v—vi 页)

可见童书业先生写此书时确实从各方面搜集材料，包括当时尚不发达的考古发掘材料，不过经过严谨考证后，他用得最多的却是《左传》。顾颉刚先生摘录的他的信中有：

> 生前撰《春秋史》，史实部分大体尽据《左传》，颇为旧派学者所不满，其批评集中于"《左》癖"一点，不知生撰此书时，曾搜尽所有春秋史料，互相比勘，考校之结果，为求真计，只得尽据《左氏》，非不欲博，恐失真也。不然，韩非、司马迁等秦、汉杂籍具在，岂惮一征引乎！(《顾颉刚读书笔记》，第 2424 页)

在学界人心目中，童书业先生有"《左》癖"，他在求真思想之下确有《左传》情结。他的《左传》情结甚至可上溯至 1917 年 10 岁时，其《知非简谱》中有：

> 始受业于王先生，改读《左传》，大好之，常效书中人行事。

步入学术界后，不论是古史、古籍、历史地理之考证，还是古史分期、手工业商业史、先秦思想史之研究，只要在《左传》上可找到佐证，经考证后无不首选《左传》，这是求真考证后的理性选择。至 1949 年后，虽有十余年时间鲜有考据论著，但他对《左传》仍时时关注，一有发现即写长信给顾颉刚先生。因而顾颉刚先生在读书笔记和日记中对此多有载录。如顾洪整理的《顾颉刚读书笔记》载：

一九五〇·五·廿一，丕绳来书云：

最近颇觉《左传》非西汉末人伪造（其纪事部分，战国中年人所为；《春秋传》部分，则似秦、汉间人为之）。其古经确有来源，解经语之一部亦早已有之（当然有后出部分）。……至《左传》之纪事，则愈读愈觉其可信，其史料价值实尚在《国语》之上，甚至在《春秋经》之上，可与匹者《论语》一书而已。（《顾颉刚读书笔记》，第 2422—2423 页）

丕绳来书云：

……又如"邾公牼"见于金文，《公》、《谷》皆不作"牼"，惟《左氏·经》与金文合，可见《左氏·经》亦有所本，未必汉人伪造。又《左氏》解《经》语中亦有与汉人思想不合者，窃谓《左氏》解《经》语亦大部分出战国或汉初，未必皆刘歆等所为。（《顾颉刚读书笔记》，第 3658 页）

丕绳谓予，《鲁春秋》盖删于曾子之徒，《左传》盖成于吴起之手……（《顾颉刚读书笔记》，第 7088 页）

一九六二·七·廿二，童丕绳君来书云：

近为教英讲《左传》，忽得一《左氏》成书年代之强证。

他在给顾先生的信中，将春秋后期、战国前期若干国家的亡、复与《左传》记载或有或无相较，结论为：

据此，可见《左氏》之成书在《墨子》书之后《孟子》书之前。此等史料，前人尚未举，故备论之，即乞教正！（《顾颉刚读书笔记》，第 7187—7190 页）

师生之间讨论了这么久的问题,在《左传》上有如此强证的结论,他仍不将其作为定论,而在《春秋左传考证·后记》中写道:

> 在《考证》本书中未揭示而应在此处一言者,即为《春秋左传》之著作时代及作者问题,以此问题犹未能得较可信据之结论,未便录入正文,故附记于此。

其考据之严谨由此可见一斑。

童书业先生于1965年10月至1966年"文革"前,完成了《春秋左传考证》。于1967年下半年,他又将《考证》约简成《春秋左传札记》。两部分合在一起于1980年以《春秋左传研究》之名出版。李学勤先生在《中国历史学四十年》中介绍先秦典籍《左传》的整理工作时写道:"童书业《春秋左传研究》则对书中史事、传说、制度、地理等作了详细考订。"《左传》可谓陪伴童书业先生终身之书。

童书业先生喜欢《左传》并不等于他盲信《左传》,他对《左传》的每条史料都有一个疑、考、信或不信的过程。说《左传》陪伴童书业先生终身,也并不会掩盖他能以宽广的学术胸襟,接触、吸纳有益于他学术研究深入发展的新知识、新思想、新观点,并与他的原有研究融为一体,致使他的学术研究在层出层新的同时,又有其内在的连贯性。

《春秋史》中有不少童书业先生的学术见解,其中与他后来研究关联甚大的是他的古史分期观。在书中他提出西周是宗法封建社会。1949年后,他以相当大的精力从事历史理论的研究,重心即为古史分期问题。由于当时一切向苏联学习的影响,他的古史分期观一度游移。不过,在研读马克思主义原著,考证当时能见到的世界古代、中世纪历史资料后,自1956年起又返回西周是宗法封建社会的观点。当然,这并不是简单地回归原点,而是通过解读在西方历史基础上写成的马克思主义原著,以比较史学的广阔视野研究中国和世界古代中世纪社会,得出更深入、更广阔、更有理论基础的结论。

童书业先生认为西周、春秋是宗法制和封建制完善、成熟至瓦解的时期。他在《春秋史》第一章中就说:"中国真正的封建社会在时间上是限于周代。"认为在封建社会的全盛期内,宗法系统(宗法制)和政治系统(封建制)是结合在一起的。在第二章的"封建社会的组织"一节里写道:

> "封建社会"这个名词的正确定义,就是名义上在一个王室的统治下,而实际上土地权和政治权却被无限制地分割:每方土地上都有它的大大小小的世袭主人,支配着一切经济和政治上的权利,形成一种地主与附属土地的农奴对立的现象(在封建社会中也有自由农民的,但为数不多)。由这定义看来,则中国从西周一直到春秋前期是"封建社会"的全盛时期。(第61页)

后面在"封建制度的证明"、"奴隶制略说"二节中将贵族(按:即封建领主)、农奴、奴隶都作了定性的说明:

> 士以上为有土地的贵族,庶人为无土地的农奴。(第62—63页)
>
> 平民之下的奴隶阶级,是封建社会里的剩余物。他们是

> 贵族阶级的私产,没有独立的人格的。(第63页)

不过,他通过"武士制度"、"世族与世官制度"、"世族制度下的选举制度"、"姓氏制度"、"姓氏制度与婚姻制度"等节,着重写了宗法制与封建制的结合,为他的中国西周春秋时期的社会性质为宗法封建社会这一观点张目。

值得一提的是,在《春秋史》、《春秋史讲义》中,有多处内容言及西方古代、中世纪历史,并与中国古代相比较,可见童先生此时已在尝试运用比较史学的研究方法了,这是非常难能可贵的。至于他对古史分期研究的心得,《童书业古代社会论集》中有较集中的反映。

综上可见,《春秋史》不仅是一部精到的、科学的断代史,还是一部能充分体现童书业先生学术思想和治学方法之作。

2010年9月写于杭州